U0682532

教育部人文社会科学研究青年项目（10YJCGJW003）资助

基于农业视角的

中韩FTA及中韩日FTA研究

◎ 李明权 著

山东人民出版社

国家一级出版社 全国百佳图书出版单位

图书在版编目(CIP)数据

基于农业视角的中韩 FTA 及中韩日 FTA 研究/李明权著. —济南:山东人民出版社,2015.7
ISBN 978 - 7 - 209 - 08821 - 3

Ⅰ. ①基… Ⅱ. ①李… Ⅲ. ①农产品贸易 - 自由贸易区 - 研究 - 中国、日本、韩国 Ⅳ. ①F752.652

中国版本图书馆 CIP 数据核字(2015)第 171940 号

基于农业视角的中韩 FTA 及中韩日 FTA 研究

李明权 著

主管部门 山东出版传媒股份有限公司
出版发行 山东人民出版社
社　　址 济南市经九路胜利大街 39 号
邮　　编 250001
电　　话 总编室:(0531)82098914
　　　　　市场部:(0531)82098027
网　　址 http:// www.sd - book.com.cn
印　　装 山东省东营市新华印刷厂
经　　销 新华书店

规　　格 16 开(169mm×239mm)
印　　张 14.25
字　　数 230 千字
版　　次 2015 年 7 月第 1 版
印　　次 2015 年 7 月第 1 次
ISBN 978 - 7 - 209 - 08821 - 3
定　　价 36.00 元

如有印装质量问题,请与出版社总编室联系调换

目　录

图表目录

第一章 绪 论

第一节 研究背景及意义

一、研究背景

二战后，区域经济一体化的蓬勃兴起已成为了世界经济发展的一大特征。进入21世纪以后，在 WTO 新一轮多边贸易谈判（DDA，多哈发展议题）步履艰难的大背景下，区域经济一体化的发展迎来了第三次浪潮。根据 WTO 的资料，2012 年末已生效的区域贸易协定①（RTA：Regional Trade Agreement）达 351 个（表 1 - 1）。从RTA 的类型来看，最广泛的是自由贸易协定（FTA：Free Trade Agreement）占 58%，其次为服务协议占 31%（表 1 - 2）。

表 1 - 1　　　　　　　　　不同时期 RTA 生效件数

年　度	1958 - 1994	1995 - 2000	2001 - 2005	2006 - 2010	2011 - 2012	合　计
生效件数	48	53	90	123	37	351
比重（%）	13.7	15.1	25.6	35.0	10.5	100
	13.7	86.3				100

资料来源：WTO（www.wto.org）.

表 1 - 2　　　　　　　　　RTA 各类型个数

区　分	FTA	关税同盟	发展中国家间协定	服务协议	合　计
个数	204	24	15	108	351

---

① 区域贸易协议（RTA）包括自由贸易协议（FTA：Free Trade Agreement）、关税同盟（CU：Customs Union）、发展中国家间协定（PSA：Partial Scope Agreement）以及服务协定（EIA：Economic Integration Agreement）。

续表

区　分	FTA	关税同盟	发展中国家间协定	服务协议	合　计
比重（%）	58.1	6.8	4.3	30.8	100.0

资料来源：WTO（www.wto.org）.

　　20 世纪末为止一直被称为"FTA 空白地带"的东亚地区，在经历了金融危机的洗礼后也开始积极加入到了"世界 FTA 大战"行列中，已成为区域经济合作最为活跃的地区之一。特别是，东亚地区的核心 3 国——中韩日近年来已与区域外多个国家签署 FTA，促进了世界区域经济一体化的发展。

　　就中韩日三国之间的制度性合作而言，最早的尝试是韩日之间的 FTA。韩日 FTA 谈判始于 2003 年末，但 2004 年末第六次谈判后一直处于谈判中断状态。中韩之间的 FTA 谈判自 2012 年 5 月启动。2013 年 9 月，在中韩 FTA 第七轮谈判中，双方完成了中韩 FTA 模式阶段谈判，同年 11 月中韩 FTA 第八轮谈判全面开始要价和协议文本谈判。中韩日三国之间的 FTA 谈判 2012 年 11 月宣布启动，迄今（2014 年 9 月）已举行了五轮正式谈判。

　　这些 FTA 谈判尽管取得了一些进展，但离建立东亚经济一体化还存在不少差距。其中，农业问题是主要的制约因素之一。由于相对于中国而言，韩日农业国际竞争力明显处于劣势，一直以来高筑关税壁垒保护着其脆弱的农业，若推进农产品贸易自由化，其国内农业将受到不同程度的冲击，所以在农业团体的强大压力下韩日政府对与中国的 FTA 持谨慎态度（关于中韩日农产品竞争力分析详见附录 A）。

　　但无论是具有一定农业竞争力的中国，还是农业竞争力相对薄弱的韩国和日本，其推进 FTA，无法避开农业开放问题。因为 WTO/GATT 第 24 条明确规定，区域性经济合作组织协定必须包括会员国之间实质上的所有贸易部门①。根据该条款，韩日若完全排除农业部门推进 FTA 是违反国际协议的。这样，农产品问题就成为了中韩日三国经济合作道路上绕不开的绊脚石。

二、研究意义

　　农产品问题是中韩 FTA 及中韩日 FTA 谈判顺利与否的关键因素。如何妥善解决农业问题促进中韩 FTA 及中韩日 FTA 进程是中韩日三国必须认真思考的重要任务。

---

　　① 所谓实质上的所有贸易部门，目前国际上通用的理解是"涵盖有关国家之间贸易的 90% 以上"。但是，其基准是贸易额还是产品数目并无统一的说法。

本研究以此为研究对象，对诸多相关问题进行深入剖析，以期为推进中韩 FTA 以及中韩日 FTA 提供理论性辅助，同时以期对中韩日三国之间的 FTA 谈判有所启示。

本研究的实际应用价值表现在如下几个方面：

第一，提供了解韩日的学界、政府、与农产品有关的其他利益群体对 FTA 与农业问题的立场、政策、意愿的基础性资料库。

第二，对中韩日各国的农产品关税结构和已签署 FTA 之农产品贸易规则做了详尽而全面的比较分析，而这对掌握谈判主动权是必不可少的条件。

第三，对韩日已签署的 FTA 是否对中国农产品出口韩日产生贸易转移效应的问题和韩智 FTA 实施 8 年以来对韩国农业的影响以及韩国 FTA 农业补救措施进行了全面系统的探析，这些探讨有利于中国客观正确地认识所处的环境并作出恰当的决策。

第四，根据各种贸易指数测算的农业竞争力分析，可确定各国农产品的比较优势、互补与竞争关系，这为中韩日 FTA 中农业资源的整合提供科学根据。

第二节　相关研究评述

与本研究相关的前期研究可分为如下几类：

第一类，关于东亚区域经济合作的宏观研究。随着世界经济的区域化特征越来越明显，关于中韩日 FTA 的呼声也日益高涨，有关研究也是成绩斐然。如张小济（2003）、赵晋平（2003）、张蕴岭（2004）、孙新等（2005）、王胜今等（2003）、刘昌黎（2007）、陈柳钦（2008）、韩国学者南英淑（2004）、郑仁教（2003）、李洪植（2004）、日本学者岩垂好彦（2004）、菅原淳一（2005）、石川幸一（2005），从不同侧面阐述了中韩日 FTA（或双边 FTA）的背景、进展过程、经济效果、难题、实现步骤等问题①②③。

---

① 加强中日韩经济合作研究课题组（张小济执笔）. 中日韩之间贸易和投资的关系. 中宏数据库；赵晋平. 中日韩三国自由贸易区多方案计量分析. 国务院发展研究中心网站 http://www.drc.gov.cn；孙新，徐长文. 中日韩合作促进东亚繁荣. 中国海关出版社，2005；王胜今等. 东北亚区域经济合作新构思. 东北亚论坛，2003(1)；刘昌黎. 论中韩 FTA. 世界经济研究，2008(4)；陈柳钦. 中韩日 FTA 建立的可能性与路径选择. 当代亚太，2008 年春季号；陈志恒，金京淑. 中韩日自由贸易区的构想与难题. 现代日本经济，2004(6).

② ［韩］南英淑. 韩中 FTA 经济效果与主要议题. 对外经济政策研究院研究资料，2004；［韩］郑仁教. 推进韩中日 FTA 的必要性及课题. 对外经济政策研究院研究资料，2003；［韩］李洪植. 韩中日 FTA 的经济增长效果. 对外经济政策研究院 2004 年度总结书，2004.

③ ［日］岩垂好彦. 东亚 FTA/EPA 的进展与地区战略. JMC，2004(12)；［日］菅原淳一. 面向东亚自由贸易区的实现. MIZUHO 总研论集，2005 年Ⅱ号；［日］石川幸一. 区域一体化的第三波——东亚的区域整合. 国际问题与投资，2005(3).

第二类，关于中韩日 FTA 与农业问题的研究。国内学者李俊江和范硕（2008）、孔祥智（2005）、程漱兰（2002）等以中韩日三国或两国间农产品贸易现状分析为切入点，阐述了日韩对农产品开放采取保守态度的原因，并提出了一些对策建议①。日韩的相关研究相对而言丰富许多。如日本学者本间正义（2006）、铃木宣弘（2005）、韩国学者鱼明根（2004）、金阳熙（2009）、崔世均（2008）等分析了三边或双边 FTA 对其农业的影响，提出了推进 FTA 之际农业部门应采取的措施建议②③。但韩日的研究都是以最大限度地保护韩日农业为出发点，难免带有片面性和局限性。

第三类，关于中韩日三国的农产品关税结构、农产品贸易关系、三国已签署的各 FTA 文本、各国农业政策等的研究。因这些研究内容较为分散繁杂，在此不一一列举，本书将在各相关章节中分别进行综述。

第三节　研究框架与方法

一、概念的界定

（一）关于 FTA 的解释

本书中的 FTA 即是 Free Trade Agreement（自由贸易协定）的英文简称，也是 Free Trade Area（自由贸易区）的缩写。读者可根据语义来判断哪一层含义。比如书中出现"两国签署（签订）FTA"，这时 FTA 是指自由贸易协议，而若书中出现"两国建立（建设、推进）FTA"，这时的 FTA 是指自由贸易区。

另外，有时自贸区也用来形容一国国内一个或多个消除了关税和贸易配额并且对经济的行政干预较小的区域，比如上海自贸区。但本书中的 FTA 不包括此种自贸区。

---

① 李俊江等.中日韩农产品贸易争端分析及中国的对策.东北亚论坛,2004(2);孔祥智,王金等.中日韩农业合作前景分析.理论学刊,2005(5);程漱兰等.中国与东北亚各国和地区农业资源整合前景.经济研究,2002(7).

② [日]本间正义.日本的农业问题——基于 WTO·FTA 谈判的视角.JMC,2004(3);[日]铃木宣弘.日韩两国的 WTO/FTA 战略与农产品贸易问题.日韩两国农业经济学会共同学术报告,2004。

③ [韩]鱼明根.东北亚区域内农产品贸易结构.农村经济,2004(27);[韩]金阳熙等.日本农业竞争力及其对韩日 FTA 的启示.韩国对外经济政策研究院研究报告,2008.

（二）关于农产品范畴的解释

一般来讲，农产品包括 WTO 农业协议约束的农产品加上水产品。在 WTO 农业协议中农产品包括 HS01－24 章中除去鱼类（HS03 章）的所有产品，再加上 HS2905.43 至 2905.44（甘露糖醇和山梨醇）、HS33.01（精油）、HS35.01 至 35.05（蛋白类物质、改性淀粉、胶）、HS3809.10（整理剂）、HS3823.60（2905.44 以外的山梨醇）、HS41.01 至 41.03（生皮）、HS43.01（生毛皮）、HS50.01 至 50.03（生丝和废丝）、HS51.01 至 51.03（羊毛和动物毛）、HS52.01 至 52.03（原棉、废棉和已梳棉）、HS53.01 至 53.02（生亚麻，生大麻）等产品[①]。HS 编码及其相对应的农产品参考表 1－3。

表 1－3　　　　　　　　　　HS 分类中的农副产品分类

HS 编码	产品名称	HS 编码	产品名称
HS01	活动物	HS14	编结用植物材料；其他植物产品
HS02	肉及食用杂碎	HS15	动、植物油、脂及其分解产品；精制的食用油脂；动、植物腊
HS03	鱼、甲壳动物、软体动物及其他水生无脊椎动物	HS16	肉、鱼、甲壳动物、软体动物及其他水生无脊椎动物的制品
HS04	乳品；蛋品；天然蜂蜜；其他食用动物产品	HS17	糖及糖食
HS05	其他动物产品	HS18	可可及可可制品
HS06	活树及其他植物；鳞茎、根及类似品；插花及装饰用簇叶	HS19	谷物、粮食粉、淀粉或乳制品；糕饼点心
HS07	食用蔬菜、根及块茎	HS20	蔬菜、水果、坚果或植物其他部分的制品
HS08	食用水果及坚果；甜瓜或柑橘属水果的果皮	HS21	杂项食品（调味汁，汤料等）
HS09	咖啡、茶、马黛茶及调味香料	HS22	饮料、酒及醋

---

① HS 编码全称为《商品名称及编码协调制度的国际公约》（International Convention for Harmonized Commodity Description and Coding System）。该商品分类编码体系制度于 1983 年 6 月由海关合作理事会（现名世界海关组织）主持制定，于 1988 年 1 月 1 日正式实施，每 4 年修订 1 次。世界上已有 200 多个国家使用 HS，我国进出口税则从 1992 年 1 月 1 日起采用 HS。HS 采用六位数编码，有的国家根据本国的实际分出第七、八、九位数码。我国目前使用的 HS 编码，一共 10 位数，其中前面 8 位称为主码，后两位称为附加码。

续表

HS 编码	产品名称	HS 编码	产品名称
HS10	谷物	HS23	食品工业的残渣及废料；配制的动物饲料
HS11	制粉工业产品；麦芽；淀粉；菊粉；面筋	HS24	烟草、烟草及烟草代用品的制品
HS12	含油子仁及果实；杂项子仁及果实；工业用或药用植物；稻草、秸秆及饲料	HS 其他	HS29：甘露糖醇，山梨醇；HS33：精油；HS35：蛋白类物质，改性淀粉、胶；HS38：整理剂；HS38：山梨醇；HS41：生皮；HS43：生毛皮；HS50 生丝和废丝；HS51：羊毛和动物毛；HS52：原棉、废棉和已梳棉；HS53：生亚麻，生大麻
HS13	虫胶；树胶、树脂及其他植物液、汁		

WTO 农业协议之所以不包含鱼类产品，是因为在 WTO 组织内另有工作机构执掌鱼类的多边贸易问题。但是，考虑到水产品也是重要的农产品资源，不少研究将其也纳入农产品范畴进行考察。

本书各章节中的农产品的范畴并没有统一口径而略有变化。原因有二。第一，资料来源不同。本研究涉及中韩日三国，而每个国家发表的或向 WTO 提交的资料中农产品的界定是不一致的。即使是同一个国家，也会根据阐述的主题不同，农产品的范围也会有所不同。这些因素导致了本书中的农产品范畴无法统一。第二，本研究的部分内容必须对大量的数据进行整理、归纳、测算。为测算的方便，这时也会对农产品范畴进行一些限制。当然，为避免混淆，本书在各个章节会事先进行说明农产品的界定。

二、章节安排与研究方法

第一章为绪论，阐述了研究背景与意义、对已有研究的综述、研究框架与方法以及创新点。采用收集、整理和分析国内外相关文献的方法。

第二章阐述了中韩日各国的 FTA 现状。全面收集整理各国的相关政府网页，首先对中韩日三国推进 FTA 的战略与方针、已签署或正谈判中的 FTA 概况做了较全面的描述，其次详细阐述了中韩 FTA 以及中韩日 FTA 的进展情况。

第三章比较分析了中韩日各国的农产品关税结构。为全面剖析三国农产品关税结构及其水平，本章首先根据 WTO 的 world tariff profiles2012 对各国的农产品关税体系做了分析，其次为弥补该 WTO 报告信息量有限的不足，根据各国的相关税率表进行了补充说明。

第四章探析了中韩日各国已签署的 FTA 之农产品贸易规则。本章首先对韩日政府推进 FTA 之际农产品开放原则、学术界围绕农产品贸易自由化的立场分歧做了阐述，然后对韩日两国已签署的 FTA 中的农产品贸易规则进行全面而细致的分析，最后对中韩日各国已签署的 FTA 之农产品贸易规则做了系统的比较分析。本章采用对中国商务部、韩国外交通商部、日本外务省颁布的各 FTA 原文及其关税减让表进行整理、筛选、测算的方法和手段进行。

第五章以韩国—东盟 FTA、韩美 FTA、日本—东盟双（多）边 EPA 为例，探讨了韩日已签署的 FTA 是否对中国农产品出口韩日产生贸易转移效应的问题。本章采用 SPEARMAN 相关系数、产品相似性指数、国别比较优势指数考察中国与东盟、美国农产品对韩日出口的相似性和在韩日市场上的竞争程度的基础上，结合各 FTA 中农产品开放的形式与程度，测算了中国对韩日出口金额前 100 位的农产品在 FTA 生效前后相应产品的竞争力的变化，以此估算对中国的影响。

第六章对 FTA 环境下的韩国农业做了阐述。首先，以韩国历史上的第一个双边 FTA——韩智 FTA 为例，分析了该 FTA 实施 8 年以来对韩国农业的影响，阐明了当初预测值和现实情况不同的原因。其次，对韩国推进 FTA 的一条基本原则——FTA 农业补救措施做了较全面的阐述。

第七章探析了韩日参加 TPP 对中日韩 FTA 的影响。本章从农业视角探析了韩日参加 TPP 的可行性，并从宏观层面分析了韩日参与 TPP 对中韩 FTA 及中韩日 FTA 的影响。

附录 A 收录的是关于中日韩农产品贸易相关的三篇论文，合并为《基于多维视角的中日韩农产品竞争力分析》。第一节采用回归分析和区域显示比较优势指数（RRCA）分析手段，对三国农产品竞争力及三国农产品贸易结构做了分析。第二节采用各种指数从静态和动态两个角度测度了 1995－2008 年间中日韩农产品产业内贸易的水平及其结构特征。第三节采用各种指数考察了中韩农产品在日本市场上的竞争力，并从日本消费市场的特征角度，分析了中韩农产品竞争力差距的原因所在。

附录 B 收录的是论文《日本的 FTA 进程为何远不如韩国？——基于农产品保护

贸易政策的政治经济学视角的分析》。文章构筑"日韩的 FTA 政策最优政治均衡点比较"模型，采用农业保护的政治经济学分析方法，对日韩两国虽然在推进贸易自由化过程中都会遇到一个共同的障碍物——农业开放问题但 FTA 进程却大不相同的疑问做了探析。

第四节　主要创新点

本研究是国际经济、农业经济、比较经济、计量经济等学科相融合的研究，且以中韩日三国为分析对象。如何做到跨学科性和跨多国性的有机结合，使研究做到全方位、多视角、高起点、体系化是本研究的重点。

本书的主要创新点表现在如下七点。

第一，首次全面地比较分析了中韩日三国的农产品关税结构。本书结合 WTO 的 world tariff profiles2012 和各国农产品关税税率表，对三国农产品关税体系和结构及其水平做了详尽的分析。

第二，首次详细地诠释了韩日政府推进 FTA 之际农产品开放原则、学术界围绕农产品贸易自由化的立场分歧以及中韩日各国已签署的 FTA 之农产品贸易规则。

第三，首次较系统地探讨了韩日已签署的 FTA 是否对中国农产品出口韩日产生贸易转移效应的问题。

第四，首次对韩智 FTA 实施 8 年以来对韩国农业的影响及韩国 FTA 农业补救措施做了全面的阐述。

第五，首次从农业视角全面地探析了韩日参加 TPP 的可行性及其对中日韩 FTA 的影响。

第六，综合采用回归分析和区域显示比较优势指数（RRCA）、各种产业内贸易指数、SPEARMAN 相关系数、出口产品相似性指数、国别比较优势指数等多种分析手段，对三国农产品竞争力做了分析。

第七，首次构筑"日韩的 FTA 政策最优政治均衡点比较"模型，采用农业保护的政治经济学分析方法，对日韩两国的 FTA 进程大不相同的疑问做了探析。

第二章 中韩日各国的 FTA 现状

第一节 中国 FTA 现状

一、中国 FTA 概况

2001 年 12 月 1 日，中国正式成为 WTO 的第 143 个成员以来，中国的贸易自由化进程不断加快。在全球区域贸易自由化蓬勃发展的背景下，中共十八大报告（2012 年）提出"统筹双边、多边、区域次区域开放合作，加快实施自由贸易区战略，推动同周边国家互联互通"。"积极参与区域经济交流和合作、提高抵御国际经济风险能力"成为了中国对外开放战略的重大抉择。

目前，中国在建 FTA 有 20 个，涉及 32 个国家和地区（表 2 - 1）。其中，已签署 FTA 有 12 个，涉及 20 个国家和地区，分别是中国与东盟、新加坡、巴基斯坦、新西兰、智利、秘鲁、哥斯达黎加、冰岛和瑞士的自贸协定，内地与香港、澳门的更紧密经贸关系安排（CEPA），以及大陆与台湾的海峡两岸经济合作框架协议（ECFA），目前均已实施①。

表 2 - 1　　　　　　　　　　　中国 FTA 现状

阶段	序号	对象国/协议名称	时　间	备　注
已生效或签署	1	香港 CEPA	2004.1 生效	CEPA—Closer Economic Partnership Arrangement：关于建立更紧密经贸关系的安排；国家主体与香港、澳门单独关税区之间签署的 FTA，也是内地第一个全面实施的 FTA
	2	澳门 CEPA	2004.1 生效	

---

① 中国商务部. 中国自由贸易区服务网. http://fta.mofcom.gov.cn.

阶段	序号	对象国/协议名称	时　间	备　注
	3	ASEAN（10国）FTA	2005.7 货物贸易协定生效 2007.7 服务贸易协定生效 2009.8 投资协定签署	中国同其他国家商谈的第一个FTA，也是目前建成的最大的FTA 2004 年 1 月 1 日，FTA 的先期成果——"早期收获计划"顺利实施
	4	智利 FTA	2006.10 货物贸易协定生效 2010.8 服务贸易协定生效	中国与拉美国家签署的第一个 FTA
	5	巴基斯坦FTA	2007.7 货物贸易协定生效 2009.10 服务贸易协定生效	2006 年 1 月"早期收获计划"顺利实施
已生效或签署	6	新西兰 FTA	2008.10 生效	中国与发达国家签署的第一个FTA，也是中国与其他国家签署的第一个涵盖货物贸易、服务贸易、投资等多个领域的 FTA
	7	新加坡 FTA	2009.1 生效	
	8	秘鲁 FTA	2010.3 生效	中国与拉美国家签署的第一个包括货物贸易、服务贸易、投资等内容全面的一揽子 FTA
	9	哥斯达黎加 FTA	2011.8 生效	中国与中美洲国家签署的第一个包括货物贸易、服务贸易、原产地规则、海关程序、技术性贸易壁垒、卫生和植物卫生措施、贸易救济、知识产权、合作等内容的一揽子 FTA
	10	冰岛 FTA	2014.7 生效	中国与欧洲国家签署的第一个 FTA
	11	瑞士 FTA	2014.7 生效	中国与欧洲大陆国家签署的第一个一揽子 FTA；至今为止水平最高、最为全面的 FTA

续表

阶段	序号	对象国/ 协议名称	时　间	备　注
谈判阶段	1	GCC(6 国) FTA	2005.4 谈判启动 2007.11 第五轮谈判	–
	2	澳大利亚 FTA	2005.5 谈判启动 2013.6 第十九轮谈判	–
	3	挪威 FTA	2008.9 谈判启动 2010.9 第八轮谈判	–
	4	韩国 FTA	2014.11 第十四轮谈判	–
	5	中日韩 FTA	2014.9 第五轮谈判	–
	6	RCEP（16 国）	2014.1 第三轮谈判	RCEP—Regional Comprehensive Economic Partnership：区域全面经济伙伴关系协定
研究阶段	1	印度 RTA	2003 开始联合研究 2007.10 联合研究结束	RTA—Regional Trading Arrangements：区域贸易安排
	2	哥伦比亚 FTA		

注：(1)ASEAN 指东盟,包括印尼、泰国、越南、马来西亚等 10 国。

　　(2)GCC 指海湾阿拉伯国家合作委员会,包括阿联酋、阿曼、巴林、卡塔尔、科威特和沙特阿拉伯 6 国。

　　(3)RECP 指东盟 10 国和中国、澳大利亚、印度、日本、韩国、新西兰等 16 国。

资料来源:中国自由贸易区服务网(http://fta. mofcom. gov. cn.)。

正在谈判的 FTA 有 8 个，涉及 23 个国家，分别是中国与韩国、海湾合作委员会（GCC）、澳大利亚、斯里兰卡和挪威的 FTA，以及中日韩 FTA、区域全面经济合作伙伴关系协定（RCEP）和中国—东盟 FTA 升级版。

此外，中国完成了与印度的区域贸易安排（RTA）联合研究，正与哥伦比亚等开展 FTA 可行性联合研究。

从中国目前建立的 FTA 来看，主要有以下几方面的特点。

第一，FTA 对象国以周边为基础、以亚太地区为中心。中国已经建立或者在谈判之中的 FTA 伙伴方，绝大部分都集中在周边和亚太地区，比如东南亚（东盟）、东北亚（韩国、日本）、南亚（巴基斯坦、印度）、太平洋地区（新西兰、智利、秘鲁、哥斯达黎加、澳大利亚）等。亚太市场在中国对外贸易中的比重达到 70% 以上，通过区域贸易协定来稳定贸易关系是中国稳固国际市场的重要手段，也是开拓新兴市场，减少与美欧国家贸易摩擦的重要举措。

第二，FTA 战略与外交和国际政治战略密切配合①。将香港、澳门和台湾地区作为 FTA 战略的基础，构建"两岸四地"的 FTA，不仅密切大陆与港澳台的经贸合作，而且也将成为联系整个中华民族的纽带，进一步推动民族统一。同时，为争取和平稳定的外部发展环境，积极推动中国—东盟 FTA 和中韩日 FTA 等东亚地区的经济一体化，将影响东亚一体化整合的外部势力尽可能排除在外，扩大中国对地区事务的影响力。

第三，以资源密集型经济体为重点开展 FTA 谈判。为增强在国际市场获得战略资源主动权，中国与新西兰、智利、澳大利亚、海合会等自然资源密集型经济体商谈建立 FTA。

第四，FTA 战略与"走出去""引进来""统筹国际国内两个市场""东北地区振兴"等其他国家政策和战略导向紧密相关。例如，由于东盟国家和中国西南地区在地理位置上临近，在语言、文化、习俗等方面也具有一定的相似性，而华侨在东盟地区具有重要的经济地位，所以中国通过与东盟建立 FTA，可更多地吸引来自东南亚的华侨资本，更好地发挥大中华经济圈的规模效应。再如，通过与韩国建立 FTA，也可有效地促进中国东北地区的经济振兴，复苏传统工业基地的经济活力，并形成若干个新的经济增长点。

但是，与其他大的经济体相比，中国参与 FTA 建设的时间短，经验有限，目前还没有谈成涉及世界上主要经济体的先例。

二、主要 FTA 简介

中国—东盟 FTA 是中国与其他国家达成的第一个、也是最大的一个自贸区，同时也是东盟作为整体对外建立的第一个自贸区。2002 年 11 月 4 日，中国与东盟签署了《中国—东盟全面经济合作框架协议》，决定在 2010 年建成中国—东盟 FTA。2004 年 1 月 1 日，中国—东盟 FTA 先期成果——"早期收获计划"顺利实施。2004 年 11 月，双方签署 FTA 货物贸易协议，并于 2005 年 7 月开始相互实施全面降税。2007 年 1 月，双方又签署了 FTA 服务贸易协议，并于当年 7 月实施。2009 年 8 月，双方签署了投资协议。目前，双方就中国—东盟 FTA 升级版进行谈判。

2003 年，内地与香港、澳门特区政府分别签署了《内地与香港、澳门关于建

---

① 张彬,胡渊.中日韩货物贸易自由化比较研究.南开学报(哲学社会科学版),2012(4).

立更紧密经贸关系的安排》（CEPA）。2004 年、2005 年、2006 年又分别签署了《补充协议》《补充协议二》和《补充协议三》。CEPA 是内地与香港、澳门单独关税区之间签署的 FTA，是"一国两制"原则的实践。

中国—智利 FTA 谈判始于 2004 年 11 月。经过一年的谈判，2005 年 11 月，双方签署《中华人民共和国政府和智利共和国政府自由贸易协定》，自 2006 年 10 月 1 日起开始实施。该 FTA 是继中国—东盟 FTA 之后中国对外签署的第二个自贸协定，也是中国与拉美国家签署的第一个自贸协定。

中国—新加坡 FTA 谈判启动于 2006 年 8 月。经过 8 轮磋商，双方于 2008 年 10 月签署了《中华人民共和国政府和新加坡共和国政府自由贸易协定》。该协定涵盖了货物贸易、服务贸易、人员流动、海关程序等诸多领域，是一份内容全面的自由贸易协定。双方在中国—东盟 FTA 的基础上，进一步加快了贸易自由化进程，拓展了双边自由贸易的深度与广度。

《中华人民共和国政府与新西兰政府自由贸易协定》于 2008 年 4 月 7 日正式签署，2008 年 10 月 1 日开始生效。中国—新西兰 FTA 标志着中国的 FTA 实践已进入到第二阶段。中国之前签署的 FTA，主要是与发展中国家（经济组织）签署的 FTA，且采用先签订货物贸易协议、再签订服务贸易协议的逐步深化的模式。中国—新西兰 FTA 打破了该模式，不仅其对象国从发展中国家上升为发达国家，而且协议内容涵盖货物贸易、服务贸易、投资等诸多领域。但新西兰毕竟是小经济体国家，中新 FTA 模式不一定适用于其他大国，中国的 FTA 实践还需不断积累经验，摸索新的合作方案。

中国—秘鲁 FTA 谈判始于 2007 年 9 月。经过八轮谈判和一次工作组会议，2009 年 4 月双方签署了《中华人民共和国政府和秘鲁共和国政府自由贸易协定》。该 FTA 是中国与拉美国家签署的第一个一揽子自贸协定，2010 年 3 月 1 日起实施。

中国—哥斯达黎加 FTA 谈判始于 2008 年 11 月。双方经过六轮谈判，于 2010 年 4 月签署了《中华人民共和国政府和哥斯达黎加共和国政府自由贸易协定》。该 FTA 是中国与中美洲国家签署的第一个一揽子自贸协定。

《中华人民共和国政府和巴基斯坦伊斯兰共和国政府自由贸易协定》签署于 2006 年 11 月，2007 年 7 月 1 日全面启动。而该 FTA "早期收获计划"已于 2006 年 1 月 1 日起实施。

《中华人民共和国政府和冰岛政府自由贸易协定》签署于 2013 年 4 月 15 日，生效于 2014 年 7 月 1 日。该 FTA 是中国与欧洲国家签署的第一个自贸协定，涵盖货物贸易、服务贸易、投资等诸多领域。中冰 FTA 实施了高水平的关税减让，双方最终实施零关税的产品，按税目数衡量均接近 96%，按贸易量衡量均接近 100%。

中国—瑞士 FTA 谈判 2011 年 1 月启动。2013 年 7 月，两国政府签署了《中华人民共和国和瑞士联邦自由贸易协定》。中瑞 FTA 是中国与欧洲大陆国家和西方主要经济体签署的第一个自贸协定，是近年来中国对外达成的水平最高、最为全面的自贸协定之一。该 FTA 于 2014 年 7 月 1 日正式生效。

第二节　韩国 FTA 现状

一、韩国 FTA 战略

作为一个贸易立国的国家，韩国的经济发展离不开对外贸易的扩大。也可以说，世界市场的开放程度与韩国经济息息相关。仅从这一点来考察，韩国推进FTA 是极其理所当然的结果。但是，韩国作为 GATT/WTO 体制的最大受惠国之一，直到 20 世纪 90 年代对区域经济一体化（Regionalism）持反对和质疑的态度。进入 21 世纪以来，WTO 多哈回合步履维艰，而以 FTA 为主要形式的区域经济一体化发展迅速，很多国家依赖 FTA 的倾向日益明显的大背景下，韩国一改过去多边主义通商政策，积极推进双边 FTA。

韩国积极推进 FTA 的具体理由有如下两点：

第一，扩大出口，促进经济发展。在韩国经济发展过程中对外贸易曾起过发动机的作用，如今韩国外贸依存度（进出口额在 GDP 的比重）为 80% 以上（2010年为 87.9%），出口对韩国经济的意义可想而知。韩国认识到，在目前主要竞争对手都争先恐后地推进 FTA 之际，要扩大贸易创造效应、减少贸易转移效应，必须积极参与到 FTA 行列之中。若不及时推进 FTA，韩国产品因高关税导致价格竞争力的低下，进而不仅无法开拓新市场，还有可能失去原有的市场。

第二，通过积极的市场开放和自由化，提高整体国家体系的先进性，加强经济体质。韩国政府认为，如今许多国家都将 FAT 及贸易自由化视为提高产业竞争力和国家整体竞争力的政策手段，积极构筑 FTA 网络。为使韩国经济不仅在数量上，而且在质量上取得发展，从而成为发达国家经济体，韩国必须更加积极地利用 FTA。

2003 年 9 月,韩国政府发表了"FTA 路线图"(2004 年 5 月修改)①。根据该"路线图",韩国政府的 FTA 战略可以总结为如下四点。

第一,对象国的选定标准除综合考虑经济的合理性、政治与外交利益、对方的积极性等因素以外,还应考虑是否有助于与大型且发达的经济圈缔结 FTA。显然,智利与新加坡及欧洲自由贸易联盟属于该类型,韩国与这些国家(组织)签署 FTA 的主要目的就是将智利、新加坡及 EFTA 作为韩国进军中南美、东南亚及欧洲市场的桥头堡。

第二,与大型且发达的经济圈以及具有巨大潜在力的新兴市场推进 FTA。韩国是典型的出口主导型国家,外贸依存度极高,而美国和欧盟等大型经济体是韩国的主要出口市场,自然成为了韩国推进 FTA 的重点。印度作为 BRIC(金砖四国)之一,是仅次于美、中、日的世界第四大消费市场,韩国希望通过先于其他竞争国(欧盟和日本等)与印度签署 FTA 而达到先入为主的效果。

第三,同时与多个国家推进 FTA 谈判。韩国为在短时间内赶超其他国家成为亚洲 FTA 枢纽国,采取了四面开花的政策。韩国—东盟 FTA 就是很好的例子。韩国原本是继中国与日本之后才同东盟展开 FTA 谈判的,然而韩国后来居上,先于中国和日本完成了双边 FTA 框架下的货物贸易协定、服务业协定及投资协定。

第四,推进内容全面且质量高的 FTA。为使 FTA 的效果最大化,韩国要求其内容不应局限在货物领域,还应包括服务、投资、政府调控、知识产权和技术标准等广泛的领域,而且 FTA 的自由化程度应高于 WTO 的水平。除韩国—东盟 FTA 采用先货物协议后服务业协议的方式以外,其他 FTA 都采用了货物贸易、服务贸易、投资等多个领域一步到位的形式。

二、韩国 FTA 概况

如表 2-2 所示,目前已生效或签署的 FTA 有 12 个,对象分别为智利、新加坡、欧洲自由贸易联盟(EFTA)、东盟(ASEAN)、印度②、欧盟(EU)、秘鲁、

---

①　但是,韩国政府至今未公开"FTA 路线图"的全文。我们仅从韩国外交通商部网页上可查询到"路线图"的概要。

②　因印度对 FTA 一词有所顾忌,韩国与印度自贸协议采用"全面经济合作伙伴协定(CEPA)"的名称。但两者实际上并无差别。

美国、土耳其、哥伦比亚、澳大利亚、加拿大。与印尼、中国、越南等国的谈判正在进行中，与日本的谈判暂被中断，正为重新启动谈判而做准备。

表 2-2　　　　　　　　　　　　　　　　韩国 FTA 现状

阶段	序号	对象国/协议名称	备注	备注(意义)
已生效或签署	1	智利 FTA	2003.2 签署 2004.4 生效	首个 FTA,走向中南美市场的桥头堡
	2	新加坡 FTA	2005.8 签署 2006.3 生效	走向 ASEAN 市场的桥头堡
	3	EFTA(4 国)FTA	2005.12 签署 2006.9 生效	走向欧盟市场的桥头堡
	4	ASEAN(10 国)FTA	2007.6 货物 FTA 生效 2009.5 服务 FTA 生效 2009.9 投资协议生效	韩国第二位贸易对象国(2011)
	5	印度 CEPA	2009.8 签署 2010.1 生效	金砖四国之一,市场巨大
	6	EU(28 国)FTA	2010.10 签署 2011.7 暂定生效	世界最大经济圈(GDP)
	7	秘鲁 FTA	2011.8 生效	资源大国,走向南美市场的桥头堡
	8	美国 FTA	2007.4 签署 2011.2 签署追加谈判协议 2012.3 生效	发达而巨大的经济体
	9	土耳其 FTA	2012.8 签署 2013.5 生效	走向欧盟及中亚的桥头堡
	10	哥伦比亚 FTA	2013.2 签署	资源大国,中南美新兴市场
	11	澳大利亚 FTA	2014.2 草签	资源大国,澳洲主要市场
	12	加拿大 FTA	2014.3 草签	资源大国,北美发达市场
谈判阶段	1	印尼 FTA	2014.2 第十轮谈判	ASEAN 会员国中的最大贸易伙伴(2011)
	2	中国 FTA	2014.11 第十四轮谈判	最大贸易伙伴(2012)
	3	韩中 FTA 日	2014.9 第五轮谈判	东北亚经济联合体的基础
	4	越南 FTA	2014.3 第四轮谈判	最大投资对象国(2012)

续表

阶段	序号	对象国/协议名称	备注	备注(意义)
谈判阶段	5	RCEP	2014.1 第三轮谈判	占世界 GDP 的 28.4% 的东亚经济圈
	6	新西兰 FTA	2010.5 第四轮谈判后中断 2014.2 重新开始协商	澳洲主要市场
谈判重启准备阶段	1	日本 FTA	2004.11 第六轮谈判中断 2008－2012 为重启谈判举行九次会晤	第四位贸易伙伴(2011)
	2	墨西哥 FTA	2008.6 第二轮谈判后中断	走向中北美洲的桥头堡
	3	GCC(6 国)FTA	2009.7 第三轮谈判后中断	资源大国,第三位贸易伙伴(2011)
研究阶段	1	以色列 FTA	2010.8 民间联合研究结束	中东西部市场
	2	MERCOSUR(4 国)	2006.12 政府间联合研究结束	资源大国,金砖四国之成员
	3	中美洲(5 国)FTA	2011.4 联合研究结束	连接北美和南美的战略要地
	4	马来西亚 FTA	2012.12 可行性研究结束	资源大国,韩东盟 FTA 的升级

注:(1)EFTA 指欧洲自由贸易联合,包括挪威、冰岛、列支敦士登、瑞士等 4 国。
　　(2)ASEAN 指东盟,包括印尼、泰国、越南、马来西亚等 10 国。
　　(3)EU 指欧盟,包括德国、法国等 28 个欧洲国家。
　　(4)RCEP 指东盟 10 国和中国、澳大利亚、印度、日本、韩国、新西兰等 16 国。
　　(5)GCC 指海湾阿拉伯国家合作委员会,包括阿联酋、阿曼、巴林、卡塔尔、科威特和沙特阿拉伯 6 国。
　　(6)MERCOSUR 指南美共同市场,包括阿根廷、巴西、巴拉圭等国。
　　(7)中美洲 5 国指巴拿马、哥斯达黎加、洪都拉斯、尼加拉瓜、危地马拉。
资料来源:韩国外交通商部(http://www.fta.go.kr.)。

可以说,虽然韩国的 FTA 实践起步较晚,但仅就 FTA 对象国的经济规模、国际影响力等而言,韩国已远远领先于中国和日本。

韩国—智利 FTA 是韩国与外国签署的第一个自由贸易协定,于 2003 年 2 月签署。选择智利为首个 FTA 对象国,主要是因为智利对韩国农业的冲击不会大。韩国从智利进口的农产品比重原本不大(1%左右),加上智利地处南半球,农产品上市时间与韩国不冲突,与智利签署 FTA 不会招致农民组织的太大的阻挠。然而,该 FTA

在国会批准过程中,还是遇到了农民组织的坚决抵制,导致该 FTA 在韩国国会迟迟得不到批准,直到 2004 年 4 月才开始生效。

韩国—东盟 FTA 进行受到了中国—东盟 FTA 的极大影响。2002 年 11 月,《中国与东盟全面经济合作框架协议》宣布 2010 年建成中国—东盟 FTA 后,韩国感到了危机,2003 年 10 月建立了韩国—东盟 FTA 专家组,2004 年 3 月正式开始第一轮谈判。为争取 2010 年 1 月 1 日中国—东盟 FTA 全面建成之前成立韩国—东盟 FTA,韩国明显加快谈判速度,2007 年 6 月货物贸易协议生效,2009 年 5 月和 6 月与东盟签署了服务贸易协议和投资协议。

在韩国签署的诸多 FTA 中影响最大的还是韩美 FTA,从签署到生效经历了一波三折。2006 年 2 月 3 日,韩美宣布两国 FTA 谈判开始。2006 年 5 月至 2007 年 3 月,共举行 8 轮谈判,2007 年 4 月,谈判达成了一致。2007 年 6 月 30 日,韩美 FTA 批准案提交至韩国 18 届国会,但因那时国会议员任期届满,批准案自动废弃。2008 年 10 月 8 日,韩美 FTA 批准案再次提交至 19 届国会,但因与美国的再谈判问题被撤回;2010 年 3 月,追加谈判达成。2011 年 6 月,再次提交至国会,同年 11 月通过。

韩国认为,韩美 FTA 有利于进一步加强韩美同盟关系,促进本国经济结构改革和稳固美国市场同时对中国和日本产生示范效应和压迫作用。在如此多的经济和非经济利益面前,尽管国内出现了反对的局面,但韩美 FTA 的最终签署和批准显示了韩国在此方面的态度和决心。

近年来,韩国积极的 FTA 实践表明,韩国希望展开 FTA 战略当中的大国外交,希望能像东盟获得东亚一体化进程的主导权那样,获得东北亚一体化进程的主导权,成为东北亚一体化合作中的核心国家和"仲裁者",从而影响中日之间的 FTA 战略走向①。

第三节　日本 FTA 现状

一、日本 EPA 政策的目标与战略②

作为战后 GATT 体制的最大受益国, 日本贸易政策一直全力以赴地推进全球

---

① 许祥云. 从韩国 FTA 政策变化历程看中韩 FTA 的前景. 当代韩国,2009 年冬季号.
② 本段落主要参考了如下文献. 刘昌黎. 东亚双边自由贸易研究. 东北财经大学出版社,2007;李俊久. 日本 FTA 战略论析. 当代亚太,2009(2);沈铭辉. 亚洲经济一体化——基于多国 FTA 战略角度. 当代亚太,2010(4).

多边贸易体制的发展，对区域经济一体化持排斥态度。20 世纪 90 年代末起日本的通商战略才由原先的"WTO 至上主义"转变为"WTO 与 EPA（Economic Partnership Agreement）并进"的多层次通商政策①。

2002 年 10 月 16 日，日本外务省公布《日本的 EPA 战略》，阐述了对 EPA 的基本立场，制定了 EPA 谈判的原则和主要自由贸易对象的选择标准，明确了 EPA 战略重点和顺序。

该战略提出：日本选择的主要谈判对象必须是与日本关系密切并且是经济上相互依存、有互补性的国家和地区。具体而言，对象选择标准包括如下几点：经济标准（谈判对象的经济规模和发展阶段、对国内产业以及经济改革和结构调整的影响等）、地理标准（加强亚洲区域内经济关系、对欧盟和北美自由贸易区的对策等）、政治外交标准（通过经济关系加强友好关系、谈判对象的政治稳定性等）、现实可能性标准（对贸易自由化共识的程度、敏感产品占贸易总额的比重、对方的诚意等）、时间标准（日本的市场开放能力和谈判能力、与其他国家和地区间自由贸易的进展情况等）。关于战略的推进顺序，该战略提出：首先以东亚为中心缔结 EPA，之后再考虑与美国和欧盟的 EPA。

2003 年 11 月，经济产业省公布了《关于 EPA 的基本方针》，强调日本 EPA 政策必须坚持以"日本国家利益最大化"为基本原则，积极推进 EPA。而农林水产省于 2004 年 6 月 10 日制定了《在 EPA/FTA 谈判中处理农产品的基本方针》，强调要充分考虑农业的多功能性，对大米等重要农产品以设定例外处理的方式，免于废除关税或规定废除关税的过渡期。

由于各省厅在谈判对象的优先选择方面和具体问题谈判方面的立场不尽相同②，为在 EPA 谈判中保持一致，日本政府 2004 年 3 月 30 日专门召开由时任首相小泉主持的"促进经济伙伴关系相关阁僚会议"，协调各省厅的立场。阁僚会议提出了《关于今后推进 EPA 的基本方针》。该基本方针提出要根据对日本经济、社会的重要性和现有谈判的进展情况，从经济和外交方面通盘考虑，严格执行选择谈判对象的具体标准，进一步确定新的谈判对象。

---

① 所谓 EPA，是 Economic Partnership Agreement 的缩写，意为经济伙伴关系协议。日本认为区域性经济合作应是综合性的，即在 FTA（自由贸易协议）的基础上进一步在投资、服务、贸易规则等一系列方面也要加强合作，所以一般将 FTA 叫做 EPA。但从日本签署的 EPA 的内容来看，与 FTA 并无实质性差别。

② 外务省主要是考虑外交方面的需要，经济产业省主要是考虑工业品扩大出口的需要，农林水产省主要是考虑农产品市场保护的需要。

在选择主要的 EPA 对象时首先要考虑是否有助于形成对日本有利的国际环境（具体包括是否有助于形成东亚共同体，确保东亚的稳定和繁荣，是否有助于增强日本经济的实力，解决政治、外交方面的课题，在 WTO 等国际谈判中，日本是否需要与该国家和地区合作以增强日本的立场）；其次，是否有助于确保日本整体的经济利益（具体包括贸易与投资的便利化、资源与食品的稳定供给、日本农业改革等）；最后，要考虑到对象国家或地区的状况以及实现 EPA 的可能性（具体包括对敏感产品的特殊待遇、对方履行 WTO 义务的情况、与非 FTA 缔约国的贸易摩擦等）。

根据这些标准，日本对 EPA 的签署对象进行了重点划分和规划。

首先，以东亚为中心，在中长期内构筑起以日本为核心的"东亚经济圈"。这是日本 FTA 战略布局的重中之重。其次，确保稳定的能源和资源供应，积极开展同资源和能源大国的 EPA 谈判。对资源匮乏的日本而言，这是日本 FTA 战略的重要一环。再次，寻求价值观外交，构筑"自由、安全与繁荣之弧"，推进与韩国、东盟、印度以及澳大利亚等国的 EPA。这是日本对外开展 EPA 的一个战略延伸。最后，借助同墨西哥和瑞士的 EPA"楔入"北美自由贸易区和欧盟，从而绕开两大经济区域筑起的贸易壁垒。

因此，日本首先是追求与韩国和东盟建立自由贸易区，其次是在日本企业处于劣势的墨西哥，中长期将致力于与包括中国在内的东亚国家和地区建立自由贸易区。

2010 年 11 月 9 日，日本举行内阁会议通过"关于全面经济联合的基本方针"，提出了新形势下日本加强综合性经济伙伴关系的目标和具体措施。基本方针认为，日本的 EPA 措施已经延误，必须坚定"开国"和"开拓未来"的决心，在现有基础上大踏步前进。

新方针提出的目标是：在考虑敏感产品的基础上，把所有产品作为贸易自由化谈判的对象，缔结高水平的经济伙伴关系协定，并推进彻底的国内改革特别是农业改革，强化竞争力，以适应高水平经济伙伴关系的要求。

新方针就 FTA 的缔结对象提出：亚太是对日本政治、经济、安全保障最为重要的地区，应积极推进亚太地区的双边 EPA、跨地区 EPA 以及 APEC 各领域的合作，并在促成亚太地区 21 世纪型的贸易和投资规制方面发挥主导作用。

在双边自由贸易方面，要尽快推进和签署正在谈判的日澳 EPA，应尽早重启中断了的日韩 EPA 谈判，同时推进日蒙 EPA 共同研究并争取尽快开始谈判。对于尚未开展谈判的主要国家和地区，也要积极推进双边自由贸易谈判。在多边或区域内自由贸易方面，除推进中日韩 FTA、东亚自由贸易区（EAFTA）、东亚综合性经济伙伴关系协定（CEPEA）以外，还要在收集 TPP 信息的基础上采取相应的对策①，尽快营造国内环境，开始与有关国家的协商。

将上述的基本方针进行总结，可以归纳为如下四点：

第一，要与世界主要贸易国推进高水平的 FTA；

第二，要推进国内改革，提高竞争力；

第三，要培育可持续发展的、具有强大生命力的农业；

第四，要参与 TPP。

可以看出，新方针与 2004 年版 EPA 政策相比发生了许多变化，具体表现在：

第一，2004 年版基本方针的目标是"强化相互经济关系"，而 2010 年版基本方针的目标是"高水平的 FTA + 国内改革"。

第二，日本至今为止推进的 EPA 是以东南亚为中心的，对东亚经济合作的构思也是以"10 + 3""10 + 6"为基本框架的。而新方针强调与世界主要国家之间的 FTA 网络。

第三，日本以前的 EPA 是以货物贸易为主并实行农业适度开放的，但 2010 年版基本方针强调全方位的、高开放度的 FTA。

第四，参与 TPP 是该方针的核心，使新方针与以往 EPA 政策相比发生了本质上的不同。首先，日本至今为止签署的 EPA 多以双边协议为中心，而 TPP 是多边协议；其次，日本至今为止的 EPA 对象国均为比日本经济规模小的国家，但 TPP 包括比日本规模大的美国；再次，日本以往的 EPA 都将重要农产品设为例外处理，但 TPP 可能推行无例外的自由化；最后，日本至今为止牵制中国的手段是与东南亚国家构筑 FTA 网路，但 TPP 是以美国为主导的。

二、日本 EPA 概况

目前，日本已生效的 EPA 有 13 个，对象国分别是新加坡、墨西哥、马来西亚、智利、泰国、印尼、文莱、东盟（ASEAN）、菲律宾、越南、印度、瑞士和

---

① 关于 TPP 将在第七章做详细介绍。

秘鲁。与澳大利亚和 GCC 等国（集团）的谈判正在进行中，与韩国谈判暂被中断（表 2 – 3）。

表 2 – 3 日本 EPA 现状

阶段	序号	对象国/协议名称	时间	备注
已生效	1	新加坡 EPA	2002.11.30 生效 2007.9 改正议定书生效	日本不采用 FTA 一词, 全部用 EPA 一词
	2	墨西哥 EPA	2005.4.1 生效 2007.4.1 关于改善市场准入条件的议定书生效 2012.4 修正议定书生效	与美洲国家的第一个 FTA
	3	马来西亚 EPA	2006.7 生效	—
	4	智利 EPA	2007.9 生效	—
	5	泰国 EPA	2007.11 生效	—
	6	印尼 EPA	2008.7 生效	—
	7	文莱 EPA	2008.7 生效	—
	8	ASEAN(10 国)EPA	2008.12 生效	2008 年与新加坡、越南、缅甸、老挝生效 2009 年与文莱、马来西亚、泰国、柬埔寨生效 2010 年 7 月与菲律宾生效
已生效	9	菲律宾 EPA	2008.12 生效	—
	10	越南 EPA	2009.10 生效	—
	11	瑞士 EPA	2009.9 生效	与欧洲国家的第一个 FTA
	12	印度 EPA	2011.8 生效	—
	13	秘鲁 EPA	2012.3 生效	—
谈判阶段	1	澳大利亚 EPA	2014.4 就两国 FTA 达成一致;同年 7 月, 签署 FTA	日本与主要农产品出口国达成的首个 FTA
	2	GCC(6 国)FTA	2009.3 第四轮谈判	—
	3	蒙古 EPA	2011.3 联合研究已结束 2014.6 第六轮谈判	—
	4	加拿大 EPA	2012.3 联合研究结束 2013.3 第五轮谈判	—
	5	哥伦比亚 EPA	2014.2 第四轮谈判	—

续表

阶段	序号	对象国/协议名称	时间	备注
谈判阶段	6	日中韩 FTA	2003－2009 年,开展中日韩自贸区民间学术研究 2010.5－2011 年底完成产官学联合研究 2012.11 宣布启动自贸区谈判 2013.3 第一轮谈判	－
	7	EU(28)国 EPA	2014.3 第五轮谈判	－
	8	TPP(12 国)	2011.6 宣布加入 TPP	－
	9	RCEP(16 国)	2005.4 中国提议的 10＋3(EAFTA)民间研究开始 2007.6 日本提议的 10＋6(CEPEA)民间研究开始 2013.5 第一轮谈判 2014.1 第三轮谈判	EAFTA——East Asia Free Trade Area:东亚自由贸易区,包括 10＋3; CEPEA——Comprehensive Economic Partnership for East Asia:东亚全面经济伙伴关系协定,包括 10＋6
研究阶段	1	韩国 EPA	2004.11 举行六轮谈判后中断 2008.6 至今多次接触,试图重启谈判	－
	2	土耳其 EPA	2012.11 开始联合研究	－
	3	新西兰 FTA	2006.11－2009.3 联合研究	－

注:(1)EPA:Economic Partnership Agreement,经济合作伙伴关系协定。
　　(2)ASEAN 指东盟,包括印尼、泰国、越南、马来西亚等 10 国。
　　(3)EU 指欧盟,包括德国、法国等 28 个欧洲国家。
　　(4)GCC 指海湾阿拉伯国家合作委员会,包括阿联酋、阿曼、巴林、卡塔尔、科威特和沙特阿拉伯 6 国。
　　(5)TPP:Trans-Pacific Partnership Agreement,跨太平洋伙伴关系协议。包括美国、加拿大等 12 国。
　　(6)RCEP 指东盟 10 国和中国、澳大利亚、印度、日本、韩国、新西兰等共 16 国。
资料来源:日本外务省(http://www.mofa.go.jp.)。

　　日本—新加坡 EPA 是日本签署的第一个 EPA。日本之所以将新加坡作为首选谈判对象,是因为该协议的缔结并未真正触及日本国内的农产品市场,两国谈判的阻力相对较小,更容易达成协议。日本看重的是日新 EPA 的象征意义,期待以其为样本,在其后的 EPA 谈判中产生示范效应。

继日新 EPA 之后，日本应本国企业界的要求与墨西哥推进了 EPA 谈判。主要背景是墨西哥与诸多国家签署了 FTA，包括与日本产品竞争的国家。日墨 EPA 于 2004 年 9 月正式签字，2005 年 4 月 1 日正式生效。

日本—马来西亚 EPA 从 2004 年初开始谈判，于 2005 年 5 月达成协议，同年 12 月正式签字，2006 年 7 月生效。

智利是第一个与日本签署 EPA 的南美国家。日本—智利 EPA 谈判 2006 年 2 月正式开始，已于 2007 年 9 月正式生效。而秘鲁是与日本签署 EPA 的第二个南美国家，双方协议于 2011 年 5 月 31 日签署完毕，2012 年 3 月生效。

日本—泰国 EPA 从 2004 年初开始谈判，于 2005 年 9 月达成协议，2007 年 1 月 1 日正式生效。日本—菲律宾 EPA 从 2004 年 2 月开始谈判，谈判比较顺利，当年 11 月就达成了协议，2006 年 9 月 9 日正式签署了协定。由于菲律宾国内担忧对日贸易自由化的不利影响，国会迟迟未能批准协定，直到双方重新修改了关于投资与废除关税的部分条款，并且就日本接受菲律宾看护士就业签署了补充协议，协定才于 2008 年 12 月正式生效。

日本—印尼 EPA 于 2006 年 11 月达成协议，2007 年 8 月签署协定，2008 年 7 月 1 日正式生效。与新加坡以及泰国、马来西亚和菲律宾相比，印度尼西亚对与日本的自由贸易一直持谨慎态度，只是在上述四国与日本的 EPA 已经取得实质性进展的情况下，才不得不下决心与日本缔结 EPA。

文莱是东盟先六国中最后与日本商谈自由贸易的国家，直到 2005 年 12 月双方才就缔结 EPA 达成共识。不过，由于日本—文莱 EPA 没有棘手的农产品问题，因此在 2006 年 6 月开始谈判后，双方只经过 3 次谈判，就在当年 12 月达成了初步协议，前后历时仅 6 个月，成为日本对外谈判时间最短的 EPA。其后，双方于 2007 年 6 月签署协定，2008 年 7 月 31 日协定正式生效。

在东盟后四国中，越南积极推行改革开放政策，是经济发展最快的国家，也是最重视对日本经济关系、希望通过缔结 EPA 进一步引进日本资金与技术的国家。2005 年 12 月日越首脑会谈就开展 EPA 共同研究达成共识，2007 年 1 月开始谈判，2008 年 12 月签署了协定，2009 年 10 月正式生效。

日本—东盟 EPA 是日本推进东亚自由贸易和东亚经济一体化的重点，双方在 2002 年 1 月就对缔结 FTA 达成了共识，2005 年 4 月正式开始了谈判。由于双方谈判立场的分歧，谈判一开始就不顺利，一度中断 8 个月之久，直到 2008 年

4 月 14 日才好容易签署了协定。2008 年 12 月 1 日，日本—东盟 EPA 开始生效，其中，日本、新加坡、老挝、越南、缅甸于当日正式生效，文莱和马来西亚分别于 2009 年 1 月 1 日和 2 月 1 日正式生效。日东 EPA 是日本与区域性经合组织签署的第一个自由贸易协定，不仅包括货物贸易，而且包括服务贸易、投资自由化与经济合作。

瑞士非农产品自由化程度很高，在 WTO 谈判中与日本立场一致，一起参加 10 国集团，共同反对大幅度削减农产品关税，两国关系十分密切。2005 年 4 月日瑞首脑会谈就进行政府间 EPA 共同研究达成一致，2007 年 1 月双方发表共同研究报告，5 月开始谈判，2008 年 9 月达成协议，2009 年 2 月 17 日签署了协定。日瑞 EPA 是日本与欧洲国家签署的第一个经济伙伴关系协定。

印度是一个正在崛起的发展中大国，近年来与日本的经贸关系和友好关系明显加强。日本为了牵制中国，特别重视日印关系，积极与印度建立 EPA。2005 年 11 月双方开始 EPA 共同研究，2007 年 1 月开始谈判。由于双方在原产地规则和医药品相互承认等方面还有一些悬而未决的问题，该 EPA 拖到 2011 年 8 月才正式生效。

澳大利亚是日本铁矿石、煤炭等资源的主要供给国，在政治方面也是日本的重要伙伴。然而，由于澳大利亚是凯恩斯集团成员，在 WTO 谈判中一直主张大幅度削减农产品关税，给日本造成了很大的压力。再加上澳大利亚是日本重要的农产品进口国，牛肉、小麦、乳制品、砂糖等大量进口对日本农户有很大的威胁。直到 2014 年 4 月（历经 7 年谈到），两国就双边 EPA 达成了一致。

由于日本石油进口绝大部分来自于中东，其中来自海湾合作组织六国（巴林、科威特、阿曼、卡塔尔、沙特阿拉伯、阿联酋）的进口大约占 75%，因此为确保石油的稳定进口，日本多年来一直重视与 GCC 各国的关系。鉴于海湾合作组织从 2005 年开始已经分别与中国、新加坡、印度和欧盟等谈判 FTA，日本为争取主动，2006 年 4 月也决定与其进行 FTA 谈判。不过，因 GCC 主要致力于海湾共同市场建设，除新加坡外，与各方的 FTA 谈判都进展不大。

日本—韩国 EPA 是 1998 年最先提出的，但其谈判的开始和进程都不理想。其中，双方政府间共同研究始于 2002 年 7 月，正式谈判始于 2003 年 12 月，2004 年 11 月第六次谈判后一直处于谈判中断状态。从 2005 年开始，双方虽然一再表示要重开谈判，但一直未能达成实质性的协议。未能打开谈判僵局的原因，主要是双方此前谈判的基本立场都未发生实质性的变化，韩国继续要求日本实质性地开放农产品市场，并要求日本改变汽车市场的封闭性，引起了日本的不快。而日本要求韩国大幅开放工业品市场，令韩国产业界非常谨慎。

综上所述，从日本 EPA 对象国的地理位置来看，分布在非洲以外的各大洲，但主要还是在东南亚。日本不仅与马来西亚、泰国等国家分别签署双边 EPA，还与整个东盟推进 EPA（按日本的表现叫"双卡车"方式）。这也体现出了日本 EPA 以东亚为中心的战略。

第四节　中韩 FTA、中韩日 FTA 现状

一、中韩 FTA 现状

1992 年，中国和韩国正式建立外交关系以来，双边经贸关系取得了飞跃式发展。2013 年，双边贸易额已突破 2700 亿美元，相互投资超过 570 亿美元。中国已成为韩国第一大贸易伙伴国、第一大出口和进口市场，韩国是中国的第三大贸易伙伴国。

中韩 FTA 官产学联合研究于 2006 年 11 月启动。双方经过 5 次联合研究会议后，于 2010 年 5 月宣布结束联合研究，并由双方经贸部长签署谅解备忘录。联合研究成果《中韩自贸区联合研究报告》（The Joint Study Report for China-Korea FTA）认为中韩 FTA 将促进两国经济贸易显著增长。

中韩 FTA 谈判自 2012 年 5 月启动。中韩自贸区谈判分为模式和出要价两个阶段。双方在模式阶段就货物贸易自由化水平、协定范围及各领域谈判的原则、框架及内容要素等达成共识。在出要价阶段双方就要添砖加瓦，充实这个协定的内容。

在中韩 FTA 第七轮谈判（2013 年 9 月）中，双方最终就协定范围涉及的各领域模式文件达成了一致。至此，双方完成了中韩 FTA 模式阶段谈判，在模式阶段双方已经确定了自由化水平的目标，初步确定了协定要谈判的范围和领域。

2013 年 11 月，中韩自贸区第八轮谈判全面开始出要价和协议文本谈判。本轮谈判中，双方相互交换了货物贸易的首次出价清单，范围包括正常产品和敏感产品。此外，双方还就各自在其他领域提出的协议文本草案进行了讨论。2014 年 7 月 3 日，国家主席习近平访韩之际，两国领导人发表了联合声明表示，将争取年

内正式签署 FTA。截止到 2014 年 11 月，中韩 FTA 谈判已开展了十四轮。

二、中韩日 FTA 现状

中韩日三国均为全球重要经济体，同处世界经济中最具活力的东亚地区，互为重要的贸易投资伙伴。2011 年，三国经济总量达 14 万亿美元，约占全球的 1/5。三国在全球产业链分工中有着密切的合作，三国间建立 FTA 反映了三国经贸合作的实际需求，对于加强三国经贸联系，促进东亚地区的经济融合都具有深远意义。

2002 年，中韩日三国领导人同意开展中韩日 FTA 民间学术研究。2003 - 2009 年，三国研究机构对建立中韩日 FTA 的可行性进行了全面和深入的分析研究，并得出积极结论，认为建立三国自贸区可消除贸易壁垒，扩大区域市场，推动三国经济融合，实现三国互利共赢。

在 2009 年 10 月举行的第二次中韩日领导人会议上，三国领导人就尽快启动三国 FTA 官产学联合研究达成共识。2010 年 5 月，三国正式启动官产学联合研究，具体由中国国务院发展研究中心（DRC）、日本综合研究开发机构（NIRA1）和韩国对外经济政策研究院（KIEP）共同开展。

2011 年 12 月 16 日，中国、日本和韩国 FTA 官产学联合研究最后一次会议在韩国平昌举行。中韩日三国代表团对联合研究报告的具体细节进行了讨论和最后修订，并最终通过联合研究报告。会后，三方签署联合声明，宣布完成三国 FTA 官产学联合研究，并建议就尽快启动自贸区谈判确定时间表和路线图。

《中日韩自由贸易区可行性联合研究报告》指出，中韩日 FTA 的建立将给三国带来宏观经济收益，取得三方共赢的效果。三家研究机构还分析了中韩日 FTA 对各产业部门的影响，如农业、渔业，以及主要的制造业和服务业部门，并对原产地规则和敏感产业部门的处理等问题进行了深入研究。

2012 年 11 月 20 日，在柬埔寨金边召开的东亚领导人系列会议期间，中韩日三国经贸部长举行会晤，宣布启动中韩日 FTA 谈判，迄今（2014 年 9 月）已举行了五轮正式谈判。

三方在谈判的步骤和模式方面也取得了很多的进展，达成了一些共识。但是由于三方在产业竞争力上的不同，在如何照顾彼此的关切、实现各自的利益、达成一个平衡、双赢的协定方面还存在不少分歧。

第三章　中韩日农产品关税制度

降低农产品关税是中韩 FTA 及中韩日 FTA 谈判的重中之重，所以有必要对各国的农产品关税体系进行详尽的剖析。为便于中韩日三国的比较，本章首先根据 WTO 的 world tariff profiles 2012 对各国的农产品关税体系做分析。其次，为弥补该 WTO 报告信息量有限的不足，再根据各国的相关税率表进行补充说明。

第一节　中国农产品关税制度

一、中国关税制度体系

中国关税制度是海关法、关税条例、进出口税则等规定的总称，包括三个方面：第一，《中华人民共和国海关法》及有关条款，构成关税制度的框架和基本原则；第二，《中华人民共和国进出口关税条例》和《中华人民共和国海关进出口税则》；第三，由海关总署或由海关总署会同国务院的其他有关部门，为实施海关法、关税条例和税则而制定的具体规定。这三个层次的规定密切联系、相辅相成，形成了中国的关税制度。

1949 年中华人民共和国建立不久，政务院制定颁布了《暂行海关法》（1951年 5 月 1 日起实施），接着又公布了《中华人民共和国海关进出口税则》及其实施条例（1951 年 5 月 16 日起实施）。1985 年 3 月，为了适应新历史时期国家经济体制全面改革形势的需要，国务院颁发了《中华人民共和国进出口关税条例》及新的《中华人民共和国海关进出口税则》。新税则采用国际上通行的《海关合作理事会商品分类目录》（HS），并根据中国的对外商品贸易情况加列了一些子目。1987 年 7 月，通过了《中华人民共和国海关法》，废止了《暂行海关法》。据此，同年9月，国务院重新修订发布了关税条例，进一步系统地规定了关税的基本制度。同时，明确规定《中华人民共和国海关进出口税则》是它的组成部分，构成了中国新的关税制度体系。

加入WTO以前，中国的进口税率只有普通税率和最低税率两种。对产自与中国未订有关税互惠条款的贸易条约或协定的国家的进口货物，按照普通税率征税，而对产自与中国订有关税互惠条款的贸易条约或协定的国家的进口货物，按照最低税率征税。

加入WTO后，中国对税率进行了细分，现税率为7种，即最惠国税率（MFN税率）、协定税率（FTA税率）、特惠税率、普通税率、暂定税率、关税配额税率（TRQ税率）、IT商品税率等。

各税率之间的适用顺序如下：适用最惠国税率的进口货物有暂定税率的，应当适用暂定税率；适用协定税率、特惠税率的进口货物有暂定税率的，应当从低适用税率；适用普通税率的进口货物，不适用暂定税率；适用出口税率的出口货物有暂定税率的，应当适用暂定税率。

二、中国农产品关税体系的特征

（一）基于WTO资料的分析（2011年数据）

WTO：world tariff profiles 2012 显示（表3－1），2011年中国农产品的简单平均约束税率为15.7%，简单平均MFN税率为15.6%。

表3－1　　　　　基于WTO报告的中国农产品关税概况（2011年）

简单平均约束税率	15.7					贸易加权平均税率（2010）		11.7		
简单平均MFN税率	15.6									
农产品关税配额	5.0					农产品特殊保障		0		
	零关税	0≤5	5≤10	10≤15	15≤25	25≤50	50≤100	>100	合计	非从价税（%）
约束关税率	6.0	7.0	25.8	25.6	26.2	7.0	2.3	0.0	100.0	0.0
MFN关税率	5.9	8.7	26.4	24.4	25.1	6.9	2.6	0.0	100.0	0.5

续表

产品类	约束关税率			MFN 关税率		
	平均	零关税	最高	平均	零关税	最高
活动物、肉类等[1]	14.9	10.4	25.0	14.8	10.1	25.0
奶制品[2]	12.2	0.0	20.0	12.0	0.0	20.0
果蔬类、植物制品[3]	14.9	4.9	30.0	14.8	5.8	30.0
咖啡、茶[4]	14.9	0.0	32.0	14.7	0.0	32.0
谷物类[5]	23.7	3.3	65.0	24.3	3.4	65.0
动植物性油脂[6]	11.1	7.1	30.0	10.8	5.3	30.0
糖类[7]	27.4	0.0	50.0	27.4	0.0	50.0
烟酒类[8]	23.3	2.2	65.0	22.3	2.2	65.0
棉制品[9]	22.0	0.0	40.0	15.0	0.0	40.0
其他农产品[10]	12.1	9.3	38.0	11.3	9.3	38.0

注:(1) Ch. 01,Ch. 02,1601 - 02,(2) 0401 - 06,(3) Ch. 07,Ch. 08,1105 - 06,2001 - 08,
0601 - 03,1211,Ch. 13,Ch. 14,(4) 0901 - 03,Ch. 18(1802 除外),2101,(5) 0407 - 10,
1101 - 04,1107 - 09,Ch. 19,2102 - 06,2209,Ch. 10,(6) 1201 - 08,Ch. 15(1504 除
外),2304 - 06,3823,(7) Ch. 17,(8) 2009,2201 - 08,Ch. 24,(9) 5201 - 5203,(10)
0904 - 10,Ch. 05(0509 除外),0604,1209 - 10,1212 - 14,1802,230110,2302 - 03,
2307 - 09,290543 - 45,3301,3501 - 05,380910,382460,4101 - 03,4301,5001 - 03,
5101 - 03,5301 - 02.

资源来源:根据 WTO:world tariff profiles 2012 整理。

全部农产品中（MFN 税率为基准），无关税产品占 5.9%。税率为"0≤5%"的比重为 8.7%，"5%≤10%"为 26.4%，"10%≤15%"为 24.4%，"15%≤25%"为 25.1%，"25%≤50%"为 6.9%，"50%≤100%"为 2.6%，100% 以上的为 0.0%。可以看出，中国农产品关税结构体现出较为典型的正态分布的特征，零关税及低于 5% 的产品比重仅占 14.6%，高于 25% 的产品比重也仅占 9.5%，而分布在 5% - 25% 的产品占 75.9%。

中国采用非从价税的产品比率为 0.5%。这说明，中国农产品关税体系较为简单、透明。

比简单平均约束关税率高的农产品有谷物类（23.7%）、糖类（27.4%）、烟酒类（23.3%）及棉制品类（22%）。最高税率为 65%，出现在谷物类和烟酒类产品中。

（二）基于《2014 年中华人民共和国海关进出口税则》的分析

《2014 年中华人民共和国海关进出口税则》将全部商品分为 22 类 98 章 8277 个 HS10 位税号（比 2013 年增加 39 个）。农产品的范畴为 HS01 – 24 章的全部产品外，还包括 HS2801、HS2095、HS3301、HS3501 – 3505、HS3809、HS3823、HS3913、HS4101 – 4103、HS4301、HS5001 – 5003、HS5101 – 5103、HS5201 – 5203、HS5301 – 5305、HS7101。根据此分类方法，2014 年中国农产品共有 1978 个 HS10 位税号。

若根据 WTO 的分类方法，不包括 HS03 章的话，农产品总数则为 1647 个 HS10 位数。其中征收从价税的产品共有 1639 个，其简单平均关税率为 13.7%。其结构如下：税率为 10% 以下的产品占 45.4%（746 个），10% – 20%（不包括 20%，以下同）的产品占 25.7%（421 个），20% – 50% 的产品占 27.1%（444 个），50% – 100% 的产品占 1.7%（28 个）。

2014 年，中国仅对 8 个 HS 税号农产品征收从量税，占 0.5%。采用从量税的产品中属于 HS02 章的有 6 个，分别是 HS02071200（整只冻的鸡）、HS02071411（带骨鸡肉）、HS02071419（不带骨的鸡肉）、HS02071421（鸡翼）、HS02071422（鸡爪）、HS02071429（其他鸡肉包括鸡肝等杂碎）。另外两个分别是 HS05040021（冷或冻的鸡胚）、HS22030000（麦芽酿造的啤酒）。

中国农产品关税不存在关税高峰。所谓的关税高峰（Tariff Peak）是指在乌拉圭回合 WTO 成员达成关税削减承诺以来，尚存的相对较高的农产品进口关税。因为各国普遍采用"降低非重点产品的进口市场准入程度的同时用高关税对重点产品进行保护"的策略，所以对农产品关税高峰问题进行研究有助于掌握各国农产品关税的重点保护范围，以及保护的水平和结构。

关税高峰的界定问题目前尚未形成统一的标准。WTO 将超过 15% 的关税水平定义为关税高峰，UNCTAD 则将 12% 作为衡量关税高峰的标准，FAO 将超过 20% 的从价税税率界定为关税高峰。根据农产品的特点，国际通行的农产品的关税高峰定义是关税税率等于或高于 100%。早在 2010 年，中国农产品的最高税率降至 65%（均为配额外产品或高档烟酒类产品），表明中国农产品进口中不存在具有进口禁止性作用的关税高峰。

中国农产品关税升级现象比较普遍。所谓的关税升级（Tariff Escalation），是指对初级产品采取零关税或低关税，而随着加工程度的提高，对加工品的关税税率随之提高的关税管理办法。关税升级可以使加工品的增值部分（产品价值本身扣除产品投入价值）的被保护程度提高，即关税的有效保护水平高于其名义保护水平。各国为提高本国加工业和制造业的国际竞争力，在设计关税体系时往往采取关税升级的模式。

表 3-2　　　　　　　　　　中国相关农产品之间的税率比较

HS 编号	产品描述	MFN 税率	HS 编号	产品描述	MFN 税率
07020000	鲜或冷藏的番茄	13	08061000	鲜葡萄	13
20029011	番茄酱罐头	20	20095000	葡萄汁	30
07032010	鲜或冷藏的大蒜	13	07011000	鲜马铃薯	13
20019010	用醋或醋酸腌制的大蒜	25	17023000	葡萄糖	30
12024100	未焙炒或未烹煮的花生	15	24011010	烤烟	10
20081130	花生酱	30	24022000	卷烟	25
08051000	鲜或干的柑橘	11	24039900	烟草精汁	57
20079100	柑橘酱	30			

资料来源：根据 2014 年《中华人民共和国海关进出口税则》整理。

从表 3-2 可以看出，中国蔬菜制品与鲜菜相比、水果制品和鲜水果相比、烟制品与烤烟相比，加工品的关税率为初级产品的 2-5 倍，农产品的关税升级情况是普遍的。

三、中国的农产品配额管理制度

乌拉圭回合谈判达成的农业协议原则上禁止对农产品贸易实行数量限制，但考虑到农产品的特殊性，农业协议又允许那些存在数量限制的成员国采用关税配额作为过渡性的工具，目的是使所有的关税配额管理最终转化为单纯的关税管理。

1996 年以后，中国对一些重要的大宗农产品也实行了一般商品进口关税配额管理，包括粮食、植物油及油籽、羊毛等，后来又增加了糖和棉花。到 2000 年，中国实行关税配额管理的农产品共有 15 种，这些农产品虽然在农产品税目中只占很小一部分，但在农产品进口中却具有举足轻重的地位，占农产品进口价值的 60% 以上[①]。

中国加入 WTO 后，2002 年中国原有的实行关税配额管理的商品大麦、油料籽

---

① 张莉琴. 我国农产品的进口关税水平及税率结构安排. 中国农村经济,2005(7).

仁和部分植物油品种退出关税配额名单，其进口管理实行完全关税化，实行关税配额的商品减少到 10 种，并且配额内税率也进一步下降。

《农产品进口关税配额管理暂行办法》（2003）规定，中国实行进口关税配额管理的农产品品种为：小麦、玉米、大米、豆油、菜籽油、棕榈油、食糖、棉花、羊毛以及毛条。其中，小麦、玉米、大米、豆油、菜籽油、棕榈油、食糖、棉花进口关税配额分为国营贸易配额和非国营贸易配额。国营贸易配额须通过国营贸易企业进口；非国营贸易配额通过有贸易权的企业进口，有贸易权的最终用户也可以自行进口。羊毛、毛条的配额由指定公司进口经营。

豆油、菜籽油、棕榈油、食糖、羊毛、毛条进口关税配额由商务部分配。小麦、玉米、大米、棉花进口关税配额由国家发展和改革委员会（以下简称"发展改革委"）会同商务部分配。产品进口关税配额将根据申请者的申请数量和以往进口实绩、生产能力、其他相关商业标准或根据先来先领的方式进行分配。分配的最小数量将以每种农产品商业上可行的装运量确定。

关税配额量内进口的农产品适用关税配额税率，配额量外进口的农产品按照《中华人民共和国进出口关税条例》的有关规定执行。农产品进口关税配额为全球配额。

农产品进口关税配额的申请期为每年 10 月 15 日至 30 日（凭合同先来先领分配方式除外）。商务部、发展改革委分别于申请期前 1 个月在《国际商报》《中国经济导报》以及商务部网站（http://www.mofcom.gov.cn/）、发展改革委网站（http://www.sdpc.gov.cn/）上公布每种农产品下一年度进口关税配额总量、关税配额申请条件及国务院关税税则委员会确定的关税配额农产品税则号列和适用税率。

每年 1 月 1 日前，商务部、发展改革委通过各自授权机构向最终用户发放"农产品进口关税配额证"，并加盖"商务部农产品进口关税配额证专用章"或"国家发展和改革委员会农产品进口关税配额证专用章"。国营贸易配额在"农产品进口关税配额证"上注明。

第二节　韩国农产品关税制度

一、韩国关税制度体系

韩国关税制度的基本法律主要包括《对外贸易法》《关税法》和《关税法实

施令》。韩国企划财政部是韩关税政策的制定机构，关税厅及下属机构负责具体实施。韩国关税按照征收目的不同可分为基本税率（普通税率）、反倾销税、反补贴税、协定税率、特别紧急关税、紧急关税、调节关税①、便利化税率②、特惠税率等。

根据韩国《关税法》第 50 条，各种关税的适用顺序如下：

第一位是反倾销关税、反补贴关税、报复关税、紧急关税、农林畜产品特别紧急关税等。

第二位是国际协定关税和便利化关税，包括 WTO 税率（中国叫最惠国税率）、FTA 税率和 CEPA 协定税率③等。这些关税只有比下述的第三位至第六位的税率低的时候才适用，而且仅适用于会员国。但农林畜产品 WTO 税率较特殊，即使 WTO 税率高于其他税率，也优先于第五位和第六位的税种。

第三位是调整关税、季节关税及配额关税。

第四位是最贫国特惠关税。

第五位是暂定关税。

第六位是基本关税。

二、韩国农产品自由化过程

韩国农产品市场开放始于 1988 年韩美两国缔结的通商协议。根据该协议，韩国承诺 1989 – 1991 年间对 243 个 HS 税号农产品采取开放措施。而同一时期，GATT 也加大了对韩国农产品贸易的管制。1989 年，GATT 规定韩国不再适用 GATT 第 18 条 B 项（当某国出现国际收支失衡时可以限制进口数量的规定，此项是专为发展中国家而设的），韩国应对原本限制进口 273 个 HS 税号农产品在 1992 – 1997 年间分两阶段开放。1992 – 1994 年为第一期，1995 – 1997 年为第二期。因 1994 年乌拉圭回合农业协议达成，第二期开放计划就遵照乌拉圭回合结果。

根据乌拉圭回合农业协议，韩国除大米以外的所有农产品都要实行分阶段开放。1995 年，韩国农产品进口自由化率达到 95.6%（1989 年仅为 76.1%）。随着

---

① 调节关税是指当依照《对外贸易法》新列入进口自由化商品目录或已属于进口自由化目录中的商品（但未满 3 年）大量进口，造成或可能造成国内产业损害时，对该进口商品追加一定税额的税种。

② 所谓的便利化关税是指，对来自不能享受优惠关税的国家的商品给予的一种税。

③ CEPA 是 comprehensive economic partnership agreement（综合型经济伙伴关系协议）的缩写。韩国和印度 FTA 就采用该名称，而没有用 FTA 一词。

1996 年和 1997 年部分果蔬类和畜产品开放，1998 年进口自由化率升至 98.5%。2001 年，牛肉进口也实现了自由化，只剩下大米及其制品 16 个税号（HS10 位数）。所以，2002 年至今韩国农产品进口自由化率一直维持在 99%。

表 3 - 3　　　　　　　　　韩国农产品自由化进程

区分	总产品数 （HS10 位）	各年实施自由化的产品数						
		区分	1995	1996	1997	2001	2011	2012
农畜产品	1610	当年	192	16	39	10	–	111(*)
		累计	1418	1441	1473	1483	1483	1594
尚未自由化的农产品			81	65	26	16	16	16
农产品开放率(%)			95	96.1	98.3	98.9	98.9	99

注:(1) 自由化产品是指韩国对该产品实施关税化，只要交纳交税原则上谁都能进口的产品。
　　(2) 2012 年尚未自由化的 16 个产品均是大米及其制品（因为当时韩国尚未对大米实施关税化政策）。
　　(3) 2012 年因韩国关税分类表有所改动，所以增加了 111 个产品。
资料来源:根据韩国农林部相关资料整理。

三、韩国农产品关税体系的特征

（一）基于 WTO 资料的分析（2011 年数据）

根据 WTO：world tariff profiles2012，2011 年韩国农产品的简单平均约束税率为 56.1%，简单平均 MFN 税率为 48.6%，远高于中国和日本。

表 3 - 4　　　　　　　基于 WTO 报告的韩国农产品关税概况（2011 年）

							贸易加权 平均税率 （2010）			93.3	
简单平均 约束税率		56.1										
简单平均 MFN 税率		48.6					农产品 特殊保障			6.3		
农产品 关税配额		13.7										
	零关税	0≤5	5≤10	10≤15	15≤25	25≤50	50≤100	>100	合计		非从价 税(%)	
约束关税率	2.2	5.7	9.1	8.7	23.1	31.9	10.2	8.1	100.0		5.2	
MFN 关税率	6.1	14.9	26.2	1.2	13.3	27.9	2.1	8.3	100.0		2.9	

续表

产品类	约束关税率			MFN 关税率		
	平均	零关税	最高	平均	零关税	最高
活动物、肉类等[1]	26.1	0.4	89	22.1	2.4	89
奶制品[2]	69.8	0	176	67.5	0	176
果蔬类、植物制品[3]	63.8	0	887	57.5	0.2	887
咖啡、茶[4]	74.1	0	514	53.9	0	514
谷物类[5]	161.1	0	800	134.4	0.3	800
动植物性油脂[6]	44.1	2.6	630	37	4.1	630
糖类[7]	32.2	0	243	17.1	0	243
烟酒类[8]	43.1	0	270	31.7	0	270
棉制品[9]	2	0	2	0	100	0
其他农产品[10]	20.9	9.4	754	16.2	23.5	754

注:(1)Ch. 01,Ch. 02,1601 - 02,(2)0401 - 06,(3)Ch. 07,Ch. 08,1105 - 06,2001 - 08,0601 - 03,1211,Ch. 13,Ch. 14,(4)0901 - 03,Ch. 18(1802 除外),2101,(5)0407 - 10,1101 - 04,1107 - 09,Ch. 19,2102 - 06,2209,Ch. 10,(6)1201 - 08,Ch. 15(1504 除外),2304 - 06,3823,(7)Ch. 17,(8)2009,2201 - 08,Ch. 24,(9)5201 - 5203,(10)0904 - 10,Ch. 05(e0509 除外),0604,1209 - 10,1212 - 14,1802,230110,2302 - 03,2307 - 09,290543 - 45,3301,3501 - 05,380910,382460,4101 - 03,4301,5001 - 03,5101 - 03,5301 - 02.

资料来源:根据 WTO:word tariff profiles 2012 整理。

全部农产品中（MFN 税率为基准），无关税产品占 6.1%。税率为"0≤5%"的比重为 14.9%，"5%≤10%"为 26.2%，"10%≤15%"为 1.2%，"15%≤25%"为 13.3%，"25%≤50%"为 27.9%，"50%≤100%"为 2.1%，100% 以上的为 8.3%。可以看出，韩国农产品关税结构既没有正态分布的特征，也没有金字塔形的框架。韩国的零关税产品比重与中国持平，但高于 25% 的产品明显比中国多，特别是大于 100% 的产品比重远高于中国和日本。韩国采用非从价税的产品比率为 2.9%，高于中国但远低于日本。

（二）基于韩国《2012 年度农畜产品分类及其税率》的分析

韩国农林部颁布的《2012 年度农畜产品分类及其税率》中农产品是依据 C/S 为依据归类的。所谓的 C/S（Schedule of Commitments）是 1994 年韩国政府向 WTO 秘书处提交的列举韩国农业开放进程的履行计划书。在该分类中，农产品包括畜产品和部分林产品及海洋动物，但不包括 HS03（水产品）和分布在其他 HS 章节的水产品制品。

本节以 2012 年度的优惠税率表为样本进行分析，即其分析对象既不是实际运用的税率，也不是基准优惠税率。

1. 简单平均税率很高，税率分布很广

2012 年，韩国农产品共有 1610 个（HS10 位数），其简单平均关税率为 66%，在 OECD 国家中属于高税率集团。其税率分布较广，从最低零关税到最高的 887.4%，最低关税与最高关税之间的差距之大仅次于日本。

其结构如下。零关税的产品占 2.1%，税率为 1% –50% 的产品占 74.6%，两者合计税率为 50% 以下的占 76.7%。税率为 51% –100% 的产品占 12.4%，100% –600% 的产品占 7%，600% 以上的产品占 4%。

韩国农产品关税结构并非呈现出典型的金字塔形，税率为 100% 以下的占 87%，100% –600% 之间的产品分布较均匀，但 600% 以上的产品又明显增多。

2. 关税高峰现象严重

韩国税率为 100% 以上的农产品多达 160 多个，占总农产品的 11%。最高税率为 887%，在全球也应属于最高级别（韩国高关税产品目录见附表 3 – 1）。关税高峰最严重的是动物产品、奶制品、水果蔬菜植物、咖啡茶叶、谷物、含油种子、食糖及糖果、饮料及烟草。

韩国 200% 以上的产品，比如玉米（328% –630%）、大豆（487%）、大麦（324%）、淀粉类（228% –800%）、木薯（887%）、麦芽（269%）、啤酒麦（513%）、加工谷物（800%）等产品名义上是高关税，但实际上这些产品进口时征收的关税不足 2%。因为韩国进口这些产品的目的在于调节国内供求矛盾，稳定物价的若征收高额关税就达不到进口目的。

3. 以从价税为主，选择税和复合税比重较低

2012 年，总数 1610 个农产品中，对 1551 个产品征收从价税（占 96%），仅对 87 个农产品征收选择税（从价税和从量税中选择，占 5%），对 12 个产品征收复合税（从价税 + 从量税，占 1%）。韩国采用非从价税的产品比重虽然比中国高，但相对于其他发达国家和地区比如美国（43%）、EU（46%）、日本（12%）等低很多。这说明，韩国的农产品关税体系较为单纯，透明性较强。

采用非从价税的产品中 HS07 比重最大。比如复合税中，HS07 章所属产品达

11 个，占 92% （表 3 – 5）。选择税中，HS07 章所属产品达 40 个，占近半数（附表 3 – 2）。

表 3 – 5   韩国复合税产品及其税率（12 个）

序号	HS 编号	品名	从价税（%）	从量税（韩元/公斤）
1	0706101000	胡萝卜（鲜或冷）	30	134
2	0712319000	其他伞菌属蘑菇（干）	30	1218
3	0712320000	木耳（黑木耳属/干）	30	1218
4	0712330000	银耳	30	1218
5	0712391020	冬茹（干）	30	1625
6	0712391030	灵昭蘑菇（干）	30	842
7	0712391090	其他蘑菇（干）	30	1218
8	0712902010	蕨菜（干）	30	1807
9	0712902030	洋葱（干）	30	1159
10	0712902040	胡萝卜（干）	30	864
11	0712902094	开花植物（干）	30	1446
12	1207991000	紫苏籽	40	410

资料来源：韩国农林部，2012 年农畜产品分类及关税率。

4. "关税降级" 现象较突出

一般而言，一个国家的关税结构出现 "关税升级"，但韩国大多农产品关税结构却表现出 "关税降级"。比如蔬菜类和蔬菜制品类之间（HS07 和 HS20 两类产品平均关税率之差约 82 个百分点）、水果类和水果制品之间（HS08 和 HS20 两类产品平均关税率之差约 40 个百分点）、谷物类和谷物制品之间（HS10 和 HS19 两类产品平均关税率之差约 180 个百分点）的 "关税降级" 较为明显。唯独肉类和肉制品之间呈现出 "关税升级"（HS02 与 HS16 的平均关税率之差为 – 34 个百分点）。

就主要农产品而言，如下表所示，新鲜辣椒与冷冻辣椒或辣椒酱、新鲜大蒜与冷冻大蒜、全脂奶粉与混合奶粉等都表现出 "关税降级" 结构（表 3 – 6）。形成这种局面是有历史原因的。在乌拉圭回合以前，韩国为保护基础农产品的生产，对主要农产品都实施了诸多非关税壁垒措施，以此来限制进口。当时，外国的基础农产品基本进不来，所以韩国也就对加工产品设定了较低的关税。但乌拉圭回合后，国际秩序不承认非关税壁垒措施，韩国不得不将其全转化为高率的关税。这样导致了如今的关税结构出现"降级"现象。

表3-6　　　　　　　　韩国主要农产品及其相似品的关税比较

产品类	HS 税号	产品名	税率（%）
辣椒	0709601000	新鲜或冷藏等的辣椒	270
	0710807000	冷冻辣椒	27
	2103901030	辣椒酱	54
大蒜	0703201000	新鲜或冷藏或干燥等的大蒜	360
	0710802000	冷冻大蒜	27
洋葱	0703101000	新鲜或冷藏的洋葱	135
	0710801000	冷冻洋葱	27
生姜	0910111000	生姜	377.3
	2006003000	储藏处理的生姜	45
芝麻	1207400000	芝麻	630
	1516201050	芝麻油	36
	2306901000	芝麻油品	63
花生	1202301000	花生	230
	2008119000	调制花生	63
	1516201010	花生油	36
人参	1211201310	人参	754
	1211202110	人参粉	18
	2106903011	人参茶	23
绿茶	0902100000	绿茶	513
	2102209000	非活性酵母	40
奶粉	0402101010	脱脂/全脂奶粉	176
	1901101010	调制奶粉	36
	0901902000	混合奶粉	36

资料来源：韩国农林部,2012年农畜产品分类及关税率。

5. 产品分类比发达国家相比较为简单①

国际上 HS6 位数是通用的，但 6 位数以下的产品设置由各国自主决定。发达国家一般都根据产品的用途、主成分含量等指标进行细分，防止替代或相似品利用低关税进口进而导致关税保护作用下降。

韩国在蔬菜类 HS07 和植物油类 HS15 上的产品细分化程度相对于其他章节最强。但在该两类以外的产品上，还是较为粗略。特别是乳制品上，与发达国家相差甚远。比如对 HS0402（奶粉、奶油），韩国只分了 10 个产品，而美国和 EU 则分别分成 30 个和 28 个，日本更是分为 38 个，征收不同水平的关税。

总而言之，韩国农产品关税制度带着发展中国家型体系的特征，简单、透明、结构不合理、分类粗糙。

四、韩国的农产品配额管理制度

稻米是韩国最主要的粮食作物，韩国 70% 的农民以种植水稻为主要收入来源。另一方面，韩国担心对进口大米的过度依赖会危及国家的粮食安全，对大米开放极度审慎。鉴于大米对韩国的重要性，1994 年，乌拉圭回合农业协议允许韩国推迟 10 年实施大米关税化（即只要交纳关税任何人都可以进口这些产品），但同时规定了该 10 年间韩国的大米最低进口量（MMA）。1995 年进口数量为国内消费量的 1%，之后逐年增加，2004 年增至 4%。

2004 年，韩国又提出再推迟 10 年实行大米关税化，并承诺：2005 - 2014 年韩国每年多进口大米 2.03 万吨（2005 年的进口量为 2.25 万吨，2014 年增至 4.08 万吨）。2014 年 7 月，韩国政府宣布将从 2015 年起施行大米关税化，暂定税率为 513%。

除大米以外全部实行关税化的政策，原则上是全面放开进口经营权。但实际上对主要产品，韩国实行严格的配额制度，对进口经营主体和进口数量进行管制。根据 C/S 规定，韩国政府可以对部分农产品的进口实行配额制，对配额内的产品征收低关税，但对超过配额的产品征收高关税。缴纳超过 300% 以上的高关税大量进口农产品的情景是极其罕见的，所以对配额的管理成为了韩国宏观调控进口的重要手段。

---

① ［韩］林政彬. 我国农产品关税体系的问题及改善方向. GSnJ,2006 年第 16 号.

表 3 - 7   韩国未开放的大米及其制品(16 个)

序号	HS 编号	产品名	基本税率	市场准入税率
1	1006100000	Rice in the husk	5	5
2	1006201000	Husked rice(nonglutinous)	5	5
3	1006202000	Husked rice(glutinous)	5	5
4	1006301000	Semi-milled or wholly milled rice (nonglutinous)	5	5
5	1006302000	Semi-milled or wholly milled rice (glutinous)	5	5
6	1006400000	Broken rice	5	5
7	1102902000	Rice flour	5	5
8	1103193000	Groats and mea(rice)	5	5
9	1103202000	Pellets(rice)	5	5
10	1104191000	Rice(rolled or flaked)	5	5
11	1806902290	Preparation of baker's wares(other)	8	5
12	1806902999	Other	8	5
13	1901201000	Mixes and doughs for the preparation of baker's	8	5
14	1901209000	Mixes and doughs for the preparation of baker's wares(other)	8	5
15	1901909091	Food preparations of goods (rice flour)	8	5
16	1901909099	Food preparations of goods(other)	8	5

资料来源:韩国农林部,2012 年农畜产品分类及关税率。

在当时的 C/S 里,韩国设定了 67 种产品（HS10 位数为 190 个税号）的配额,而现在对牛肉（2001）、猪肉（1997）、鸡肉（1997）、橙汁饮料（1997）的配额已被废除,只剩 63 种产品（203 个税号）。[①]

从 2014 年韩国政府发布的 TRQ 管理告示来看,上述 63 种产品由 25 个机构分

[①] 补充说明:2004 年起,橙子的低关税率和高关税率均设为 50%,所以适用 TRQ 的实际产品是 62 种。另外,对大豆和玉米而言,配额并无实质性意义。因为韩国进口该两种产品主要用于加工或饲料,为降低下游产业的成本,只要有大豆和玉米的需求,即使超过配额政府也都按低关税进口。

别负责进口及事后管理业务（这些机构由农林产部长官任命）①。

韩国的 TRQ 的管理方式共有 4 类。

第一类是只允许指定的机构进口销售方式（其他组织和企业不得介入）即国营贸易方式。2014 年度被指定的机构及其适用产品如下：农林畜产食品部：大米、大麦；韩国农水产食品流通公社：洋葱、蒜、辣椒、绿豆（红豆）、生姜、荞麦、大豆、芝麻、人参；农协中央会：天然蜜；济州柑橘协同组合（合作社）：橙子、柑橘类；山林组合（合作社）中央会：松仁。

采用"投标报最低价者为中标者"的方式进行（投标价格以 CFR 价为主，有时也采用 FOB/CIF/CIP 价）。当然，投标者首先要满足各指定机构提出的各种规则品质条件才能参加投标。根据国内市场价格及供需动向决定投标时间。

国营贸易应遵守 GATT 第 13 条及第 17 条。具体而言，应遵守如下几点：第一，无歧视原则；第二，遵守商业性条件的原则；第三，履行向 WTO 通报的义务。

第二类是拍卖进口许可证方式。通过"拍卖报最高价者为中标者"的方式进行。2014 年度主管拍卖的机构及其适用产品如下：韩国农水产食品流通公社：芝麻油及其分离品、芝麻、生姜、花生、荞麦、马铃薯、洋葱、人参、橙子、柑橘类、蒜、辣椒；农协中央会：脱脂奶粉、全脂奶粉、奶油、天然蜜；山林组合（合作社）中央会：松仁、板栗、大枣。

第三类是根据实际需求分配进口许可证的方式。具体操作上，该方式又分为资格审查型和申请顺序型。比如玉米等产品只有具备一定的条件如国产购买

---

① 管理机构及所管辖产品如下：1. 农林畜产食品部：大米、大麦；2. 韩国农水产食品流通公社：芝麻、生姜、人参、绿茶、其他加工谷物、马铃薯粉、玉米（玉米糁用）、橙子、柑橘类、其他薯类、马铃薯、洋葱、大蒜、辣椒、花生、芝麻油及其分离品、红豆（绿豆）、荞麦、其他谷物、大豆；3. 韩国种畜改良协会：种猪、种牛；4. 大韩养鸡协会：种鸡、蛋黄；5. 韩国乳加工协会：乳糖、黄油、全脂奶粉、奶油、脱脂奶粉、乳清；6. 韩国饲料原料协会：补助饲料、骨粉、骨肉粉、饲料用其他紫苜蓿；7. 韩国果树禾苗协会：禾苗类；8. 国立种子院：马铃薯（种子用）、玉米（种子用）、大豆、谷子；9. 韩国酒类产业协会：乙醇、木薯；10. 韩国饲料协会：大麦、玉米、饲料用根菜类、大豆（饲料用）、芝麻油饼；11. 农协中央会：马铃薯/变性淀粉、甘薯淀粉、啤酒麦、玉米、麦芽、小麦淀粉、甘薯、人造蜜、黑麦（种子用）、饲料用根菜类、干木薯、燕麦（种子用）、天然蜜；12. 韩国淀粉/糖协会：玉米（淀粉、淀粉糖）；13. 韩国医药品进出口协会：马铃薯/变性淀粉、玉米淀粉；14. 韩国造纸工业联合会：马铃薯/变性淀粉、玉米淀粉、木薯淀粉；15. 韩国瓦楞纸包装工业协同组合（合作社）：马铃薯/变性淀粉、玉米；16. 韩国大豆加工协会：大豆（食用油脂及饲料用，脱脂大豆粕制造用）；17. 韩国生丝进出口组合（合作社）：蚕茧、生丝；18. 山林组合（合作社）中央会：板栗、松仁籽、大枣；19. 韩国玉米协会：玉米（炸用、爆米花用）；20. 韩国谷物饮料再加工行业协同组合（合作社）：玉米（谷物茶用）；21. 大韩织物工业协同组合（合作社）：生丝；22. 大韩养蚕协会：蚕种、桑叶树；23. 韩国代用乳饲料协会：乳清、补助饲料、其他配制饲料；24. 韩国纤维织物出口组合（合作社）：生丝；25. 济州柑橘协同组合（合作社）：橙子、柑橘类。

率、加工设施的有无等时才能分到配额。而一些产品则依据申请顺序分配配额。不同的产品授权管理机构也都不相同。比如种用马铃薯（种子用）由国立种子院授权管理，玉米根据不同用途由农水产食品流通公社、农协中央会等机构管理。

第四类是上述三种类型的混合方式。比如"指定机构＋进口许可证拍卖"形式，即以国营贸易为主的同时，部分配额采用进口权拍卖的形式。又如"指定机构＋按实际需求分配"形式，即虽然以国营贸易为主但部分配额依据实际需求发放。还有"进口许可证拍卖＋按实际需求分配"形式等。

TRQ 管理方式与管理机构不是固定不变的，每隔一定时间会有一定的变化。韩国农林畜产食品部基本上在年末发布《农畜产品市场准入量优惠关税推荐及进口管理要领》，对下一年的 TRQ 管理方式及管理机构做出规定。

通过指定机构进口（国营贸易方式）和进口许可证拍卖方式输入的农产品用于满足国内市场的需要。而通过根据实际需求分配的方式进口的农产品用于满足国内市场需求以外，部分产品用于饲料、种子、种畜、医药品、获得外汇等用途上。为防止进口商改变用途，对该类进口产品进行跟踪管理。

第三节　日本农产品关税制度

一、日本关税制度体系

日本关税法律体系由《关税法》《关税定率法》《关税临时措施法》《反补贴税内阁令》《反倾销税内阁令》《紧急关税令》《关税配额内阁令》等构成①。

《关税法》是关税的基本法，对关税的征收以及飞机船舶、进口货物的管理等有关关税行政事务及其手续都进行了规定。《关税定率法》主要是规定关税税率、计税依据（即价格）的确定、关税的减免与退税等与计算关税税额有关的因素及方法的，税则是其中最重要的一部分，规定在该法的附表。《关税暂定措施法》则是根据各时期社会经济发展与政策的需要，对有关进口货物的关税税率等进行调整，是对《关税法》和《关税定率法》在执行过程中根据实际需要而进行的调整。

---

① 王博. 日本关税税则解读. 重庆三峡学院学报, 2008（4）.

1987 年之前，日本在外贸进出口商品分类方面一直使用 CCCN 分类系统。1988 年 1 月 1 日成为 HS 国际公约的缔约国后，改采用与 HS 目录一致的新的税率表。除税则商品分类目录外，进出口统计商品目录也改用与 HS 目录一致的新目录即统计商品目录，于 1988 年 1 月 1 日开始使用。

出于满足进口统计等方面的需要，日本的税率表在 HS 六位数级编码的基础上，自第七位数码起又加了三位数级本国子目，即日本税则商品目录和统计商品目录为 9 位数级编码。

日本关税种类包括基本税率、WTO 协定税率、一般特惠税率、LDC（最不发达国家）特惠税率、临时税率、EPA 协定税率。以 2013 年 1 月 1 日起施行的番茄关税率表为例（表 3－8）说明如下。来自新加坡的实行 EPA 税率之 5.6%，来自墨西哥的实行 EPA 税率之零税率，其他 EPA 对象国也参照此表施行 EPA 优惠税率。来自其他发展中国家的适用特惠税率 7.6%（对于最不发达国家适用零税率），对其他来自协定税率适用国家、地区的适用协定税率 9%，对来自上述原产地以外的国家、地区的适用基本税率 9.6%。

表 3－8   日本番茄关税率表

品名	关税率 Tariff rate				关税率（FTA） Tariff rate（EPA）												
	基本	暂定	WTO 协定	特惠	特别 特惠	新加坡	墨西哥	马来 西亚	智利	泰国	印尼	文莱	东盟	菲律宾	瑞士	越南	印度	秘鲁
Descri ption	Gener al	Tempo rary	WTO	GSP	LDC	Singa pore	Mexico	Mala ysia	Chile	Thail and	Indon esia	Brunei	ASEAN	Philip pine	Switz erlan	Viet Nam	India	peru
番茄	9.6%	-	9%	7.6%	无税	5.6%	无税	4.3%	4.8%	4.8%	5.2%	6.2%	7.2%	4.1%	6.8%	5.7%	-	6.7%
追加糖 的番茄	22.4%	-	13.4%	-	无税	8.4%	无税	7.5%	8.4%	8.4%	9.2%	9.2%	9.2%	7.3%	10.1%	10.1%	-	11%

资料来源：日本海关厅网．http://www.customs.go.jp/．

税率适用原则上采取特惠税率优先于协定税率，协定税率优先于临时税率，临时税率优先于基本税率。不过，特惠税率仅限于满足法律所规定的特定条件才可优先适用，而协定税率只有在比临时税率和基本税率低的情况下才可被优先适用。

二、日本的农产品关税特征

（一）基于 WTO 资料的分析（2011 年数据）

根据 WTO：world tariff profiles 2012，2011 年日本农产品的简单平均约束税率

为 22.8%，简单平均 MFN 税率为 23.3%，高于中国但低于韩国。

全部农产品中（MFN 税率为基准），无关税产品占 34.9%，税率为"0≤5%"的比重为 17.3%。该两者的合计远低于中国和韩国。税率为"5%≤10%"的产品占 15.7%，"10%≤15%"占 8.3%，"15%≤25%"占 10.4%，"25%≤50%"占 6.8%，"50%≤100%"占 0.8%，100% 以上的占 5.1%。日本采用非从价税的产品比率为 12.1%。日本非从价税产品比重高的现象也说明了日本关税体系的透明性方面不如韩国。

表 3 - 9　　　　基于 WTO 报告的日本农产品关税概况（2011 年）

简单平均约束税率	22.8					贸易加权平均税率（2010）		11.2		
简单平均MFN 税率	23.3									
农产品关税配额	5.7					农产品特殊保障		5.4		
	零关税	0≤5	5≤10	10≤15	15≤25	25≤50	50≤100	>100	合计	非从价税(%)
约束关税率	34.1	18.1	15.7	7.9	10.6	6.5	1.8	5.2	100.0	15.1
MFN 关税率	34.9	17.3	15.7	8.3	10.4	6.8	0.8	5.1	100.0	12.1

产品类	约束关税率			MFN 关税率		
	平均	零关税	最高	平均	零关税	最高
活动物、肉类等[1]	15.0	45.7	540.0	15.7	43.8	472.0
奶制品[2]	150.6	0.0	687.0	178.5	6.7	687.0
果蔬类、植物制品[3]	10.1	19.6	378.0	12.3	19.7	378.0
咖啡、茶[4]	14.3	22.2	182.0	16.3	22.2	182.0
谷物类[5]	73.4	8.2	859.0	68.3	9.8	827.0
动植物性油脂[6]	10.3	46.2	629.0	11.0	42.4	587.0
糖类[7]	52.0	7.3	199.0	28.4	10.6	124.0
烟酒类[8]	18.0	19.1	57.0	15.4	32.3	57.0
棉制品[9]	0.0	100.0	0.0	0.0	100.0	0.0
其他农产品[10]	5.8	66.5	450.0	4.2	70.4	441.0

注：(1)Ch. 01,Ch. 02,1601 - 02,(2)0401 - 06,(3)Ch. 07,Ch. 08,1105 - 06,2001 - 08,0601 - 03,1211,Ch. 13,Ch. 14,(4)0901 - 03,Ch. 18(1802 除外),2101,(5)0407 - 10,

1101 – 04,1107 – 09, Ch. 19,2102 – 06,2209, Ch. 10,（6）1201 – 08, Ch. 15（1504 除外），2304 – 06,3823,（7）Ch. 17,（8）2009,2201 – 08, Ch. 24,（9）5201 – 5203,（10）0904 – 10, Ch. 05（e0509 除外），0604,1209 – 10,1212 – 14,1802,230110,2302 – 03,2307 – 09,290543 – 45,3301,3501 – 05,380910,382460,4101 – 03,4301,5001 – 03,5101 – 03,5301 – 02.

资料来源：根据 WTO:word tariff profiles 2012 整理。

（二）基于 TRAINSA 统计的分析（2007 年数据）[①]

上述的 WTO 的报告只涉及了从价税部分，至于非从价税的关税部分无法了解。因日本采用非从价税的产品比重较大，有必要对该部分重新分析。本小节采用 World Integrated Trade Solution（WITS）的 TRAINSA 统计对包含非从价税在内的所有关税进行比较分析。

据 World Integrated Trade Solution（WITS）2007 年统计，日本农产品总数为1836 个（HS9 位数），其中采用从价税及非从价税的各有 1535 个（83.6%）和301 个（16.4%）。非从价税的 301 个中能够转为从价税等值的有 197 个，其余 104个无法计算。因此，本节计算出的平均实行关税率是 1732 个产品的平均。

根据 WITS（UNCTAD TRAINS）资料，对 2007 年日本农产品关税结构考察如下（表 3 – 10）：

表 3 – 10　　　　　　基于 WITS 报告的日本农产品 MFN 税率分布

区分	零关税	0≤5	5≤15	15≤25	25≤40	40≤100	>100	合计
数量	457	206	443	358	162	40	66	1732
比重	26.4	11.9	25.6	20.7	9.4	2.3	3.8	100.0

资料来源：见文中说明。

无关税产品达 457 个，占 26.4%，最高。5≤15% 及 15≤25% 之间的比重各为25.6% 和 20.7%，位居第二和第三。关税率为 50% 以上的有 103 个（见附表 3 – 2）。这些产品中，除玉米以外其余产品的贸易金额都很少，即日本农产品进口中存在具有进口禁止性作用进而达到保护国内产业的目的的关税高峰。

---

① World Integrated Trade Solution(WITS)是世界银行与 UNCTAD 制作的关于世界贸易及关税率的统计软件。WITS 分为 COMTRADE,TRAINS,IDB. CTS DB 等 3 个部分，分别由 UNSD(United Nations Statistical Division)、UNCTAD(United Nations Conference on Trade and Development)、WTO 做成。本小节转引自[韩]金阳熙等. 日本农业竞争力及其对韩日 FTA 的启示. 韩国对外经济政策研究院发布的研究报告，2008.

全部农产品的简单平均 MFN 税率为 29.7%（表 3 - 11）。其中，引人注目的有两类。一是，采用非从价税的产品最多的是 HS10 类（谷物），该类的关税等值的平均 MFN 税率高达 169.6%。二是，HS50 类（丝及丝机织物）平均 MFN 税率也达 198.5%。这是由蚕茧（HS500100090）的关税等值税率很高引起的。50 类共有 13 个产品，剔除了无法知晓从价税等值的 10 个产品，只计算剩余 3 个，而其中蚕茧的关税等值税率为 595.6%。

表 3 - 11　　　　　基于 WITS 报告的日本农产品(HS2 位数) MFN 税率

HS 编号	税率	HS 编号	税率
HS01	6.3	HS19	39.8
HS02	37.9	HS20	16.9
HS04	66.4	HS21	43.9
HS05	0.3	HS22	18.9
HS06	0.6	HS23	1.1
HS07	41.6	HS24	5.1
HS08	12.6	HS29	1.8
HS09	3.5	HS33	1.8
HS10	169.6	HS35	7.9
HS11	33.6	HS38	5.2
HS12	58.0	HS41	3.4
HS13	3.1	HS43	0.8
HS14	3.1	HS50	198.5
HS15	5.6	HS51	0.0
HS16	17.8	HS52	0.0
HS17	27.7	HS53	0.0
HS18	24.4	全部平均	29.7

资料来源：见文中说明。

日本农产品关税升级现象很普遍（表 3 - 12）。据 WTO 的报告，乌拉圭回合后日本未加工农产品的平均关税率为 4%，而其他及加工农产品的平均关税率达到 15%。这一水平与 EU 基本持平。

表 3 - 12　　　　　　　　　　各国不同加工阶段的关税率

国家	加工度	乌拉圭回合以前	乌拉圭回合以后	税号数
EU	未加工	6	4	406
	其他,加工	15	11	616
日本	未加工	6	4	390
	其他,加工	24	15	815
韩国	未加工	85	72	548
	其他,加工	70	55	730

资料来源:WTO/AIE/S11. Uruguay Round Agricultural Tariff Reductions for Selected WTO Members(1998).

三、日本的农产品配额管理制度

日本在 20 世纪 70 - 80 年代对大部分农产品实现了进口自由化,所以在乌拉圭回合中还在实行国营贸易的大米开放问题成为了争议的焦点。最后,乌拉圭回合农业协议决定,日本推迟 6 年实现大米的关税化,但 1995 - 2000 年间每年必须进口规定的大米(即最小市场准入 MMA)。具体而言,第一年进口国内消费量(以1986 - 1988 年为基准)的 3% 以上,之后逐年增加,2000 年增至 5% 以上。日本已于 1999 年将大米关税化,所以 2000 年的最小进口量精米 76.7 万吨(国内消费量的 7.2%)就成为了 2001 年以后维持的数量。

暂定关税表规定,根据 MMA 进口的大米无关税。但根据 WTO 协议,作为政府缴纳金海关征收每公斤 292 日元。超过 MMA 的大米,征收每公斤 49 日元的暂定税率。这样,协定税率就是 341 日元/公斤。

目前日本对 18 种农产品实施关税配额,由农林水产省负责管理。其中,一部分是乌拉圭回合后随着实行关税化而新设的配额,一部分是乌拉圭回合之前就有的配额。原本就存在的产品有玉米、天然奶酪、麦芽、糖渣、无糖可可调制品、番茄酱、菠萝罐头等 7 种,乌拉圭回合后的产品有乳制品、脱脂奶粉、无糖炼乳、黄油、杂豆、淀粉和菊糖及淀粉制品、花生、魔芋、调制食用油、蚕茧、乳清。

配额的决定与公布而言,有些产品每年公布一次,而有些产品每半年公布一次。前者有玉米(单体饲料用的颗粒状)、自然发酵奶酪、糖渣(制造酒精用)、无糖可可调制品、番茄酱、菠萝罐头、其他乳制品、脱脂奶粉、无糖冻乳、乳清、黄油、花生、魔芋、调制食用油、蚕茧及生丝。后者有玉米（单体饲料用的非颗粒状）、麦芽、杂豆、淀粉、菊糖及淀粉制品（表3-13）。

表3-13　　　日本2013年度关税配额及2013年度上半年关税配额商品

全年度	玉米(单体饲料用的颗粒状),自然发酵奶酪,糖渣(制造酒精用),无糖可可调制品,番茄酱,菠萝罐头,其他乳制品,脱脂奶粉,无糖冻乳,乳清,黄油,花生,魔芋、调制食用油,蚕茧及生丝
上半年	玉米(单体饲料用的非颗粒状),麦芽,杂豆,淀粉,菊糖及淀粉制品

资料来源：日本农林水产省,平成二十五年度(2013年度)及平成二十五年度上半年配额。

附表 3 – 1　韩国高关税（50% 以上）农产品目录

HS 编码	产品名	适用税率
0714101000	木薯（冷冻）	887.4
0714102010	木薯（干燥）	887.4
0714102020	木薯颗粒（干燥）	887.4
0714102090	木薯（其他/干燥）	887.4
0714103000	木薯（冷藏）	887.4
1008900000	其他谷物	800.3
1102909000	其他谷物粉	800.3
1103199000	粉碎物（其他谷物）	800.3
1103209000	颗粒（其他谷物）	800.3
1104199000	碾压制片（其他谷物）	800.3
1104291000	加工谷物（薏仁）	800.3
1104299000	加工谷物（其他）	800.3
1108199000	淀粉（其他）	800.3
1108200000	菊粉	800.3
1007001000	高粱（种子用）	779.4
1211201310	人参类（红参/本参）	754.3
1211201320	人参类（红参/味参）	754.3
1211201330	人参类（红参/杂参）	754.3
1211202210	人参类（红参粉）	754.3
1211202220	人参类（红参胶囊）	754.3
1211202290	人参类（其他红参粉末）	754.3
1211209100	人参叶及茎部	754.3
1211209200	人参种子	754.3

续表

HS 编码	产品名	适用税率
1211209900	人参类（其他）	754.3
1302191210	人参类（红参提炼物）	754.3
1302191220	人参类（红参提炼物粉）	754.3
1302191290	人参类（其他红参液汁·提炼物）	754.3
2106903021	人参类（红参茶）	754.3
2106903029	人参类（其他红参制品类）	754.3
3301904520	抽取的油树脂（红参）	754.3
1005902000	玉米（爆米花用）	630.0
1207400000	芝麻	630.0
1515500000	芝麻油	630.0
0810903000	大枣（新鲜）	611.5
0813402000	大枣（干燥）	611.5
0713311000	绿豆（种子用）	607.5
0713319000	绿豆（其他）	607.5
0802901010	槟榔（未去皮）	566.8
0802901020	槟榔（去皮）	566.8
1004001000	燕麦（种子用）	554.8
1103192000	粉碎物（燕麦）	554.8
1104120000	碾压制片（燕麦）	554.8
1104220000	加工谷物（燕麦）	554.8
0902100000	绿茶（未发酵的/3kg 以下包装）	513.6
0902200000	绿茶（其他/未发酵）	513.6
1003001000	啤酒麦	513.0
1201001000	大豆（榨油及脱脂大豆）	487.0
1201009010	大豆（豆芽用）	487.0
1201009090	大豆（其他）	487.0
1108130000	淀粉（马铃薯）	455.0
1108141000	淀粉（木薯/食品用）	455.0

续表

HS 编码	产品名	适用税率
1108149000	淀粉（木薯/其他）	455.0
0713321000	赤豆（种子用）	420.8
0713329000	赤豆（其他）	420.8
3505103000	淀粉	385.7
3505104010	糊精及其他改性淀粉（食品用）	385.7
3505104090	糊精及其他改性淀粉（其他）	385.7
3505105010	糊精或糊精淀粉（食品用）	385.7
3505105090	糊精或糊精淀粉（其他）	385.7
3505109010	其他变性淀粉（食品用）	385.7
3505109090	其他变性淀粉（其他）	385.7
0714201000	甘薯（新鲜）	385.0
0714202000	甘薯（干燥）	385.0
0714203000	甘薯（冷藏）	385.0
0714209000	甘薯（其他）	385.0
0714909090	薯类（其他）	385.0
0910100000	生姜	377.3
0712902091	笋干丝（种子用）	370.0
0712902092	笋干丝（其他/干燥）	370.0
0703201000	大蒜（新鲜/冷藏/脱皮）	360.0
0703209000	大蒜（新鲜/冷藏/其他）	360.0
0711901000	大蒜（暂时储藏处理）	360.0
0712901000	大蒜（干燥）	360.0
1005100000	玉米（种子用）	328.0
1005901000	玉米（饲料用）	328.0
1005909000	玉米其他	328.0
1003009010	大麦	324.0
0701100000	马铃薯（种子用）	304.0
0701900000	马铃薯（其他）	304.0

续表

HS 编码	产品名	适用税率
1105100000	马铃薯粉、粉末	304.0
1105200000	马铃薯颗粒	304.0
1003009020	大麦	299.7
1003009090	其他大麦	299.7
1103110000	粗粒及粗粉（小麦）	288.2
1103201000	颗粒（小麦）	288.2
0709601000	辣椒类（甜辣椒/新鲜/冷藏）	270.0
0709609000	辣椒类（其他/新鲜/冷藏）	270.0
0711905091	辣椒（暂时储藏处理）	270.0
0904201000	辣椒类（干燥/未粉碎）	270.0
0904202000	辣椒类（干燥/粉碎）	270.0
2207109010	酒类调制用发酵酒精	270.0
1107100000	麦芽（未焙制）	269.0
1107201000	麦芽（已焙制）	269.0
1102901000	大麦粉	260.0
1103191000	粉碎物（大麦）	260.0
1103203000	颗粒（大麦）	260.0
1008100000	荞麦	256.1
0409000000	天然蜜	243.0
1702901000	人工蜜	243.0
1108191000	淀粉（甘蔗）	241.2
1104192000	碾压制片（大麦）	233.0
1202100000	花生（未去皮）	230.5
1202200000	花生（去皮）	230.5
1108121000	淀粉（玉米的/食品用）	226.0
1108129000	淀粉（玉米的/其他）	226.0
1211201100	人参类（水参）	222.8
1211201210	人参类（白参/本参）	222.8

续表

HS 编码	产品名	适用税率
1211201220	人参类（白参/味参）	222.8
1211201240	人参类（白参/杂参）	222.8
0802401000	板栗（未去皮）	219.4
0802402000	板栗（去皮）	219.4
3505201000	淀粉胶	201.2
3505202000	胶	201.2
3505209000	其他胶	201.2
0402101010	脱脂奶粉（脂肪粉占全重量的 1.5% 以下）	176.0
0402101090	奶粉其他（食糖未添加）	176.0
0402109000	奶粉其他（甘味添加）	176.0
0402211000	全脂奶粉（脂肪粉占全重量的 1.5% 以上）	176.0
0402219000	奶粉其他（食糖未添加）	176.0
0402290000	奶粉其他（食糖添加）	176.0
1104230000	加工谷物（玉米）	167.0
1103130000	粉碎物（玉米）	162.9
0805201000	柑橘（新鲜/干燥）	144.0
0805209000	蕉柑（其他/新鲜/干燥）	144.0
0805502020	柑橘属果汁	144.0
0805900000	柑橘类（其他/新鲜/干燥）	144.0
0703101000	洋葱（新鲜/冷藏）	135.0
0712200000	洋葱（干燥）	135.0
1104292000	加工谷物（大麦）	126.0
1002001000	种用谷物（种子用）	108.7
1214901000	饲料用根或甘草类	100.5
1214909090	饲料用根或甘草类（其他）	100.5
0102101000	奶牛（繁殖用）	89.1
0102102000	肉牛（繁殖用）	89.1
0102109000	牛（其他/繁殖用）	89.1

续表

HS 编码	产品名	适用税率
0402911000	非固状乳	89.0
0402919000	非固状乳其他（糖未添加）	89.0
0402991000	加糖非固状乳	89.0
0402999000	非固状乳其他（糖添加）	89.0
0403901000	黄油牛奶	89.0
0405100000	黄油	89.0
0405900000	从乳中提取的脂和油	89.0
1602501000	牛肉（封闭容器）	72.0
1602509000	牛肉（其他制作）	72.0
2309901091	配制饲料	71.0
2008119000	花生其他（调制储藏处理）	63.9
2306901000	芝麻	63.0
2009110000	橙子汁（冷冻）	54.0
2009120000	橙子汁（非冷冻、白利糖浓度不超20）	54.0
2009190000	橙子汁（其他）	54.0
2009319000	柑橘类汁其他（白利糖浓度不超过20）	54.0
2009399000	柑橘类汁其他（其他）	54.0
5002001020	生丝（20－25.56）	51.7
5002001030	生丝（25.56－28.89）	51.7
5002001040	生丝（28.89－36.67）	51.7
5002001050	生丝（大于36.67）	51.7
5001000000	蚕茧（适合于抽生丝）	51.0
1108110000	淀粉（小麦）	50.9
2309902010	饲料添加剂（无机物或矿物质为主）	50.6
2309902020	饲料添加剂（香味剂为主）	50.6
2309902099	饲料添加剂（其他）	50.6
2309909000	饲料用制品（其他）	50.6
0805100000	橙子（新鲜/干燥）	50.0

续表

HS 编码	产品名	适用税率
0810901000	荔枝（新鲜）	50.0
0810905000	蓝莓（新鲜）	50.0
0813401000	荔枝（干燥）	50.0
1701990000	砂糖	50.0
1904901010	大米制品（未含可可/蒸或煮的大米）	50.0
2008111000	黄油（调制储藏处理）	50.0
2008191000	板栗（调制储藏处理）	50.0
2008701000	桃子（添加砂糖/封闭容器）	50.0
2008921010	什锦果实（添加砂糖封闭容器）	50.0
2009311000	柠檬汁（白利糖浓度不超过20）	50.0
2009312000	柑橘属果汁（白利糖浓度不超过20）	50.0
2009391000	柠檬汁（其他）	50.0
2009392000	柑橘属果汁（其他）	50.0
2009410000	菠萝汁（白利糖浓度不超过20）	50.0
2009490000	菠萝汁（其他）	50.0
2009801010	桃子汁	50.0
2009801020	草莓汁	50.0
2009801090	水果汁其他	50.0
2009901010	混合汁（橙子汁为主）	50.0
2009901020	混合汁（苹果汁为主）	50.0
2009901030	混合汁（葡萄汁为主）	50.0
2009901090	混合汁（其他水果为主的）	50.0
2009909000	混合汁（其他）	50.0

资料来源：韩国农林部，韩国贸易协会（KOTIS）。

附表3-2 韩国采用选择税农产品目录（87个）

（单位:%,韩元/公斤）

序号	HS 编号	品名	基本税率	从量税	2012年优惠从量税	从价税	2012年优惠从价税
1	0409000000	Natural honey	20	2071	1864	270	243
2	0703101000	Onions(fresh or chilled)	50	200	180	150	135
3	0703201000	Garlic(fresh or chilled/Peeled)	50	2000	1800	400	360
4	0703209000	Garlic(fresh or chilled/Other)	50	2000	1800	400	360
5	0709517000	Cultivated mushrooms（Agaricus bisporus/fresh or chilled）	30	1745	1570	45	40.5
6	0709519000	Other(of the genus Agaricus/fresh or	30	1763	1586	45	40.5
7	0709591000	Pine mushrooms(fresh or chilled)	30	8309	7478	45	40.5
8	0709592000	Oak mushrooms(fresh or chilled)	30	1805	1625	100	90
9	0709593000	Ling chiu mushrooms(fresh or chilled)	30	2616	2354	60	54
10	0709594010	Oyster mushrooms（king oyster mushrooms/fresh or chilled）	30	1763	1586	45	40.5
11	0709594090	Oyster mushrooms（other/fresh or chilled）	30	1763	1586	45	40.5
12	0709595000	Winter mushrooms(fresh or chilled)	30	1763	1586	45	40.5
13	0709599000	Other mushrooms(fresh or chilled)	30	1763	1586	45	40.5
14	0709601000	Sweet peppers（bell type/fresh or chilled）	50	6900	6210	300	270
15	0709609000	Other（Fruits of the genus Capsicum or Pimenta/fresh or chilled）	50	6900	6210	300	270
16	0709991000	Bracken(fresh or chilled)	30	2740	2466	100	90
17	0710805000	Bracken(frozen)	30	2740	2466	100	90
18	0711400000	Cucumber and gherkins(provisionally preserved)	30	161	145	50	45
19	0711510000	Mushrooms of the genus Agaricus（provisionally preserved）	30	504	454	45	40.5

续表

序号	HS 编号	品名	基本税率	从量税	2012 年优惠从量税	从价税	2012 年优惠从价税
20	0711599000	Other(provisionally preserved)	30	504	454	45	40.5
21	0711901000	Garlic(provisionally preserved)	30	2000	1800	400	360
22	0711905010	Bracken(provisionally preserved)	30	2740	2466	100	90
23	0711905091	Fruits of the genus capsicum(provisionally preserved)	30	6900	6210	300	270
24	0712200000	Onions(dried)	50	200	180	150	135
25	0712311000	Cultivated mushrooms (Agaricus bisporus/dried)	30	1745	1570	45	40.5
26	0712319000	other Agaricus bisporus(dried)	30	1763	1586	45	40.5
27	0712330000	Jelly fungi(Tremella spp)	30	1763	1586	45	40.5
28	0712391010	Pine mushrooms(dried)	30	8309	7478	45	40.5
29	0712391020	Oak mushrooms(dried)	30	1805	1625	100	90
30	0712391030	Ling chiu mushrooms(dried)	30	2616	2354	60	54
31	0712391040	Oyster mushrooms(dried)	30	1763	1586	45	40.5
32	0712391050	Winter mushrooms(dried)	30	1763	1586	45	40.5
33	0712391090	Other mushrooms(dried)	30	1763	1586	45	40.5
34	0712901000	Garlic(dried)	50	2000	1800	400	360
35	0712902010	Bracken(dried)	30	2740	2466	100	90
36	0712902020	Radishes(dried)	30	251	226	60	54
37	0712902040	Carrots(dried)	30	1006	905	60	54
38	0712902050	Pumpkins(dried)	30	638	574	60	54
39	0712902060	Cabbages(dried)	30	3071	2764	60	54
40	0712902070	Taro stems(dried)	30	512	461	60	54
41	0714201000	Sweet potatoes(dried)	20	375	338	428	385
42	0802410000	Chestnuts(in shell)	50	1634	1470	243.8	219.4
43	0802420000	Chestnuts(shelled)	50	1634	1470	243.8	219.4
44	0802901010	Pine-nuts(in shell)	30	2960	2664	629.8	566.8
45	0802901020	Pine-nuts(shelled)	30	2960	2664	629.8	566.8
46	0802902010	Ging ko-nuts(in shell)	30	892	803	30	27

续表

序号	HS 编号	品名	基本税率	从量税	2012 年优惠从量税	从价税	2012 年优惠从价税
47	0802902020	Ging ko-nuts(shelled)	30	892	803	30	27
48	0810903000	Jujubes(fresh)	50	6445	5800	679.4	611.5
49	0813401000	Persimmons(dried)	50	1128	1015	100	90
50	0813402000	Jujubes(dried)	50	6445	5800	679.4	611.5
51	0904210000	Fruits of the genus Capsicum or Pimenta (dried/neither crushed nor ground)	50	6900	6210	300	270
52	0904220000	Fruits of the genus Capsicum or Pimenta(crushed or ground)	50	6900	6210	300	270
53	0910111000	ginger(neither crushed nor ground/fresh or chilled)	20	1035	931	419.2	377.3
54	0910112000	ginger(neither crushed nor ground/dried)	20	1035	931	419.2	377.3
55	0910119000	ginger(neither crushed nor ground/other)	20	1035	931	419.2	377.3
56	0910121000	ginger(crushed or ground/fresh or chilled)	20	1035	931	419.2	377.3
57	0910122000	ginger(crushed or ground/dried)	20	1035	931	419.2	377.3
58	0910129000	ginger(crushed or ground/other)	20	1035	931	419.2	377.3
59	01003102000	Unhulled barley(Seed)	5	362	326	360	324
60	01003103000	Naked barley(Seed)	5	401	361	333	299.7
61	01003902000	Unhulled barley(Other)	5	362	326	360	324
62	01003903000	Naked barley(Other)	5	401	361	333	299.7
63	01201101000	Soya beans(Seed/For bean sprouts)	3	1062	956	541	487
64	01201109000	Soya beans(Seed/Other)	3	1062	956	541	487
65	01201901000	Soya beans (Other/For soya bean oil and oil cake)	3	1062	956	541	487
66	01201902000	Soya beans(Other/For feeding)	3	1062	956	541	487
67	01201903000	Soya beans(Other/For bean sprouts)	3	1062	956	541	487
68	01201909000	Soya beans(Other/Other)	3	1062	956	541	487

序号	HS 编号	品名	基本税率	从量税	2012 年优惠从量税	从价税	2012 年优惠从价税
69	01207400000	Sesamum seeds	40	7400	6660	700	630
70	01515500000	Sesame oil and its fraction	40	13400	12060	700	630
71	01701910000	Cane or beet sugar(containing flavouring or coloring matter)	30	222	199.8	94.6	85.1
72	01701990000	Other cane or beet sugar	30	222	199.8	94.6	85.1
73	01902192000	Chinese vermicelli(other)	8	474	427	60	54
74	02003104000	Cultivated mushrooms (Agaricus bisporus/prepared or preserved by vinegar)	20	656	590	52.5	47.2
75	02003109000	Other mushrooms (Agaricus bisporus/prepared or preserved by vinegar or acetic acid)	20	867	781	52.5	47.2
76	02003909000	Other mushrooms(prepared or preserved by vinegar or acetic acid)	20	867	781	52.5	47.2
77	02103909040	Maejoo	8	242	218	60	54
78	02306901000	Oil-cake and other solid residues (of sesamum seeds)	5	80	72	70	63
79	02308001000	Acorns (vegetable materials and vegtable waste, residues and by-products)	5	363	327	100	90
80	05001000000	Silk-worm cocons suitable for reeing	2	5862	5276	56.7	51
81	05002001010	Raw silk(not more than 20 decitex)	3	16831	15148	50	45
82	05002001020	Raw silk(more than 20 decitex but not more than 25.56 decitex)	3	19128	17215	57.5	51.7
83	05002001030	Raw silk	3	19128	17215	57.5	51.7
84	05002001040	Raw silk	3	19128	17215	57.5	51.7
85	05002001050	Raw silk	3	19128	17215	57.5	51.7
86	05002002000	Doupion silk	3	5396	4098	23.7	18
87	05002009000	Other raw silk	8	7362	5591	23.7	18

资料来源:韩国农林部,2012 年农畜产品分类及关税率。

附表3-3 日本高关税(50%以上)农产品目录

(单位:%)

HS 编号	产品名	从量税基准*	从价税等值
100610090	稻谷(其他)	341 日元/kg	2687.8
121299190	杏核(其他)	2796 日元/kg	2586.1
100640090	碎米(其他)	341 日元/kg	1967.9
071350229	蚕豆(干燥、去皮/其他)	354 日元/kg	1172.1
190120117	牛奶制品(烘焙产品调制用/乳脂肪超30%/其他)	23.8% +1159 日元/kg	923.4
071310229	豌豆(干燥、去皮/其他)	354 日元/kg	908.5
040390138	黄油、牛奶、奶油等	29.8% +1023 日元/kg	790.7
120220099	花生(其他/去皮/其他)	617 日元/kg	728.8
040310190	酸奶(冷冻、保存处理/其他的)	29.8% +915 日元/kg	695.2
120210099	花生(其他/非去皮/其他)	617 日元/kg	691.5
100630090	精米(其他)	341 日元/kg	686.3
071339222	豇豆(竹小豆/干燥/去皮/其他)	354 日元/kg	677.7
071339227	豇豆(其他/干燥、去皮/其他)	354 日元/kg	677.7
210120237	茶、马黛茶(牛奶含量30%以上/乳脂肪超30%/其他)	29.8% +1159 日元/kg	658.0
020630093	猪杂碎(其他/新鲜,冷藏/从量税)	482 日元/kg	630.2
100620090	糙米(其他)	341 日元/kg	614.5
500100090	蚕茧(其他)	2523 日元/kg	595.6
020649093	猪其他杂碎(其他/冷冻/从量税)	482 日元/kg	560.9
190120112	牛奶制品(烘焙产品调制用/乳脂肪30%以下/其他)	23.8% +679 日元/kg	550.8
020329023	猪肉(其他)	482 日元/kg	534.5
110814090	木薯淀粉(其他)	119 日元/kg	525.7
071332090	赤豆(干燥、去皮/其他)	354 日元/kg	466.9
040291129	牛奶、奶油(浓缩干燥/其他的/其他/脂肪粉超7.5%/无加糖)	25.5% +509 日元/kg	439.4

续表

HS 编号	产品名	从量税基准*	从价税等值
210112237	咖啡制品(牛奶含量 30% 以上/乳脂肪超 30%/其他)	29.8% +1159 日元/kg	435.0
210690123	制造碳酸饮料的浓缩物(其他)	29.8% +1159 日元/kg	416.7
040490132	乳清及乳清调制品	29.8% +1023 日元/kg	410.1
040490138	乳清及乳清调制品	29.8% +1023 日元/kg	410.1
210120232	茶、马黛茶(牛奶含量 30% 以上/乳脂肪 30% 以下/其他)	29.8% +679 日元/kg	397.8
040390128	其他酸奶	29.8% +582 日元/kg	366.6
040130129	牛奶、奶油(其他)	21.3% +1199 日元/kg	360.1
210690129	其他调制食品(牛奶含量 30% 以上/乳脂肪粉超 30%/其他)	29.8% +1159 日元/kg	346.5
040390118	黄油,牛奶(其他)	29.8% +396 日元/kg	324.3
100190092	小麦(其他)	55 日元/kg	312.4
100190093	小麦(饲料用/其他)	55 日元/kg	312.4
190190137	其他牛奶制品(乳脂肪超 30%/其他)	29.8% +1159 日元/kg	302.2
020322023	猪肉(其他)	482 日元/kg	295.2
190110129	牛奶制品(幼儿食用/销售用/乳脂肪超 30%/其他)	23.8% +1159 日元/kg	293.9
071390229	其他豆类(干燥、去皮/其他)	354 日元/kg	293.6
040490122	乳清及乳清调制品	29.8% +679 日元/kg	282.2
020321020	猪肉(整头及半头/冷冻/从量税)	361 日元/kg	267.9
210112232	咖啡制品(牛奶含量 30% 以上/乳脂肪 30% 以下/其他)	29.8% +679 日元/kg	267.2
040130119	牛奶,奶油(其他)	21.3% +635 日元/kg	261.5
100190099	小麦(饲料用以外/其他)	55 日元/kg	245.0
040490128	乳清及乳清调制品	29.8% +679 日元/kg	234.2
110819019	淀粉(其他)	119 日元/kg	231.0
020312023	猪肉(带骨前腿及后退/新鲜,冷藏/从量税)	482 日元/kg	225.3
110813090	马铃薯淀粉(其他)	119 日元/kg	220.2

续表

HS 编号	产品名	从量税基准 *	从价税等值
100300091	大麦,裸麦(饲料用/其他)	39 日元/kg	211.8
100890029	种用谷物(其他)	55 日元/kg	208.6
190190132	其他牛奶制品(乳脂肪 30% 以下/其他)	29.8% +679 日元/kg	187.1
190110119	牛奶制品(幼儿食用/乳脂肪 30% 以下/其他)	23.8% +679 日元/kg	182.0
020311020	猪肉(新鲜,冷藏/从量税)	361 日元/kg	177.1
210610140	其他蛋白质(牛奶含量 30% 以上/其他)	29.8% +1,155 日元/kg	169.9
040110190	牛奶,奶油(无加糖/浓缩干燥以外/脂肪粉 1% 以下/其他的/灭菌、冷冻)	21.3% +54 日元/kg	166.0
100300099	大麦,裸麦(饲料用以外/其他)	39 日元/kg	164.4
040490112	乳清及乳清调制品	29.8% +400 日元/kg	160.7
010392011	猪(50KG 以上/从量税)	19,508 日元 per each	157.2
040120190	牛奶,奶油(无加糖/浓缩干燥以外/脂肪粉超 1%6% 以下/其他/灭菌、冷冻)	21.3% +114 日元/kg	150.9
020319023	猪肉	482 日元/kg	148.6
040291290	牛奶,奶油(浓缩干燥/其他的/其他/脂肪粉 7.5% 以下/无加糖)	21.3% +254 日元/kg	145.6
110812090	玉米淀粉(其他)	119 日元/kg	143.7
040490118	乳清及乳清调制品	29.8% +400 日元/kg	133.6
180620319	巧克力,可可含有制品(04.01 – 04.04 的制品/牛奶含量 30% 以上/其他)	23.8% +679 日元/kg	124.5
170310099	甘蔗糖蜜(其他)	15.30 日元/kg	116.4
010190122	马(繁殖用以外/其他)	3,400,000 日元/pereach	104.3
180690319	巧克力、可可含有制品(牛奶含量 30% 以上/其他)	23.8% +679 日元/kg	102.3
220890240	其他酒精饮料	88 日元/L	91.2
071333229	芸豆(干燥,去皮/其他)	354 日元/kg	88.6
220890123	乙醇(其他)	2.50 日元/L	86.6
220720200	乙醇(其他)	38.10 日元/L	81.4

续表

HS 编号	产品名	从量税基准 *	从价税等值
220600210	米酒	70.40 日元/L	79.5
010290092	牛(其他/300KG 以下)	38,250 日元　per each	77.0
170111110	甘蔗原糖/糖度 98.5 未满	35.30 日元/kg	76.8
220890220	合成米酒及白酒	70.40 日元/L	76.3
190120159	烘焙产品调制用(其他谷物含量最大/其他)	119 日元/kg	75.8
100110090	硬粒小麦(其他)	55 日元/kg	75.3
210690282	其他调制食品(糖含量 85% 以上)	76.50 日元/kg	74.9
110819099	其他淀粉(其他)	119 日元/kg	71.0
210690119	其他调制食品(牛奶含量 30% 以上/乳脂肪粉 30% 以下/其他)	29.8% +679 日元/kg	69.2
220590200	味美思(其他/酒精 1% 以上)	69.30 日元/L	63.5
010290099	牛(其他/超 300KG)	63,750 日元　per each	62.2
170290110	人造蜜		61.9
110710019	麦芽	21.30 日元/kg	56.1
190190179	淀粉(其他)	119 日元/kg	56.1
010110122	马(纯粹种繁殖用/其他)	3,400,000 日元　pereach	55.6
170112200	人造蜜(糖度 98.5 以上)	21.50 日元/kg	52.4
020610020	牛杂碎(新鲜,冷藏)		50.0
020629020	牛杂碎(冷冻)		50.0
100590096	玉米(限量以内/其他)	(50% or12 日元/kg, whichever is the greater) or(3%)whichever is lower	50.0
100590099	玉米(限量以外)	50% or 12 日元/kg, whichever is the greater	50.0
160250910	牛肉制品(脏器、舌头/密封容器以外/水煮)		50.0
160250991	牛肉制品(脏器、舌头以外/水煮的以外/密封容器)		50.0
160250999	牛肉制品(脏器,舌头以外/水煮的以外/密封容器以外)		50.0

续表

HS 编号	产品名	从量税基准 *	从价税等值
170230210	葡萄糖（20% 未满/加糖）	50% or 25 日元/kg, whichever is the greater	50.0
170230229	葡萄糖（20% 未满/无加糖）	50% or 25 日元/kg, whichever is the greater	50.0
170240210	葡萄糖（20% −50%/加糖）	50% or 25 日元/kg, whichever is the greater	50.0
170240220	葡萄糖（20% −50%/无加糖）	50% or 25 日元/kg, whichever is the greater	50.0
170260210	糖浆（其他/加糖）	50% or 25 日元/kg, whichever is the greater	50.0
170260220	糖浆（其他）	50% or 25 日元/kg, whichever is the greater	50.0
170290290	人造蜂蜜	50% or 25 日元/kg, whichever is the greater	50.0
170290300	固体糖	50% or 25 日元/kg, whichever is the greater	50.0
170290521	其他糖类（加糖）	50% or 25 日元/kg, whichever is the greater	50.0
170290529	其他糖类（无加糖）	50% or 25 日元/kg, whichever is the greater	50.0

注：* 从量税基准栏中有空格的产品不采用从量税，从价税等值栏的数据便是该产品的从价税率。

资料来源：WITS（UNCTAD TRAINS），韩国贸易协会（KOTIS）。

第四章　中韩日各国已签署 FTA 之农产品贸易规则

　　韩国和日本在已签署的 FTA 中是如何处理农产品问题的？与中国相比有何异同？深入了解中韩日三国在推进 FTA 过程中处理农产品问题的基本做法并据此制定行之有效的战略措施具有重要的现实意义。本章将对中韩日三国已签署的 FTA 中的农产品贸易规则进行全面而细致的分析，并对中韩 FTA 及中韩日 FTA 农产品谈判做一展望。

　　本章所指的农产品贸易规则只限于农产品降税模式和幅度及因关税减让导致进口激增时所采取的保障措施，而不涉及出口补贴、国内支持、动植物检疫措施、技术贸易壁垒等内容，因为目前大多数双（多）边 FTA 农产品贸易规则都不涉及这些内容，即使涉及了也是泛泛地规定"遵循 WTO 规则"而已。

　　本章中的农产品包括 WTO 农业协议约束的农产品加上水产品，即包括 HS（协调商品名称与编码的制度）01–24 章的所有产品和分布在 HS29–53 章的部分农产品。本章所采用的资料均来自于中国商务部、韩国外交通商部、日本外务省颁布的各 FTA 原文及其关税减让表。

　　考虑到中韩日三国已签署的 FTA 中有些 FTA 对农产品实行低水平的开放，导致对我们考察三国的农产品开放程度没有多大的参考价值，本章选取具有一定代表性的 FTA 进行分析。

第一节　韩国已签署 FTA 之农产品贸易规则

一、韩国推进 FTA 之际农产品开放原则

　　2003 年 2 月韩国政府与智利签署 FTA 以后，遇到了农业团体的坚决抵制，导

致国会一直拖到 2004 年 2 月才得以通过。受到该事件的刺激后，韩国政府就 FTA 与农业问题提出了如下对应战略。

第一，大米等对农户经济意义特别重大的产品作为例外处理，不纳入自由化进程的范畴之中；第二，现行关税率高且国内外价格差距较大的产品，采取长期内取消关税或小幅降低关税的措施；第三，其他敏感产品采取进口配额等措施尽量减少对国内农业的冲击；第四，建立相对合理补偿机制，通过《履行 FTA 支援基金》，对农业、渔业、果树业提供支援；第五，为促成国民共识的形成以减少阻力，在 FTA 谈判过程中通过讨论会、恭听会、说明会等方式征集农业部门的意见并及时将协商结果通报给国会和农业团体，最大限度地保证推进 FTA 过程的透明度①。

从上述表达中可以看出，韩国在推进 FTA 过程中对农产品的开放是既谨慎又积极。一方面采取"该守的坚决守"而"不得已不开放的则分阶段或有条件地开放"的较保守的战略，另一方面积极通过补偿农民收入和加强与农民的沟通机制减少阻力。

从韩国已签署或正在协商的 FTA 对象国也可以看出韩国对农业开放较积极的一面。东盟、美国、欧盟、澳洲等国（地区）在韩国农产品进口中都是排在前几位的国家（地区），但是韩国并不因此而拒绝与这些国家的 FTA 谈判。这一点与第二节论述的日本形成鲜明的对比。在与世界头号农业大国——美国协商、签署 FTA 时，韩国政府曾遭到农业团体的强烈抵制，但韩国政府还是义无反顾地推进了韩美 FTA。因为韩国政府知道，因农业问题放弃韩美 FTA 得不偿失。

二、韩国已签署 FTA 之农产品降税模式与减让幅度总体概况②

韩智 FTA 中，韩国的农产品降税模式包括立即废除关税、分 N 年废除关税（N = 5，7，9，10，16，第 N + 1 年完全废除）、DDA（多哈回合）以后再协商（维持现行税率，但对部分产品提供零关税配额）、例外处理等。除此以外，对新鲜葡萄

① 韩国政府为提高推进 FTA 过程的透明度，于 2004 年 5 月制定了《自由贸易协定缔结程序规定（总统训令）》。根据该规定，FTA 推进程序要在广大范围内征集意见，最后取得国民的共识。

② 根据如下资料整理。韩国外交通商部. 韩国—智利自由贸易协议. 韩国外交通商部网页 http://www.fta.go.kr/user/fta_korea/kor_chile.asp? country_idx = 11；韩国外交通商部. 韩国—美国自由贸易协议. 韩国外交通商部网页 http://www.fta.go.kr/user/fta_korea/kor_usa.asp? country_idx = 19；韩国外交通商部. 韩国—欧盟自由贸易协议. 韩国外交通商部网页 http://www.fta.go.kr/user/fta_korea/kor_eu.asp? country_idx = 21；韩国外交通商部. 韩国—东盟全面经济合作框架协议之货物贸易协议. 韩国外交通商部网页 http://www.fta.go.kr/user/index.asp.

采取季节关税模式，在每年 11 月 1 日到次年 4 月 30 日期间（非国产葡萄流通期）分
10 年废除关税，而在 5 月到 10 月期间（国产葡萄流通期）实行现行税率。

韩美 FTA 中，韩国农业开放的形式比韩智 FTA 繁杂许多。关税减让的基本形
式包括立即废除关税、分 N 年均等或非均等地废除关税（N = 2，3，5，6，7，9，
10，12，15，16，17，18，20，第 N + 1 年完全废除）、2014 年 1 月 1 日废除关税、
再协商、例外处理等，而这些基本形式又与税号分离①、关税配额、季节关税等形
式相组合，规定了烦琐的降税模式。比如橘子，在非国产橘子流通期间（3 月到 8
月）分 7 年废除关税，而在国产橘子流通期间（9 月到次年 2 月）则实行关税配
额（配额内的实行零关税而超过配额的则征收现行关税）。韩欧盟 FTA 中的降税
模式与韩美 FTA 大同小异，基本相似。

韩东盟 FTA 的降税模式采用了东盟模式，与上述国家的开放形式有较大差别。
韩东盟 FTA 将产品分为正常产品和敏感产品两大类。两大类产品清单由各国自主选
定，但韩国和东盟 6 国必须满足两个指标的要求，即税目数量和进口金额的要求②。

正常产品的数量应占 HS6 位税目总数的 90% 以上，且大于该方进口总额的 90%
（以 2004 年数据为基础）。而敏感产品的数量不得超过 HS6 位税目总数的 10%，且不
得超过该方进口总额的 10%。敏感产品按敏感程度不同，又分为一般敏感产品和高
度敏感产品。一般敏感产品的数量不得超过 HS6 位税目总数的 6% – 7%，进口额不
得超过进口总额的 7%；高度敏感产品的数量不得超过 200 个 HS6 位税目（或 HS6
位税目总数的 3%），进口额不得超过进口总额的 3%。

韩国对东盟十国提出一份敏感产品清单，同时适用于十国，而东盟十国则分
别针对韩国提出各自敏感产品清单，其中所列的敏感产品只适用于韩国。

韩国的两大类产品的总体降税步骤如下。正常产品自协议签署当年的 2007 年
起开始降税，2010 年 1 月 1 日将关税最终削减为零。一般敏感产品在 2012 年 1 月
1 日之前将关税削减至 20%，2016 年 1 月 1 日又削减至 0 – 5%。高度敏感产品分
成了 A、B、C、D、E 等 5 个等级，规定了不同的降税模式：2016 年 1 月 1 日为
止，A 级产品应将关税削减至 50% 以下（即上限为 50%）、B 级产品和 C 级产品
应将最惠国税率各削减 20% 以上和 50% 以上，D 级产品实行现行税率下的关税配

---

① 虽然是同一种产品，但对韩美双方其重要性和用途不同时，将其分离税号、区别对待的做法。
② 东盟 6 国为东盟老成员国，包括文莱、印度尼西亚、马来西亚、菲律宾、新加坡和泰国。考虑到东
盟新成员国的经济发展水平较低，协议对其做出了特殊安排。

额，而 E 级产品不实行任何减免即例外处理，但该级产品不得超过 40 个 6 位税目。为便于比较，将上述模式简单分为立即取消关税、短期（2-5 年）内废除关税、中期（6-10 年）内废除关税、长期（11-20 年）内废除关税、季节关税、再协商及例外处理等 7 种，整理的结果如表 4-1。

表 4-1　　　韩国已签署的各 FTA 中农工产品整体的关税减让模式与幅度

（单位:%、税号数）

FTA 名称	产品	立即废除	短期废除	中期废除	长期废除	季节关税	再协商	例外处理
韩智 FTA	农产品	27.4	34.5	15.0	0.7	0.1	21.4	1.1
	工业品	98.9	0.8	0.3	—	—	—	—
韩美 FTA	农产品	33.8	27.8	27.4	9.3	0.2	0.8	0.8
	工业品	90.5	8.0	—	1.5	—	—	—
韩欧盟 FTA	农产品	35.5	27.9	24.3	9.0	0.2	2.1	0.9
	工业品	90.7	8.8	0.5	—	—	—	—

	产品	正常产品	一般敏感产品	高度敏感产品（6 位税目的产品数）				
韩东盟 FTA				A	B	C	D	E
	农产品	61.5	14.8	0.7(6)	15.3(139)	2.6(24)	0.8(7)	4.4(40)
	工业品	97.0	3.0	—	—	—	—	—

注:(1)短期为 2-5 年、中期为 6-10 年、长期为 11-20 年。

(2)再协商表示实行现行税率,包括对部分产品实行现税率下的零关税配额。

(3)正常产品应在 2010 年 1 月 1 日将关税最终削减为零,一般敏感产品应在 2016 年 1 月 1 日将关税削减至 0-5%。

(4)A、B、C 表示 2016 年 1 月 1 日为止将关税削减至 50% 以下、削减 20% 以上、50% 以上;D 表示配额,E 表示例外处理。

资料来源:根据各 FTA 关税减让表整理得出。

韩智 FTA 中，立即废除关税的农产品种类数（HS10 位税号）占全部农产品的 27.4%，短期和中长期内废除关税各占 34.5% 和 15.7%，季节关税占 0.1%，再协商和例外处理的合计占 22.5%。这说明，韩国对 61.9% 的农产品在 5 年内完全开放，而对 22.5% 的农产品则不实行开放。韩智 FTA 中，韩国将农产品的 20% 以上产品归为自由化范畴以外，说明韩国将原本采用高关税限制进口的农产品都规定了再协商或例外处理，可见韩智 FTA 中韩国的农产品开放比较保守。

韩国的保守态度到韩美 FTA 和韩欧盟 FTA 有了较大的变化，最大的变化是将保护主义色彩浓厚的再协商模式大幅减少，转而增加了具有缓冲功能的中长期内取消关税的模式。韩美 FTA 中，立即和短期废除关税的比重合计为 61.6%（HS10位税号），与韩智 FTA 相似。但中期和长期废除关税的比重各占 27.4% 和 9.3%，两者合计比韩智 FTA 增加了 21 个百分点，而再协商和例外处理的合计仅为 1.6%，比韩智 FTA 减少了 20.9 个百分点。可以看出，韩美 FTA 中，韩国农产品的总体开放幅度有了较大的上升，韩国对外经济政策研究院的报告也认为，韩美 FTA 是韩国至今为止签署的 FTA 中农产品开放度最大的 FTA①。韩欧盟 FTA 中，韩国农产品的减让幅度与韩美 FTA 基本一致，只是中期废除关税的比重稍低而再协商的比重稍高一些，开放程度略逊于韩美 FTA。

韩东盟 FTA 中，韩国农产品中正常产品占 62.6%，这与韩智、韩美、韩欧盟 FTA 中的立即和短期内废除关税的比重合计相差无几。一般敏感产品占 13.3%，与韩智 FTA 中的中期废除关税的比重基本一致，比韩美和韩欧盟 FTA 的中期废除关税的比重低 10 个百分点左右。高度敏感产品占 22.3%，与韩智 FTA 的长期废除关税、再协商及例外处理的合计基本相似，比韩美 FTA 和韩欧盟 FTA 高出许多。可见，韩东盟 FTA 中，韩国农产品的开放程度与韩智 FTA 基本相同，低于韩美 FTA 和韩欧盟 FTA。

通过上述比较分析，可以看出，韩国农产品开放程度根据 FTA 对象国的经济发展水平不同而相异。若对方是发达国家，减让幅度较大；而若对方是发展中国家，减让幅度较小。其原因是发达国家的关税水平原本较低，韩国要扩大工业品的出口，必须扩大农产品的减让幅度，才能换取对方更大的让步。而发展中国家本身希望非农产业适度开放并急需韩国对其扩大直接投资进而带动经济发展，而韩国可以作为交换条件降低农产品的开放幅度。

韩国的农产品开放不仅因对象国不同而有所不同，并且每个 FTA 中都显现出了与工业品开放极不对称的特征，即农产品的开放程度比工业品逊色许多。以农业开放度最大的韩美 FTA 为例，工业品中 98.5% 的产品立即或短期废除关税，例外处理产品一个也没有，只有 1.5% 的产品长期内废除关税，与农产品的开放形成巨大反差。再看韩东盟 FTA，工业产品中正常产品占 97%，其余的 3% 也仅为一般敏感产品，而 216 个 6 位税目高度敏感产品（包括 40 个 HS6 位税目的例外处理产

---

① ［韩］崔洛均，李红植等. 韩美 FTA 对各产业的影响及对策. 韩国对外经济政策研究院研究报告，2007.

品）都集中在农产品中。这表明农产品在韩国的相对劣势非常明显，韩国对农产品的开放与其工业品相比谨慎许多。

三、依农产品敏感程度划分的贸易规则分析：以韩欧盟 FTA 为例

本小节以韩欧盟 FTA 为例，具体考察不同类型农产品的贸易规则。韩欧盟 FTA 中，韩方涉及的农产品共有 1857 个 HS10 位税号（下文产品数量均为 HS10 位税号基准），笔者根据每种产品的敏感程度，将全部农产品分成了五个类型（类型 I 至类型 V，表4-2）。

表4-2 　　　　　　　　　　韩欧盟 FTA 中不同性质农产品的降税模式

类型	产品性质	减让模式	品目（个）	比重（%）	进口额（注2）	比重（%）	主要产品（现行税率及其他规定）
I	特别敏感产品	例外处理	16	0.9	2713	0.2	大米及其制品
		现行税率（再协商）	28	1.5	210	0.0	大麦(324%)，黑麦(299.7%)
II	高度敏感产品	现行税率 + TRQ	12	0.7	2822	0.2	脱脂及全脂奶粉(176%)
		季节关税	2	0.1	322	0.0	葡萄(45%)，橘子(50%，TRQ)
		12-20 年取消关税	161	8.9	117845	10.4	变性淀粉(385.7%，12 年 + TRQ + ASG)，马铃薯淀粉(455%，15 年 + ASG)，富士苹果(45%，20 年 + ASG)
III	一般敏感产品	6-10 年取消关税	430	23.7	150310	13.3	新鲜及冷藏西红柿(45%，7 年)，干燥大葱(30%，7 年)
IV	非敏感产品	短期内（包括立即）取消关税	1166	64.2	858054	75.8	威士忌酒(20%，3 年)，酪蛋白酸盐及其他酪蛋白衍生物(8%，5 年)，棉花(0%，立即)
V	欧盟关心产品 乳制品	10-15 年取消关税	34	1.9	33392	2.9	鲜奶酪(36%，15 年 + TRQ)，混合奶粉(36%，10 年)
	猪肉	不同部位不同降税模式	8	0.4	280687	24.8	冷冻五花猪肉(25%，10 年)，冷冻其他猪肉(25%，5 年)
合计	-	-	1815	100.0	1132276	100.0	-

注:(1)进口额为 2004-2006 年的平均值，单位为千美元。

    （2）TRQ 为 Tariff Rate Quota 缩写，表示关税配额。

    （3）ASG 为 Agriculture Safeguard 缩写，表示农产品紧急进口限制措施。

资料来源：根据韩国外交通商部等合编，《韩欧盟 FTA 详细说明材料》（2009.10）整理计
    算得出。

类型 I 为特别敏感产品，包括大米、大麦等 44 个产品。该类型中，大米等 16
个产品不采取任何关税减让、配额等形式，完全排除在自由化范畴之外。大米是
韩国农业生产的根基，谈判开始之前，韩方就提出将大米特别对待，否则放弃韩
欧盟 FTA 协商。大麦和黑麦等 28 个产品则维持现行税率，至于今后的开放问题，
届时再协商。

类型 II 为高度敏感产品，包括脱脂及全脂奶粉、葡萄、变性淀粉等 175 个产
品。该类型中，脱脂及全脂奶粉等 12 个产品采取维持现行税率的基础上适当分配
零关税配额的方式，葡萄和橘子则采用季节关税或季节关税与配额相组合的模式。
变性淀粉等 161 个产品采取长期废除关税的形式，部分产品还实施配额或农产品
紧急进口限制措施（ASG：Agriculture Safeguard），部分产品同时实施配额和 ASG。
该类型产品在韩国农业生产中所占比重较大或对特定区域具有特别重要的作用
（比如橘子在济州农业占重要地位），所以采取有条件的开放或长期开放的措施。

类型 III 为一般敏感产品，包括新鲜及冷藏西红柿等 430 个产品。该类型产品
在韩国农业生产中占有一定的比重，但其重要性不如前两个类型产品，所以采用
6 - 10 年取消关税的模式，也不采取配额或 ASG。

类型 IV 为非敏感产品，包括威士忌酒等 1166 个产品。该类型产品的现行税率
较低且现已大部分依靠进口，所以 5 年内或立即完全开放。

类型 V 为欧盟关心产品，主要是猪肉和奶制品。该两种产品是欧盟对韩出口
的主力农产品，欧盟对该两种产品的开放最为关心。从现行税率来看，该两种产
品的现行税率基本为 25% - 36%，接近一般敏感产品水平，但考虑到欧盟出口供
给能力强，韩国将该两种产品的开放程度设定为高度敏感产品水平。最后双方规
定，对于猪肉根据不同部位和冷冻或冷藏状态规定不同的废除关税期限，而乳制
品则均采用 10 年以上取消关税的措施。

综上所述，韩国农产品的开放是根据不同产品对其国家的重要性及对象国的
出口供给能力等因素，规定不同的减让模式和贸易救济措施。为更具体地了解各
种农产品的贸易规则，下文以韩美 FTA 为例，按农产品的自然属性对主要农产品
的贸易规则进一步进行说明（表 4 - 3）。

表 4 – 3　　　　　　　　　　　**韩美 FTA 中不同农产品的贸易规则**

类型	产品	贸易规则
粮食作物	大米	大米及其制品等 16 个产品例外处理(不开放)
	大豆	(1)食用大豆维持现行关税(487%),提供零关税配额(第 1 年 1 万吨,第 2 年 2 万吨,第 3 年 2.5 万吨,之后年增 3%)。(2)加工用大豆立即废除关税。
	马铃薯	(1)食用马铃薯维持现行关税(304%),提供无关税配额(起点为 3000 吨,之后年增 3%)。(2)加工用马铃薯征收季节关税(5 月到 11 月),该关税第 8 年起逐年降低关税,第 15 年废除关税,而 12 月到次年 4 月期间的关税立即废除。(3)种用马铃薯分 10 年废除关税,期间提供零关税配额(第 1 年为 5000 吨,第 10 年增至 6524 吨)。履行期间中 ASG 被适用,基准物量与配额相同。
	玉米	分 7 年废除关税,ASG 被适用;提供零关税配额:(爆玉米花用)玉米第 1 年配额为 2556 吨,第 7 年增至 11875 吨;其他玉米的配额第 1 年为 93774 吨,第 7 年增至 410603 吨。ASG 启动基准为第 1 年 187547 吨,最后年度 412603 吨。
	麦	分 15 年废除;ASG 被适用;提供零关税配额:大麦和裸麦的配额第 1 年 2500 吨,第 15 年增至 3299 吨。麦芽和啤酒麦的配额第 1 年 9000 吨,最后年度增至 11875 吨。
肉类	牛肉	(1)较敏感的 6 种产品(HS020110000 至 HS0202030000)分 15 年废除关税,ASG 被适用。ASG 发动基准物量是第 1 年 27 吨,年增 6000 吨,第 15 年增至 35.4 万吨。(2)其他牛肉产品分 15 年废除关税。
	猪肉	(1)冷藏五花肉和颈肉分 10 年废除关税,ASG 被适用。(2)冷冻肉的关税 2014 年 1 月 1 日废除。ASG 只对冷藏肉被适用 10 年。
	鸡肉	(1)整鸡和冷冻胸脯及冷冻鸡翅分 12 年废除关税。(2)冷藏鸡胸脯、鸡腿、鸡翅等大部分的鸡肉分 10 年废除关税。
奶酪	奶粉和奶油	(1)脱脂奶粉、全脂奶粉、奶油维持现行关税,提供零关税配额,配额 3000 吨为起点,每年增 3%。(2)混合奶粉,分 10 年废除关税。
	奶酪	(1)Cheddar 干酪:分 10 年废除关税。(2)其他干酪:分 15 年废除。(3)零关税配额 7000 吨开始,每年增加 3%。
	蜂蜜	(1)天然蜂蜜:维持现行关税(243%),提供零关税配额,第 1 年 200 吨,年增 3%。(2)人造蜜等:分 10 年废除关税。

续表

类型	产品	贸易规则
水果	橘子	(1)国产流通期(9 月到次年 2 月):维持现行关税(50%),提供零关税配额,第 1 年 2500 吨,年增 3%。(2)其他时期(3 月到 8 月):第 1 年税率降低至 30%,分 7 年废除关税。
	柑橘	分 15 年废除关税。
	苹果	(1)富士苹果分 20 年废除关税,ASG 适用期为 23 年。(2)其他苹果分 10 年废除关税,ASG 适用 10 年。
	梨	(1)东洋梨分 20 年废除关税。(2)其他分 10 年废除关税。
	葡萄	(1)国产流通期(5 月到 10 月 15 日):分 17 年废除关税。(2)其他期间(10 月 16 日到次年 4 月):关税第 1 年从 45% 降低 24%,之后 5 年内废除。
蔬菜	辣椒	(1)新鲜辣椒和干燥辣椒及辣椒粉:分 15 年废除关税,ASG 适用 18 年。(2)冷冻辣椒:分 15 年废除。
	蒜	(1)干燥大蒜等 4 种:分 15 年废除关税,ASG 适用 18 年。(2)冷冻大蒜:分 15 年废除。(3)其他:分 10 年废除关税。
	洋葱	(1)新鲜及干燥洋葱:分 15 年废除关税,ASG 适用 18 年。(2)冷冻洋葱:分 12 年废除关税。(3)其他:分 10 年废除关税。

资料来源:韩美 FTA 文本。

四、以农产品自然属性划分的贸易规则分析:韩美 FTA 为例

(一)粮食作物

韩国的最重要的农产品——大米及其制品（HS10 位数计算为 16 个税号）在韩美 FTA 中例外处理,这是韩方宁可放弃韩美 FTA 也要坚决守住的产品。大豆和马铃薯分为加工用和食用,采用了不同的开放形式。由于在韩国,国产大豆和马铃薯主要是食用,而加工用依赖进口,因此加工用大豆和马铃薯的开放度比食用的大一些。比如马铃薯,对食用马铃薯维持 304% 的现行关税的同时,提供起点为 3000 吨、之后每年增加 3% 的无关税配额。但对加工用马铃薯则采取了季节关税形式,每年 12 月到次年 4 月期间是立即废除关税,每年 5 月到 11 月期间是前 7 年维持现行税率,第 8 年开始逐年降低关税,第 15 年完全废除。玉米和麦的关税分 7 年和 15 年废除,期间提供零关税配额,玉米配额为第 1 年 2556 吨、第 7 年增加至 11246 吨,麦的配额第 1 年 2500 吨、第 15 年增至 3299 吨。两种产品这期间都适用于 ASG。

（二）肉类

牛肉是韩国的超敏感品种之一，而美国对牛肉开放也最为关心，从谈判初期开始要求即刻取消关税。最后双方达成协议，规定 15 年内分阶段废除关税，期间适用 ASG。启动 ASG 的基准物量是第 1 年 27 万吨，之后每年增加 6000 吨，第 15 年增加到 35.4 万吨。运用 ASG 的关税，第 5 年为止征收现行税率，第 6 - 10 年征收现行税率的 75%，第 11 - 15 年征收现行税率的 60%。猪肉分为冷藏肉和冷冻肉，两者废除关税期限不同。冷藏肉（五花肉、猪排/颈肉）为 10 年，冷冻肉则 2014 年 1 月 1 日取消。ASG 只对冷藏肉适用 10 年。ASG 启动基准物量第 1 年为 8250 吨，之后每年增加 6%，第 10 年时增加到 13938 吨。鸡肉也按部位和冷冻或冷藏等状态，废除关税的时间不同。整鸡（冷冻及其他除外）及冷冻的鸡胸肉和鸡翅分 12 年废除关税，冷藏的鸡胸脯和鸡腿及鸡翅分 10 年废除关税。

（三）乳蛋蜜制品

脱脂奶粉、全脂粉奶、奶油属于韩方较敏感的产品，采用了维持现行关税、提供零关税配额的方式，配额 5000 吨为起点，每年增加 3%。混合奶粉和奶酪分 10 年或 15 年废除关税，但奶酪这期间提供零关税配额，配额第一年为 7000 吨，之后每年增加 3%。天然蜜维持现行关税（243%），提供 200 吨为起点、每年增加 3% 的配额，而人造蜜等产品的关税分 10 年废除。

（四）蔬果类

苹果采用了税号分离的方式，即富士苹果分 20 年废除关税，其他品种分 10 年取消关税。ASG 适用，其期限为富士苹果 23 年、其他苹果 10 年，即富士苹果 20 年后完全废除关税了，ASG 还将延续 3 年。葡萄与前述的橘子一样，采取了季节关税的形式，但不实行配额制。

辣椒、蒜、葱、姜等蔬菜分为干燥（新鲜）和冷冻类，开放形式有所不同。干燥（新鲜）类分 15 年废除关税，而冷冻类分 10 年废除。部分干燥（新鲜）蔬菜适用于 ASG，其期限为 18 年，与富士苹果一样，完全废除关税以后也延续几年。

五、结论及启示

综上所述，近年来韩国以大型且发达的经济圈及具有巨大潜在力的新兴市场为重点，积极推行"同时与多个国家推进 FTA"的战略。从已签署的 FTA 来看，韩国的 FTA 农产品贸易规则表现出了如下三大特征：一是总体开放程度根据对象国的经济发展水平不同而相异，即若对方是发达国家，农产品开放幅度较大，而相反则反之；二是农产品与工业产品的开放程度极不对称，农产品的减让幅度明显低于工业产品；三是各类农产品的降税模式与幅度根据各种农产品对韩国的重要程度和对象国的出口供给能力的不同而相异。具体而言，特别敏感产品例外处理或再协商，高度敏感产品和对方关心产品（出口供给能力强）安排长期过渡期且部分产品还同时实施 ASG 等贸易救济措施，一般敏感产品分 6 – 10 年取消关税，非敏感产品短期或立即实行自由化。

中国是全球经济增长速度最快、最具有潜在力的新兴市场，仅就韩国工业品出口而言其重要性不亚于欧美，韩国自然希望尽快推进中韩 FTA。但在农产品开放方面韩国会采取保守的态度，原因有二：第一，因中韩地理位置相近、气候条件相似导致中国对韩出口的农产品与韩国敏感产品相冲突的比美国和欧盟更多，且出口供给量也不亚于美国和欧盟，所以韩国的提案中例外产品和再协商产品清单会有所增加，取消关税时间会更长，ASG 等救济措施会更多；第二，中国是发展中国家，一些制造业部门和服务业竞争力不强，不会完全开放，而韩国会以此为交换条件降低韩国农产品的开放程度。中国有必要全面权衡各产业的利益效果后，做出适当的决策。

第二节　日本已签署 FTA 之农产品贸易规则

一、日本推进 FTA 之际农产品开放的原则

2004 年 6 月，日本农林水产省提出了《FTA（EPA）交涉之际磋商农产品问题的基本方针》，就 FTA 与农业问题阐述了政府的立场。

该方针指出，FTA 中农业问题的磋商应坚持如下总原则：（1）确保进口农产品的安全性；（2）对于农业的多种功能作用给予充分的照料；（3）确保日本的粮食安全；（4）不能对日本农业经营结构改革产生不利影响；（5）对一些敏感产品采取灵活措施。

为贯彻上述总原则，该方针提出了 8 条具体的措施：

第一条，对于目前实行着的关税配额产品、进口配额产品、关税保护作用高的产品等几类品种，废除关税比较困难，应将其设为 FTA 例外产品；

第二条，对于规定废除关税的产品，根据必要应设置缓冲期；

第三条，两国间设置保障措施机制，允许进口国由于进口产品的增加给本国造成损失的时候提高关税；

第四条，分析自由化带来的各种不利影响，必要时采取应对措施；

第五条，为防止迂回进口，设立切实可行的原产地规则；

第六条，减让关税的同时，加强与对方的合作机制，即要求对方在限制其对日直接出口无序性的扩大方面给予积极的合作；

第七条，要求对方废除对日本农产品所征收的关税，以增加日本农产品的出口；

第八条，有关国家之间应构筑包括食品卫生、动植物检疫措施在内的一系列体系，确保食品的安全性。

同年 11 月，农林水产省又发表了《农林水产部门推进亚洲 FTA（EPA）的战略》，认为有必要进一步加强与亚洲各国农业的贸易、投资、经济合作关系，应积极推进 FTA，并利用 FTA 保障粮食安全体系，确保农产品的安全性，实现农林牧副渔的共存共荣，谋求农村的发展。

该战略具体包括 6 个方面内容。

第一，确保日本粮食进口的稳定性与多元化。

第二，确保进口粮食的安全性。

第三，促进日本农产品的出口。

第四，整备日本食品产业的商务环境，稳定食品原材料的进口，同时确保海外投资的食品企业在东道国受到公平公正的待遇。

第五，消除亚洲农村地区的贫困。

第六，坚持可持续发展道路，督促对方国在保护环境与资源方面做出努力。

从上述表达中可以认为：日本农产品开放的基本方针是"该守的坚决守""不得已开放的分阶段开放""能够出口的积极出击"，并通过构筑一系列合作机制最大限度地降低自由化对其农业和国民饮食生活的冲击。总体上说，日本对农业开放还是比较谨慎的。

从日本已签署 EPA 的对象国（见第三章）也可以看出日本较为保守的一面。因为日本 EPA 的对象国有两个特征。

第一，对象国都是在日本农产品进口中所占比重低的国家。比重最大的泰国也不过 5.8%，印尼和马来西亚不足 4%，10 个国家的（东盟除外）总额不及

20%。这样日本可以从源头上减少对其农业的冲击。

第二，对象国都是发展中国家（瑞士除外）。这些国家都急需日本对其进行大规模投资进而带动经济发展，而日本可以作为交换条件降低农产品的开放程度。

二、日本学术界围绕农产品贸易自由化的立场分歧

以日本薄弱的农业竞争力如何面对 WTO 和 FTA，日本学术界出现了三种不同的观点。

（一）反对自由化

大多数农业经济学家都属于这一派。他们认为日本应实行农业保护政策，其主要理由如下①。

1. 保障粮食安全。不能排除将来发生各种导致粮食不足危机的可能，如偶然性危机（自然灾害或区域性战争等）、循环性危机（全世界性的粮食不足）、政治危机（出口国的粮食禁运等）、马尔萨斯性危机（人口增长过快）等。为防患于未然，日本应提高粮食自给率。

2. 农业不仅具有生产农产品的功能，还具有保护环境、保持自然景观、防洪等多种功能，因此日本有必要维持一定程度的农业生产。

3. 农业具有公共产品的特性，因此社会为农业的维持与发展支付一定的代价也是理所当然。

4. 日本土地资源匮乏、劳动力成本高，农业生产性的提高受到很大的限制，农业生产结构的调整也还需要一定的时间，因此农产品自由化的进度不能过快。

日本学者认为，GATT24 条规定的所谓实质上的所有贸易部门是指"涵盖有关国家之间贸易额的90%以上，不排除特定产业"。根据此解释，他们认为不能把整个农业在 FTA 中排除在外，但农业中一些敏感产品可以采取灵活的处理方法。实际上，EU、NAFTA、AFTA 都是将农业与工业品相区别、特别对待的。

（二）支持自由化

东京大学的本间正义教授认为②，由于农业领域的分歧，日本在推进 WTO 或 FTA 的时候，其他领域的合作受到了严重影响（或进展很慢），农业保护的社会费

---

① ［日］清水彻朗.自由贸易协定与农林水产业——思考亚洲区域经济一体化的方向.农林金融，2002(12).

② ［日］本間正義.日本的农业问题——基于 WTO·FTA 谈判的视角.JMC,2004(3).

用非常大，这种状况非改革不可。

日本应开放包括大米在内的全部农业部门。该教授提倡在自由化的同时，主张加快日本农业体制改革。他认为，农产品市场开放会给农民造成损失，但这种损失由政府给予补偿即可。问题在于，这种补偿不能给全部农民。现在日本 300 多万农户中，专业农户只有 40 万，其余都是以趁农地被征用为非农地之时捞一把为目的而务农的兼业农户。这些兼业农户的主要收入不是来自农业，因而即使农产品贸易自由化了，他们受到的影响也不会很大，真正受到影响的是专业农户。政府应减少兼业农户，只对 40 万专业农户给以补偿，让专业农户种植兼业农户的耕地，那么日本农业不但垮不了，还会提高生产力。当然，日本农业也在改革，但其速度太慢，借助 WTO 或 FTA 的压力，可以促进农业改革的进程。

东北大学的小笠原裕教授认为①，只要冷静地考察、分析当今世界经济的变化趋势，应该看到日本农产品的自由化是不可避免的。该教授干脆否定了日本农业的发展前景，认为日本农业已经到了癌症晚期，如今还要谈什么日本农业的恢复与发展，是荒谬的。现在必要的是如何引导日本农业安乐死。

小笠教授还给农民四条忠告：第一，现在也不晚，请不要务农；第二，继续务农者的结果将很悲惨；第三，没有人（包括那些反对自由化的人）愿意为农民赌上自己的性命；第四，那些反对自由化的政治家、农林部、农协、农业学者只把农民当作牺牲品而已。

（三）折中派

东京都立大学的国际著名农业经济学家速水裕次郎教授等则既反对过度的农业保护，也反对完全自由化②。

他反击保护论者以粮食安全为借口要求保护的论点。他认为，欲防止粮食危机的出现，日本应该重视国际协调，而不是实行农业保护。因为，一旦发生粮食危机，仅仅依靠日本农业自给率的提高是远远不够的。他通过战争时期日本尽管由朝鲜半岛和台湾地区为其提供粮食，但日本还是陷入了严重的粮食危机的这一实例，指出不是因粮食不足导致国家危机，而是因国家危机导致粮食不足。

他认为不同的农产品应该实行不同的自由化政策，即对日本农业不是至关重要的品种应立即实现自由化，自由化后具有一定竞争力的产品逐渐实现自由化，

①　［日］小笠原裕. 农业没有明天. 学問社，1996.

②　［日］速水裕次郎. 农业经济论. 岩波書店，1986.

虽然没有竞争力，但对于日本农业很重要的品种应适当进行保护。

三、日本已生效 EPA 中农产品开放程度：总体情况[①]

日本的 EPA 中产品开放类型最初表现为比较繁杂。如最早的日新 EPA 中开放形式共有 15 个，与墨西哥的 EPA 则出现 14 个，而 2 个 EPA 中类型代码"E"所包含的内容也完全不同，这也反映出了日本刚开始时的经验不足。第三个 EPA 即日马 EPA 中日本改用 6 个类型体系，之后的 EPA 中都沿用此体系。

这 6 个类型分别是：A（立即废除关税）、B – N（生效日起至 N + 1 年每年均等地降低关税，第 N + 1 年完全废除，N = 5，6，7，9，10，15）、P（生效日起分阶段降低关税，但不废除关税）、Q（关税配额，1000 吨/年为止无关税）、R（生效一定时期以后再协商关税废除等问题）、X（例外处理即不包括在自由化进程的规划中）。

表 4 – 4 列出了各 EPA 的农产品和工业品的开放度。从 7 个 EPA 的平均数来看，农产品的开放度（剔除再协商和例外处理后其他各项的总和）为 53.6%，即采取立即废除关税、分阶段废除关税、降低关税、关税配额等形式承诺开放的农产品种类数只占总农产品的一半，而工业品为 97.6%，农业开放度明显低于工业产品开放度。由于农产品的开放度较低，导致依产品种类数来衡量的日本全部产业的开放度仅为 87.3%，还未达到国际上通行的"区域性一体化组织优惠率应超过总贸易的 90%"的规定。

表 4 – 4 　　　　　日本已生效 EPA 中农产品和工业品开放度对比表

（单位:%）

对象国	产业	立即废除	分阶段废除	降低关税	关税配额	再协商	例外处理	合计	开放度
墨西哥	农业	34.2	9.7	0.4	2.9	0.2	52.6	100	47.2
	工业	88.6	8.1	0.0	0.3	0.5	2.6	100	96.9
	合计	75.9	8.5	0.1	0.9	0.4	14.2	100	85.3

---

① 本小节数据来源于日本外务省（http://www.mofa.go.jp）公布的所有 EPA 原文及其附件 1（关税减让表的解说文件）、财务省关税厅（http://www.customs.go.jp/）公布的所有 EPA 的关税减让表。对于该减让表中某些产品由于 2007 年 HS 条约的改正被设定 2 个以上税率时，本小节将其产品当做两种产品。比如日智 EPA 中 HS 编码 080610000（鲜葡萄）有 2 种减让方式。第一种是从 17% 的关税起点分 15 年均等降低关税直至完全废除，第二种是从 7.8% 的关税起点分 10 均等降低关税直至完全废除，虽然 HS 编码相同，但由于减让方式不同，本小节将其看做两种个不同的产品。

续表

对象国	产业	立即废除	分阶段废除	降低关税	关税配额	再协商	例外处理	合计	开放度
马来西亚	农业	33.5	22.0	0.3	0.0	7.0	37.1	100	55.9
	工业	93.5	2.7	1.7	0.0	0.5	1.5	100	98.0
	合计	79.6	7.2	1.4	0.0	2.0	9.8	100	88.2
智利	农业	33.1	19.1	0.2	1.1	11.6	34.9	100	53.5
	工业	92.3	3.4	1.9	0.1	0.1	2.3	100	97.7
	合计	78.6	7.0	1.5	0.4	2.7	9.8	100	87.5
泰国	农业	33.8	23.3	0.7	0.3	14.3	27.7	100	58.0
	工业	94.4	3.3	0.0	0.0	0.7	1.6	100	97.7
	合计	79.9	8.1	0.2	0.1	3.9	7.8	100	88.3
印尼	农业	33.4	18.7	0.0	0.2	11.9	35.8	100	52.3
	工业	94.3	3.5	0.0	0.0	0.5	1.7	100	97.8
	合计	79.8	7.1	0.0	0.0	3.2	9.9	100	87.0
ASEAN	农业	31.7	16.3	0.0	0.7	23.3	28.0	100	48.7
	工业	94.0	3.5	0.0	0.0	1.6	0.9	100	97.5
	合计	78.4	6.7	0.0	0.2	7.0	7.7	100	85.3
菲律宾	农业	35.2	23.2	1.3	0.1	40.0		100	59.9
	工业	94.1	3.6	0.0	0.0	2.2		100	97.8
	合计	80.0	8.7	0.3	0.2	10.8		100	89.2
7 国平均	农业	33.6	18.9	0.4	0.8	46.4		100	53.6
	工业	93.0	4.0	0.5	0.1	2.4		100	97.6
	合计	78.9	7.6	0.5	0.2	12.7		100	87.3

注：（1）最后一列的减让率是指剔除例外处理和再协商后的各类型的合计。
　　（2）菲律宾的关税减让表中未标注再协商或例外处理，只说明凡是没有记载关税的都是再协商或例外处理。

资料来源：经笔者计算整理。

按各开放类型考察，立即废除关税中农产品种类数只占全部农产品的 33.6%，而工业品为 93%，两者相差近 3 倍。分阶段废除关税的农产品占全部农产品种类数的比重为 18.9%，而工业品仅为 4%。再协商和例外处理的农产品比重为 46.4%，而工业品仅为 2.3%，没有被列为自由化范围内的农产品种类数是工业品的 20 倍。

从单个 EPA 考察，农产品开放度最低的是日墨 EPA。日墨 EPA 中立即废除关税的农产品数量（HS9 位数）占全部农产品的 34.2%，例外处理的农产品的比重为 52.6%，总体开放度为 47.2%。日本从墨西哥的农产品进口不足农产品总进口额的 1%，而日墨 EPA 将一半以上的产品归为例外处理（HS9 位数计算共 1121 种），可见当时日本对农业开放很保守。对日本而言，日墨 EPA 才是包括农产品在内的真正意义上的第一个 EPA，所以对农业开放很谨慎。

日本的第三个 EPA 对象国是马来西亚。日本从马来西亚的农产品进口占农产品进口总额的 3.2%，在 9 个对象国中列第三位，所以日马 EPA 中农产品开放度对之后的 EPA 谈判具有重要的象征意义。可以说，日马 EPA 规定了之后的 EPA 中农产品开放的尺度。

日马 EPA 中农产品立即废除关税的占 33.5%，与日墨 EPA 基本相同，但例外处理比重由日墨 EPA 的 52.6% 下降到 37.1%（HS9 位数计算共 800 个），似乎开放度提高了许多。其实不然。从表 4-4 中，我们可以看出一种趋势，即日马 EPA 起之后的 EPA 中农产品开放形式上例外处理比重降低的同时，再协商和分阶段废除关税的比重反而上升。比如日智 EPA 中例外处理比重为 34.9%，日泰 EPA 中更是下降到 27.7%，其他 EPA 中也都是在 30% 左右波动。而再协商在日智 EPA 中上升为 11.6%，日 ASEAN 之间的 EPA 更是提高至 23.3%。分阶段性废除关税在日马 EPA 之后基本都在 20% 左右。

也就是说，从日马 EPA 开始日本减少了具有明显保护主义色彩的例外处理，增加了具有缓冲期的分阶段废除关税和具有暂缓执行功能的再协商的形式。所以，从总体开放度来看，日墨之后的 6 个 EPA 中农产品开放度并没有多大的提高，基本都在 55% 左右。比如日泰 EPA 为 58%，日菲 EPA 为 59.9%，日印尼 EPA 为 52.3%。

纵观 7 个 EPA，每个 EPA 中虽然农产品开放度根据对象国的不同在 47%-60% 之间波动，但是工业品的开放度都维持在 97% 左右，两者形成鲜明的对比。

四、依农产品敏感程度划分的贸易规则分析——以日泰 EPA 为例

日本已生效的 EPA 中农产品开放度总体上较低，是否每个农产品的开放度都在这个标准？本部分以对日出口比重最大的日泰 EPA 为例，按 HS2 位数进行详细解析。

日泰 EPA 中涉及的农产品共是 2154 个 HS9 位税号，笔者按 HS2 位数即 HS01 – 24 章及 HS 其他章（HS24 章以后的所有农产品）编制测量了 25 类农产品的开放度。

表 4 – 5　　　　　　日泰 EPA 中农产品按 HS2 位数的开放度一览表

HS 章别	比重	立即废除	阶段性废除	关税降低	关税配额	再协商	例外处理	合计	各章开放度
HS01	比重	84.6	0.0	0.0	0.0	0.0	15.4	100.0	84.6
	（产品数）	44	0	0	0	0	8	52	–
HS02	比重	39.8	2.7	2.7	0.0	32.7	22.1	100.0	45.1
	（产品数）	45	3	3	0	37	25	113	–
HS03	比重	14.4	33.2	0.4	0.0	20.0	32.0	100.0	48.0
	（产品数）	36	83	1	0	50	80	250	–
HS04	比重	2.1	2.8	0.0	0.0	12.5	82.6	100.0	4.9
	（产品数）	3	4	0	0	18	119	114	–
HS05	比重	100.0	0.0	0.0	0.0	0.0	0.0	100.0	100.0
	（产品数）	33	0	0	0	0	0	33	–
HS06	比重	100.0	0.0	0.0	0.0	0.0	0.0	100.0	100.0
	（产品数）	21	0	0	0	0	0	21	–
HS07	比重	40.5	45.5	0.0	0.0	6.6	7.4	100.0	86.0
	（产品数）	49	55	0	0	8	9	121	–
HS08	比重	51.5	42.4	0.0	2.0	3.0	1.0	100.0	96.0
	（产品数）	51	42	0	2	3	1	99	–
HS09	比重	87.5	9.7	0.0	0.0	2.8	0.0	100.0	97.2
	（产品数）	63	7	0	0	2	0	72	–
HS10	比重	37.8	2.2	0.0	0.0	11.1	48.9	100.0	40.0
	（产品数）	17	1	0	0	5	22	45	–
HS11	比重	2.2	20.4	0.0	0.0	9.7	67.7	100.0	22.6
	（产品数）	2	19	0	0	9	63	93	–
HS12	比重	81.1	1.4	0.0	0.0	1.4	16.2	100.0	82.4
	（产品数）	60	1	0	0	1	12	74	–

HS 章别	比重	立即废除	阶段性废除	关税降低	关税配额	再协商	例外处理	合计	各章开放度
HS13	比重	81.0	9.5	0.0	0.0	9.5	0.0	100.0	90.5
	(产品数)	17	2	0	0	2	0	21	—
HS14	比重	93.3	6.7	0.0	0.0	0.0	0.0	100.0	100.0
	(产品数)	14	1	0	0	0	0	15	—
HS15	比重	50.0	9.5	2.4	0.0	38.1	0.0	100.0	61.9
	(产品数)	42	8	2	0	32	0	84	—
HS16	比重	9.9	24.8	5.0	2.0	28.7	29.7	100.0	41.6
	(产品数)	10	25	5	2	29	30	101	—
HS17	比重	12.0	8.0	0.0	2.0	54.0	24.0	100.0	22.0
	(产品数)	6	4	0	1	27	12	50	—
HS18	比重	10.0	10.0	0.0	0.0	33.3	46.7	100.0	20.0
	(产品数)	3	3	0	0	10	14	30	—
HS19	比重	0.0	4.9	0.0	0.0	4.9	90.1	100.0	4.9
	(产品数)	0	7	0	0	7	128	142	—
HS20	比重	13.6	73.3	0.4	0.0	12.0	0.8	100.0	87.2
	(产品数)	35	189	1	0	31	2	258	—
HS21	比重	8.5	28.3	2.8	0.0	21.7	38.7	100.0	39.6
	(产品数)	9	30	3	0	23	41	106	—
HS22	比重	49.1	21.1	0.0	0.0	0.0	29.8	100.0	70.2
	(产品数)	28	12	0	0	0	17	57	—
HS23	比重	96.9	3.0	0.0	0.0	0.0	0.0	100.0	100.0
	(产品数)	31	1	0	0	0	0	32	—
HS24	比重	45.5	0.0	0.0	0.0	0.0	54.5	100.0	45.5
	(产品数)	5	0	0	0	0	6	11	—
HS 其他	比重	80.0	3.8	0.0	0.8	10.0	5.4	100.0	84.6
	(产品数)	104	5	0	1	13	7	130	—
合计	比重	33.8	23.3	0.7	0.3	14.3	27.7	100.0	58.0
	(产品数)	728	502	15	6	307	596	2154	—

资料来源:经笔者计算整理。

根据表 4 - 5 的右栏 HS 各章的开放度的大小，笔者将 25 类农产品分为五个档次，并命名为坚决不开放、基本不开放、部分开放、基本开放、完全开放。

第一档次：坚决不开放。HS04（乳品、蛋和天然蜂蜜）和 HS19（谷物制品）的例外处理为 82.6% 和 90%，而立即废除关税的仅为 0 - 2%，总开放度不足 5%。这两类中绝大部分产品应是日本最敏感的产品。

第二档次：基本不开放。HS11（制粉工业品等）、HS17（糖类）和 HS18（可可类）等三类产品开放度为 20%，这三类中大部分产品也属于日本敏感的产品。但这 3 类产品在减让形式上有所不同，HS11（制粉工业品等）的立即废除关税仅为 2.2%，而 HS17（糖类）和 HS18（可可类）为 10% - 12%，可见 HS11（制粉工业品等）是日方更敏感的产品。

第三档次：部分开放。HS03（水产品）、HS02（肉类）、HS16（肉制品）、HS10（谷物）、HS21（杂项食品）、HS24（烟草类）的开放度不足 50%，说明这六类中每类产品的半数以上也属于日本要坚守的农产品。这六类相比较而言，HS03（水产品）、HS16（肉制品）、HS21（杂项食品）阶段性废除关税较多，而HS02（肉类）、HS10（谷物）、HS24（烟草类）立即废除关税的较多。

第四档次：基本开放。HS07（蔬菜）、HS08（水果）、HS20（蔬菜水果制品）等蔬果类产品和 HS01（活动物）、HS09（咖啡与茶及调味香料）、HS12（油籽等）、HS13（树胶等）、HS15（动植物油脂）、HS22（饮料和酒等）、HS 其他（动物毛等）等开放度为 60% - 99%，属于较容易开放的产品。但具体减让形式上有所不同，蔬果类产品中阶段性废除关税占 45% 左右，即近一半的果蔬类产品须经 5 - 15 年的缓冲期后才能享受免税待遇，而其他产品中立即废除关税的比重都达50% 以上。

第五档次：完全开放。HS05（除肉和蛋的食用动物产品）、HS06（除蔬菜水果的食用植物产品）、HS14（植物编织物）、HS23（配置的动物饲料）等四类产品立即废除关税的比重都在 90% 以上，开放度为 100%，是日本最易于开放的产品。

从开放形式上考察，日泰 EPA 中立即废除关税的是 728 个 HS9 位数，占总数的 33.8%。虾及其制品、龙须菜、芒果、热带水果酒、鸭肉都列为立即废除关税类型。分阶段废除关税的占 23.2%，鲣鱼及金枪鱼制品、洋葱、黄瓜、海蜇等 5 年内废除关税，桃、苹果、蛋黄酱、调味汁、纤维板等 10 年内废除关税，而橙及橙汁 15 年内废除关税。降低关税的仅有西红柿调料、大豆油等 15 个 HS9 位数，占总数的 0.7%。关税配额占 0.3%，包括鸡肉、香蕉、菠萝、猪肉制品等 6 个 HS9 位数，其中淀粉衍生物实行进口国管理方式，而香蕉、菠萝、猪肉制品实行出口国管理方式。再协商占 14.3%，包括牛肉、猪肉、食糖、三合板等。例外处理的比重为 27.7%，包括米麦及其制品、乳制品、牛肉、淀粉、配额水产品等。

五、以农产品自然属性划分的贸易规则分析

为了更便于了解，笔者根据日泰 EPA 中的开放度以及产品的特性，把 25 类农产品分成 7 大类，对其他 6 个 EPA 重新进行测算和整理（表 4 - 6）。

表 4 - 6　　　　　　　　日本各 EPA 中七大类农产品的开放度

（单位:%）

对象	包含的 HS 章别	墨西哥	马来西亚	智利	泰国	印尼	ASEAN	菲律宾	6 国平均	标准差
水产品	HS03	65.2	41.1	40.4	48.0	37.5	40.9	59.8	44.6	7.5
谷物及其制品	HS10,HS11,HS19	5.0	16.5	15.4	22.5	15.7	13.3	17.5	16.8	3.1
畜产品	HS02,HS04,HS16	29.8	23.2	25.6	30.5	20.8	21.3	31.4	25.5	4.3
蔬果类	HS07,HS08,HS20	53.2	87.8	75.1	89.7	75.8	64.6	92.2	80.9	9.8
糖与可可类	HS17,HS18	26.0	22.8	20.0	21.0	20.0	20.0	22.2	21.0	1.2
杂项食品	HS21,HS22,HS24	44.1	42.7	48.8	51.8	44.8	41.3	52.6	47.0	4.0
其他动植物及其产品	HS01,HS05,HS06,HS09,HS12 - 15,HS23,HS 其他	58.2	84.4	84.5	90.1	84.8	75.0	86.5	84.2	5.5

注:6 国平均及标准差不包括墨西哥数据。
资料来源:经笔者计算整理。

剔除墨西哥后的 6 国平均来看，坚决不开放的是谷物及其制品，开放度仅为 16.8%；基本不开放的是糖与可可类（21%）和畜产品（25.5%）；部分开放的是水产品和杂项食品，开放度为 45% 左右；基本开放的是其他动植物及其产品（84.2%）和蔬果类（80.9%）。考察这些数据时应注意的是，如前所述，即使开放度相同，由于开放形式上有所差别，所享受的关税待遇有所不同。

6 国七大类农产品开放度平均值的标准差都较小，说明 6 个 EPA 基本上是相似的。只是日墨 EPA 偏离平均值较大，水产品和畜产品开放度较高，而谷物及其制品和果蔬类低很多。这应是日本对其第一个农产品 EPA 的谨慎及经验不足导致的结果。

就具体产品而言，7 个 EPA 中都列为例外处理的有米麦及其制品、乳制品、淀粉、配额水产品等，看得出这些产品是日本最敏感的产品；牛肉、猪肉、鸡肉、糖及制品、菠萝（包括罐头）、三合板、鲣鱼、金枪鱼等也基本上列为例外处理或被关税配额所控制；立即废除关税的有龙须菜、热带水果、虾及其制品等与日本国内生产没有冲突的产品。

六、结论及启示

根据上述分析，可以得出如下结论。

第一，日本选择 EPA 的对象国都是与其农产品贸易比重低且是发展中的国家。这样既能从源头上减少对国内农业的冲击，同时可以利用其雄厚的工业技术优势以向对象国进行投资为代价，争取较小幅度的农产品减让。

第二，已生效的 EPA 中农产品开放度远不如工业品。依据产品种类数的开放度来看，7 个 EPA 的平均开放度工业品为 97.6%，而农产品只有 53.6%。

第三，不同的农产品开放度有很大差别。谷物及其制品、糖与可可、畜产品类产品中 80% 以上采取例外处理或再协商的形式，开放度最低。而蔬果类和除肉蛋以外的其他动植物及其产品开放度较高，有些产品达 100%。水产品和杂项食品开放度为 45% 左右居中。

第四，就具体产品而言，米麦及其制品、乳制品、淀粉、配额水产品等敏感产品在 7 个 EPA 中都被列为例外处理。牛肉、猪肉、鸡肉、糖及制品、菠萝（包括罐头）、三合板、鲣鱼、金枪鱼等也基本上列为例外产品或关税配额产品。龙须菜、热带水果、虾及其制品等与日本国内生产没有冲突的产品都实行立即废除关税。

综上所述，日本在已生效的 EPA 中农产品的开放度不仅明显比工业品低，而且对其敏感产品几乎都采用了例外处理的形式，日本在推进 EPA 中农产品的开放还是比较保守和谨慎。

中日两国作为东亚两个经济大国，引领东亚 FTA 中起重要作用。然而，两国因农产品开放等问题还未有任何实质性进展。从上述分析可知，日本已签署的 EPA 对农产品开放属于中等程度，估计与中国等国家的 EPA 也不会做出很多的让步，除非正在协商中的日澳的 EPA 及 TPP 中有大幅度的开放。

第三节　中韩日各国已签署 FTA 之农产品贸易规则比较

一、引言

上两节对韩日两国已签署的 FTA 农产品贸易规则分别做了较为明晰的分析。本节通过对中韩日三国签署的 FTA 农产品贸易规则进行比较，进一步做深入探析。

本节从中韩日三国已签署的诸多 FTA 中，选取 6 个具有一定代表性的协议——中国—新西兰 FTA（中新 FTA，中国首次与发达农业强国签署的协定）、韩国—美国 FTA（韩美 FTA，韩国签署的 FTA 中农产品开放程度最高的协议）、日本—瑞士 FTA（日瑞 FTA，日本与发达国家签署的首个 FTA）、中韩日三国分别与智利签署的 FTA（以下简称为中智 FTA、韩智 FTA、日智 FTA），对这些 FTA 中农产品降税模式和幅度及保障措施进行对比分析，以期对中韩自贸区及中韩日自贸区农产品谈判有所启示。

二、三国农产品降税模式与幅度比较

中新、中智 FTA 中，中方农产品关税减让的形式有立即取消关税、协议生效后分 N 年取消关税（N = 4，5，8，9，11，表示第 N + 1 年实行零关税）、关税配额及例外处理（不参与降税）。韩美 FTA 中，韩国农产品降税模式包括立即取消关税、分 N 年均等或非均等地取消关税（N = 1，2，4，5，6，8，9，11，14，15，16，17，19）、（同一种产品）分离 HS 税号（区别对待）、特定日期取消关税、季节关税、关税配额、再协商（维持现行税率）、例外处理等。日瑞、日智 FTA 中，日本农产品关税减让的形式有立即取消关税、分 N 年取消关税（N = 3，5，7，10，15，16）、分阶段降低关税（但不废除）、关税配额、再协商和例外处理。

为便于比较分析，笔者将上述复杂多样的减让模式划分为立即取消关税、短期内取消关税（1 – 5 年）、中期内取消关税（6 – 10 年）、长期内取消关税（10 年以上）、降低关税、关税配额、再协商及例外处理等类型，对各个 FTA 进行了整理（表 4 – 7）。

表 4 – 7　　　中韩日各国已签署的 FTA 中农工产品整体的关税减让模式与幅度

（单位:%）

国家	自贸协议	产品	立即取消	短期取消	中期取消	长期取消	关税降低	关税配额	再协商	例外处理	自由化率
中国	中新 FTA	农产品	15.0	77.4	2.8	0.3	–	0.5	–	4.1	95.9
		工业品	26.0	71.3	0.1	0.0	–	0.0	–	2.5	97.4
		整体产品	24.1	72.4	0.5	0.1	–	0.1	–	2.8	97.2
	中智 FTA	农产品	19.3	46.6	29.3	–	–	–	–	4.7	95.3
		工业品	40.7	37.1	19.8	–	–	–	–	2.5	97.5
		总产品	37.2	38.7	21.3	–	–	–	–	2.8	97.2
韩国	韩美 FTA	农产品	34.5	26.1	28.4	9.2	–	0.8	–	0.9	99.1
		工业品	90.5	8.0	0.0	1.5	–	0.0	–	0.0	100.0
		整体产品	80.0	11.4	6.5	1.7	–	0.2	–	0.2	99.8
	韩智 FTA	农产品	27.0	34.0	14.9	0.6	–	1.3	21.0	1.0	77.8
		工业品	98.9	0.8	0.3	0.0	–	0.0	0.0	0.0	100.0
		整体产品	87.0	6.3	2.7	0.1	–	0.2	3.0	0.2	96.3
日本	日瑞 EPA	农产品	31.1	20.2		0.8	0.4	47.4		52.6
		工业品	94.4	3.0		0.3	0.0	2.3		97.7
		整体产品	77.8	7.6		0.5	0.1	14.0		86.0
	日智 EPA	农产品	33.1	19.1		0.2	1.1	11.6	34.9	53.5
		工业品	92.3	3.4		1.9	0.1	0.1	2.3	97.7
		整体产品	78.6	7.0		1.5	0.4	2.7	9.8	87.5

注:自由化率为再协商和例外处理以外各形式的合计。

资料来源:根据各自协议的关税减让表计算整理得出。

中新 FTA 中，中方涉及的农产品共有 1265 个 HS8 位税号，其中 FTA 生效当年立即取消关税（包括签署 FTA 之前原本零关税的产品，下文同）的占 15%，短期内取消关税的占 77.4%，中长期取消关税的占 3.1%。这说明中新 FTA 生效第 6 年起将有 92.4% 的农产品实行零关税，而长期内（具体为第 12 年起）将有 95.4% 的农产品实现零关税。其余的 0.5% 的农产品受限于关税配额（仅在配额范围内可以享受优惠关税待遇），而 4.1% 的产品被列入例外产品清单，完全排除在自由化进程的规划之外。

从产品属性来看，中国短期内全部取消关税的产品是中国具有一定竞争力的劳动密集型产品①。中长期内取消关税的主要产品是液态奶、黄油、奶酪、奶粉等奶制品。其原因在于新西兰是世界乳制品的主要出口国，占世界出口总量的 31%，而目前中国对进口奶粉征收 10% 的关税，对黄油、奶酪和酸奶制品征收 15% 的关税，过快的开放有可能对中国相关产业的发展产生不利影响。列入例外产品清单的是玉米、小麦、大米等土地密集型产品及其制粉品、大豆油等部分食用油、食糖等中国不具有比较优势、但关系到国计民生的 52 个 HS8 位税号大宗产品。引人注意的是，中国的例外产品目录是非对称型的，因为新西兰方面没有设置例外处理模式。

与中新 FTA 相比，中智 FTA 中农产品短期取消关税的比重低 30.8 个百分点，而中期取消关税的比重高出 26.2 个百分点，例外产品比重也略高一些，可以说减让程度上不如中新 FTA②。其原因在于：新西兰是农业竞争力较高的发达国家，关税水平原本较低，中国只有扩大农产品的减让幅度，才能争取更多的有利于中国产品出口新西兰的环境。而智利是发展中国家，第二、三产业竞争力较差，本身希望整体产业适度开放，所以相应的中国农产品减让幅度较小。

无论是中新 FTA 还是中智 FTA，工业品立即取消关税的比重比农产品高出一倍，而例外处理产品比重只有农产品的一半。可以看出，中国农产品的开放程度是逊于工业品的，但这种差距比后述的韩日相比并不明显。

韩美 FTA 中，韩方涉及的农产品共有 1813 个 HS10 位税号，其中立即取消关税的占 34.5%，短期取消关税的占 26.1%，中长期取消关税的占 37.6%，关税配额和例外处理的各占 0.8% 和 0.9%。与中新 FTA 相比，韩国立即取消关税和中长

---

① 中国—东盟 FTA、中国—巴基斯坦 FTA、中国—台湾 FTA（ECFA）都导入了早期收获计划（Early Harvest Program）。所谓的早期收获计划是对成员各方共同感兴趣、互补性强的农副产品提前进行降税、先行开放市场的措施，目的是使双方企业及早从自由贸易协定中受益，进而增强双方政府推进自由贸易协定谈判的信心。早期收获计划所涵盖的产品是 HS 第 1 章到第 8 章的产品，主要类别是活动物、肉及可食用杂碎、鱼、乳品、蛋、蔬菜水果类。这些农副产品属于劳动密集型产品，中国在国际市场上还具有一定的比较优势，所以早期收获计划并不会对中国农产品带来较大冲击。

② 中国—智利 FTA 中，立即取消关税的农产品为 239 个 HS8 位税号，占农产品总数的 19%。2 年和 5 年取消关税的农产品各占 23%，主要产品有中国竞争力较高的蔬菜类。10 年取消关税的农产品占 29%。主要产品有智利竞争力较高的葡萄、苹果、混合果汁、调制奶粉、橄榄油等。同时为保护中国农产品加工产业，不少加工农产品都被设置为 10 年取消关税。例外处理的农产品共有 58 个，占农产品总数的约 5%，主要是大米、小麦、麦粉、玉米等谷物类和动植物性油脂类以及未梳的羊毛及棉花。

期取消关税的比重较大，但例外处理的比重较少，总体上可以认为韩美 FTA 中韩国农产品的开放幅度也较大。

韩国短期取消关税的产品大多是在韩国农业生产中所占比重较小或已大部分依赖进口的产品。而长期取消关税的产品是在韩国农业生产中所占比重较大或对某特定区域具有重大影响力的产品，比如牛肉、猪肉及鸡肉等肉类产品、脱脂奶粉等奶制品、辣椒等蔬菜、花生等含油籽仁、苹果和梨等。例外处理产品共有 16 个 HS10 位税号产品，全部是韩国视为其农业生产根基的大米及其制品。

尽管韩国农产品的开放程度较高，但比其工业品却逊色许多。工业品中 90.5% 的产品立即取消关税，只有 1.5% 的产品长期内取消关税，且没有例外产品清单。可见，韩国对农产品的开放与其工业品相比还是相当的谨慎，这一点上还是与中国存在较大的差别。

韩智 FTA 将 22% 的农产品列为再协商和例外处理产品清单上，比韩美 FTA 保守很多。其原因除上述的发达国家与发展中国家的区别以外，还与智利是韩国的第一个 FTA 签署国有关。韩智 FTA 之前，韩国对自贸区没有任何经验，所以不敢贸然做出较大的让步。

日本的农产品关税减让与中韩相比有一个显著的特征，就是再协商和例外处理的比重很高。日瑞 FTA 中，日方涉及的农产品共有 2453 个 HS9 位税号，其中立即取消关税的占 31.1%，分阶段取消关税的占 20.2%，降低关税和关税配额的合计占 1.2%，而其余 47.4% 都被列为例外处理，即纳入到自由化进程规划内的产品仅占 52.6%。

从产品属性来看，立即取消关税的大多是与日本国内生产没有冲突的产品，比如热带水果、虾及其制品等。分阶段取消关税的主要有金枪鱼制品、洋葱、黄瓜、桃、苹果、蛋黄酱、调味汁、橙及橙汁等。降低关税的有西红柿调料、大豆油等。被关税配额所控制的有鸡肉、香蕉、菠萝、淀粉衍生物、猪肉制品等。再协商或例外处理的产品包括米麦及其制品、乳制品、牛肉、猪肉、食糖、淀粉、配额水产品等。

日瑞 FTA 中，工业品的开放与农产品形成鲜明的对比。工业品中立即取消关税的占 94.4%，而再协商和例外处理的仅为 2.3%。农工产品开放力度的极度不对称性上，日韩是一脉相承的。

日智 FTA 的农产品关税减让模式与幅度与日瑞 FTA 基本一致。这说明，与中韩不同，日本不因对象国不同而采用不同的降税模式。其实，这也不难理解。因为虽然瑞士是发达国家，但也是对农业高度保护的国家，所以日瑞、日智 FTA 中的农产品降税模式和幅度不会有大变化。

三、三国农产品贸易保障措施比较

作为国际贸易救济措施的一种形式——保障措施可分为 WTO 框架下的一般保障措施（SG：Safeguard）和农产品特殊保障措施（SSG：Special Safeguard）以及自贸区框架下的保障措施等三种。该三种保障措施在实施的主体、对象、条件、方式、期限及补偿方式上都有所不同，简要地解释如下。

SG 对 WTO 成员不分国别，实施的产品范围也无任何限制。SSG 的适用对象只限于根据 WTO 农业协议已经转换为关税化措施并在减让表中以 "SSG" 符号标明的产品。启动 SG 必须提出相关产业受害的证明，但 SSG 无需提供国内产业的受害证明，只要进口增加到触发水平即可自动启动。自贸区内部的保障措施仅在区域内成员国相互之间启用，适用的产品范围是所有货物。

中国在初期签署的与智利、东盟等国的 FTA 中对农产品保障措施只做了一般性规定，即允许区域内成员国可采取 SG（但必须是 WTO 成员）和 SSG（仅有几个国家拥有该权利）以及自贸区内部保障措施①。但在中新 FTA 中，除上述保障措施外，中国对来自新西兰的奶油、黄油等 11 个 HS8 位税号产品还设置了农产品特殊保障措施（ASG：Agriculture Safeguard）（表 4 - 8）。

该 ASG 与上述的 SSG 不同，属于中新 FTA 框架下的农产品紧急限制进口措施。设置 ASG 的背景是中国没有实施 SSG 的权利而新西兰奶制品竞争力强大，中国担心降低关税会对中国相关产业造成不利影响。启动 ASG 的条件与 SSG 相似，只要上述 11 种产品超过协议规定的该日历年的触发水平，中方无需提供国内产业的受害证明，便可征收附加关税②。

不仅如此，中新 FTA 中，中国对分 12 年取消关税的奶粉和奶油规定了中期审议机制，即 2013 年中国评估 6 年来（2008 - 2013 年）关税减让的影响后再规定 2014 年之后的减让幅度。如认定实施关税减让造成的进口增长总体上对中国奶业

---

① 能够实施 SSG 的只有中国—东盟自贸区成员中的印尼、马来西亚、菲律宾、泰国。

② 附加关税与任何其他适用于该产品的关税之和不应超过该特殊保障措施实施之日实施的最惠国适用税率或基准税率，以较低者为准。

造成了负面影响，则 HS04021000、HS04022100、HS04022900 及 HS04029100 等产品后续年份的关税减让表及 ASG 触发水平应适用新的规定（表 4-8）。

表 4-8　　中国—新西兰 FTA 中的 ASG 产品和中期审议产品预设的税率及触发数量

（单位：吨）

类别	税号及产品描述	生效时	2009	2010	2011	2012	2013	2014	2015	2016	2017	2018	2019	2020	2021	2022	2023
一	04012000 脂肪含量>1%但≤6%未浓缩及未加糖的乳及奶油 04130000 脂肪含量>6%未浓缩及加糖的乳及奶油	1300	1365	1433	1505	1580	1659	1742	1829	1921	2017	2118	2223	2335	2451	-	-
二	04021000 脂肪含量≤1.5%固状乳及奶油 04022100 脂肪含量>1.5%未加糖固状乳及奶油	95000	99750	104738	109974	115473	121247	127309	133675	140358	147376	154745	162482	170606	179137	188094	197498
	04029100 浓缩但未加糖的非固状乳及奶油						(5%)	(5%)	(4.2%)	(3.3%)	(2.5%)	(1.7%)	(0.8%)	(0%)			
	04029100 浓缩但未加糖的非固状乳及奶油						121247	121247	127309	133675	140358	147376	154745	162482	170606	179137	188094
三	04051000 黄油 04059000 其他从乳中提取的脂和油	9400	9870	10364	10882	11426	11997	12597	13227	13888	14582	15312	16077	16881	17725	-	-
四	04061000 鲜乳酪（未熟化或未固化的） 04063000 经加工的乳酪，但磨碎或粉化的除外 04069000 其他乳酪	3600	3780	3969	4167	4376	4595	4824	5066	5319	5585	5864	6157	6465	6788	-	-

注：括号内为中期审议后认为对中国造成负面影响时预设的税率及触发水平。

资料来源：中国—新西兰自贸协定。

韩国在韩美 FTA 中除一般性保障措施外，还设置了自贸区内部的 ASG。其实，韩国拥有实施 SSG 的权利，但韩国在韩美 FTA 中放弃了该权利，只采用双边 FTA

的 ASG。因为韩国担心当 SSG 的适用对象品和 ASG 的适用对象品不一致时，有可能因进口增加对韩国国内产业造成冲击。

如表 4-9 所示，韩美 FTA 的 ASG 适用于牛肉、猪肉等 75 个 HS10 位税号产品。在 ASG 的运用上，韩国还有一个特殊的规定，对苹果、辣椒、大蒜、洋葱、人参等产品取消关税以后 ASG 仍然继续实施一定期间。

表 4-9　　　　　　　　　　**韩美 FTA 中韩国实施 ASG 的产品及其期限**

（单位：个，年）

产品	数量 （HS10 位税号）	适用期限	产品	数量 （HS10 位税号）	适用期限
牛肉	6	15	芥麦	2	15
猪肉	2	10	其他加工谷物	5	15
大蒜	4	18	种用马铃薯	2	10
洋葱	2	18	玉米淀粉	1	15
辣椒	5	18	马铃薯淀粉	1	15
绿豆	2	15	木薯淀粉	1	15
马铃薯	4	10	甘薯淀粉	1	15
其他根茎等	1	10	其他淀粉	1	15
苹果	1	23	花生	2	18
绿茶	2	18	芝麻	1	18
生姜	1	18	芝麻油	1	18
啤酒麦	2	15	人参	16	20

资料来源：韩美自贸协定。

日本 FTA 中的保障措施是广泛适用于所有承诺取消关税或降低关税的产品，并没有专门针对农产品的保障措施。原因可能是按日本承诺的减让表根本不会出现进口激增使国内产业遭受重大损失的情况或对象国不是值得担忧的农业大国。

四、简要结论及启示

综合上述分析，笔者认为中韩日三国已签署的 FTA 农产品贸易规则有三个共同点。

第一，三国都根据不同产品对其国家的重要性及 FTA 对象国的出口供给能力等因素，规定不同的减让模式和保障措施。三国都将高度敏感产品列为例外产品清单，不采取任何关税减让等措施；对较敏感产品则采取中长期内废除或关税配额的形式，并设定农产品特殊保障措施；对一般产品短期取消关税，而与本国生产不冲突或本国产品竞争力较强的产品则立即取消关税。

第二，中韩两国的农产品降税模式和幅度"因国而异"，即若 FTA 对方国是发达国家，降税模式繁多且带有保障措施但减让幅度较大，而若对方是发展中国家，降税模式简约但减让幅度较小。至于日本，因日本至今为止签署的 FTA 对象国中唯一的发达国家是瑞士，但瑞士也是对农业开放不够积极的国家，所以日瑞FTA 农产品降税模式和幅度上与发展中国家签署的 FTA 相差无几。今后会不会有所突破，只能继续关注日本加入 TPP 时的承诺了。

第三，韩日两国的农产品降税幅度明显不如其工业品，反映了两国农工产品竞争力的严重不对等性。中国农产品降税幅度虽然也不及工业品，但其反差并不大。

当然，中韩日三国的 FTA 农产品贸易规则区别也很大。总体而言，中国采取"短期取消关税 + 适度保护"的原则，降税模式简单，大部分产品短期内取消关税，减让幅度最大。韩国采取"中长期取消关税 + 适度保护"的策略，关税减让模式繁杂，中长期内取消关税的比重较大，减让幅度居中。而日本采用"适度取消关税 + 高度保护"的方法，仅对不足 6 成的农产品承诺取消关税，其余的产品均采用例外处理或再协商的形式，三国中最为保守和谨慎。

敏感产品清单是谈判的重中之重。从各国已签署的 FTA 来看，中国的高度敏感产品是粮油糖等部分土地密集型的大宗产品，较敏感产品是部分乳制品和羊毛。对韩国而言，大米及其制品是高度敏感产品，较敏感产品是肉类、奶制品、蔬果类中的主要农产品。对日本而言，高度敏感产品包括米麦制品、乳制品、肉类品、食糖等。由于日本把近半数的农产品归为高度敏感产品，所以较敏感产品就显得不怎么敏感了。

从上述结论来看，就农产品开放问题而言，中韩 FTA 谈判比中韩日 FTA 谈判将顺利很多。但这只是相对而言，中韩 FTA 农产品谈判也必将是一场艰苦的攻坚战。韩国农业竞争力目前很难与中国相抗衡，估计 FTA 谈判中会拿出降税模式繁杂、设置 ASG 和中期审查机制等的开放方案，与中国讨价还价。

第五章　韩日已签署的 FTA 对中国农产品
出口韩日的影响

2007 年 6 月，韩国—东盟 FTA 正式生效，韩国与部分东盟成员国之间降税进程正式启动。2007 年 4 月，韩美两国签署了韩美 FTA（后经重新谈判后修正）。2008 年 12 月，日本—东盟 EPA 正式生效。

本章的研究焦点是，上述 FTA 是否对中国农产品出口韩国和日本产生不利影响？因为对韩国和日本而言，中国和东盟及美国都是重要的农产品进口来源国，韩日与这些国家的 FTA 很有可能对中国农产品出口韩日造成贸易转移效应。对中国而言，日韩是重要的农产品出口市场，探究这些 FTA 对中国的影响具有很强的现实意义。

本章的研究思路如下：

首先，采用 SPEARMAN 相关系数和产品相似性指数考察中国与东盟、美国农产品对韩日出口的相似性，并利用国别比较优势（Comparative Advantage by Country，CAC）指数，分析在韩日市场上的竞争程度。

SPEARMAN 相关系数是根据等级资料研究两个变量间相关关系的方法。它是依据两列成对等级的各对等级数之差来进行计算的，所以又称为"等级差数法"。

其公式为：

$$r_s = 1 - \frac{6 \sum D^2}{N \ (N^2 - 1)} \tag{1}$$

（1）式中，r_s 为 SPEARMAN 等级相关系数，D 为两个等级的差值，N 为样本含量。SPEARMAN 等级相关系数越大，表明两组变量相似性越强。

产品相似性指数的计算公式为：

$$Sp\ (ij,\ W)\ =\ \left[\ \sum_1 Min\ (X_{iw}^1/X_{iw})\ \cdot\ (X_{jw}^1/X_{jw})\right]\ \times 100 \qquad (2)$$

（2）式中，$Sp\ (ij,\ W)$ 表示 i 国（中国）和 j 国（东盟或美国）出口到市场 W（韩国或日本）的产品相似性指数，X 表示出口，l 表示产品，(X_{iw}^l/X_{iw}) 代表 i 国出口到 W 市场的 l 种商品所占份额，(X_{jw}^l/X_{jw}) 代表 j 国出口到 W 市场的产品中 l 种商品所占份额。指数的变动范围在 0 到 100 之间，其值越大表明两国对 W 市场出口商品的结构越相似。

CAC 指数的计算公式为：

$$CAC_k = (M_{ik}/M_i)\ /\ (M_{wk}/M_w) \qquad (3)$$

（3）式中，M_{ik} 表示某进口国（韩国或日本）从 i 国家（中国、东盟或美国）K 商品的进口额，M_i 表示从 i 国家的总进口额，M_{wk} 表示从世界 K 商品的总进口额，M_w 表示从世界的总进口额。本章以农产品进口总额表示总进口额。CAC 大于 1，表明该进口来源国的该类商品在进口国市场具有竞争力，并且指数越大，优势越显著。

其次，考察上述各 FTA 中农产品降税模式与幅度，具体分析与中国存在竞争关系的农产品的开放程度，从整体上粗略地考察和估计对中国农产品出口的影响范围和速度。

再次，选取每个 FTA 生效或签署的年份（2007 年或 2008 年）中国对韩日出口金额前 100 位的农产品，考察这些农产品在 FTA 生效前后与出口竞争国产品的竞争力的变化，以此估算对中国的影响。

最后，总结分析结果。

第一节　韩国—东盟 FTA 对中国农产品出口韩国的影响分析

一、问题的提出

2006 年 8 月 24 日，韩国与东盟共同签署了《韩国—东盟全面经济合作框架协议之货物贸易协议》（韩国—东盟 FTA）。2007 年 6 月 1 日，韩国与部分东盟成员国之间降税进程正式启动①。关于韩国—东盟 FTA 的有关内容已有较多的文章论

---

① 与菲律宾、文莱、泰国的《货物贸易协议》分别于 2008 年 1 月、2008 年 7 月、2009 年 2 月正式生效。

述过。如乔刚从韩国方面就韩国—东盟 FTA 提出的背景、意义及前景进行了探析[1]；蓝昕从双方经贸关系的视角分析了韩国—东盟 FTA 的背景、构想及其影响[2]；而杨琴就韩国—东盟 FTA 的主要内容、与中国—东盟 FTA 的异同做了详细的解析[3]。

本节就韩国—东盟 FTA 生效以后是否会对中国农产品出口韩国造成贸易转移的问题作一分析。据韩国农水产品流通公社（准政府机构）的贸易统计显示，该 FTA 生效的近几年（2005－2008 年的平均）韩国农产品的进口中，虽然东盟单个成员国的比重均在 3% 以下，但东盟十国的合计达到了 15.2%，仅次于美国（34.0%）和中国（21.3%），与澳大利亚（10.5%）和新西兰（4.3%）的合计基本持平，可见中国和东盟都是韩国农产品的主要进口来源之一[4]。由于中国南方与东盟地理位置相近、气候条件相似，所以很有可能在农产品的对韩国出口上具有较高的相似性，进而展开激烈的竞争，而韩国—东盟 FTA 生效以后东盟各国农产品极有可能因享受 FTA 特惠税率而替代中国农产品。

关于中国与东盟农产品的竞争关系，孙笑丹、荣静和杨川、吕玲丽等采用出口相似性指数、贸易相对竞争指数等方法进行过实证分析，一致认为中国与东盟主要农业国的农产品对世界出口的相似性和竞争性都较高[5]。但就中国与东盟农产品对韩国出口的相似性与竞争关系、韩国—东盟 FTA 对中国农产品出口韩国的影响等问题的研究，目前还没有检索到。韩国是中国农产品的第三大出口市场，占农产品出口总额的 10%[6]（2007 年），因此深入研究上述问题，对中国农产品出口战略的调整具有重要的现实意义。

需要说明的是，为测算的方便，本节将农产品的范畴界定为 HS01－24 章的全部产品。另外，因韩国—东盟 FTA 于 2007 年正式生效，所以本节以 2007 年为止的数据考察该 FTA 生效前的情况。

---

① 乔刚. 明智的选择——试析韩国—东盟自由贸易区的建立. 东南亚研究, 2005(5).

② 蓝昕. 韩国—东盟经贸关系及建立自由贸易区的构想. 亚非纵横, 2005(2).

③ 杨琴. 韩国—东盟自由贸易区的建立及发展. 东南亚, 2007(2).

④ 根据韩国农水产品流通公社《农水产品贸易情报》(http://www.kati.net)计算整理得出.

⑤ 孙笑丹. 韩国—东盟国家农产品出口结构比较. 中国农村经济, 2003(7); 荣静, 杨川. 中国与东盟农产品贸易竞争和贸易互补实证分析. 国际贸易问题, 2006(8); 吕玲丽. 中国与东盟农产品出口相似性分析. 世界经济研究, 2006(1).

⑥ 根据中国农业部:《2007 年我国农产品进出口情况》(中国农业信息网页 http://www.agri.gov.cn/xxfb/t20080204_968293.htm)计算得出.

二、中国与东盟农产品对韩国出口的概况及相似性与竞争程度

2007年中国农产品对韩出口总额达36.25亿美元，比2002年的20.72亿美元增加了75%，期间虽然稍有波动，但总体上处于不断上升的趋势。同年，东盟十国农产品对韩出口总额为15.82亿美元，比2002年的8.3亿美元增加了91%。虽然东盟的增长速度高于中国，但贸易金额仅为中国的44%（表5-1）。

表5-1　　　　　　　中国与东盟农产品对韩出口额的推移

（单位：百万美元）

国家		2002	2003	2004	2005	2006	2007
中国		2072	2528	2126	2822	2737	3625
东盟	合计	829	979	1110	1161	1283	1582
	马来西亚	111	127	167	162	166	238
	印度尼西亚	117	129	145	146	168	239
	泰国	235	291	320	273	282	328
	菲律宾	161	199	218	298	317	351
	越南	158	184	207	226	293	369

资料来源：根据韩国贸易协会《韩国贸易统计》（http://www.kita.net）计算整理。

东盟十国中，马来西亚、印尼、泰国、菲律宾及越南等5国是主要农产品出口国，该五国的出口额合计占东盟整体农产品对韩出口额的95%左右。东盟五国中，2004年为止泰国独占鳌头，遥遥领先于其他四国，但近几年来菲律宾和越南的农产品出口增长迅速，已超过泰国占据前两位。与该三国相比，马来西亚和印尼的出口额低很多，排在第四和第五的位置[①]。

各国对韩出口的商品结构如表5-2。以2007年为例，中国出口比重最大的是HS03（水产品）和HS10（谷物类，主要是玉米），该两类各占出口总额的26%。其余比重较大的是HS08（食用蔬菜）、HS20（果蔬类的制品）、HS12（含油子仁等）及HS23（食品工业残渣）等，各占8%、7%、6%及6%。

东盟农产品对韩出口中，比重最大的也是HS03（水产品），占农产品出口总

———————————

① 需要解释的是，马来西亚和印尼对韩出口的产品中胶合板（HS44章）等林产品占很大比重。所以，如果将农产品范畴扩大为林产品，对韩农产品出口的两大国就会变成马来西亚和印尼。

额的 26% 。其次为 HS08（水果类，主要是香蕉和菠萝等热带水果）、HS15（植物性油脂，主要是棕榈油）及 HS23（食品工业残渣，主要是椰子油渣饼）等，各占 15% 、14% 及 11% 。

表 5–2　　　　　　　　中国与东盟农产品对韩出口的结构及相似性

项目	2002		2003		2004		2005		2006		2007	
	中国	东盟	中国	东盟	中国	东盟	中国	东盟	中国	东盟	中国	东盟
出口前十位产品	HS10	HS03	HS10	HS03	HS03	HS03	HS10	HS03	HS03	HS03	HS03	HS03
	HS03	HS15	HS03	HS15	HS10	HS15	HS03	HS15	HS10	HS08	HS10	HS08
	HS12	HS08	HS07	HS08	HS007	HS23	HS07	HS23	HS007	HS15	HS07	HS15
	HS07	HS23	HS12	HS23	HS12	HS08	HS20	HS08	HS20	HS23	HS20	HS23
	HS23	HS17	HS23	HS17	HS20	HS10	HS12	HS10	HS12	HS16	HS12	HS16
	HS21	HS16	HS20	HS16	HS23	HS17	HS16	HS17	HS16	HS17	HS23	HS17
	HS20	HS02	HS21	HS02	HS16	HS16	HS23	HS16	HS23	HS09	HS16	HS09
	HS19	HS20	HS19	HS20	HS21	HS07	HS21	HS07	HS21	HS20	HS19	HS20
	HS16	HS09	HS16	HS09	HS19	HS09	HS19	HS20	HS19	HS07	HS21	HS07
	HS05	HS07	HS22	HS07	HS09	HS09	HS09	HS09	HS22	HS19	HS11	HS19
SPERAMAN 相关系数	0.337		0.421***		0.691***		0.637***		0.571***		0.555***	
相似性指数	45.4		44.4		59.5		52.7		55.9		54.4	
东盟 5 国的出口结构(2007 年)	越南:HS03(60%)、HS09(18%)、HS16(13%)　　泰国:HS03(35%)、HS17(15%)、HS16(13%)、HS07(9%)　　菲律宾:HS08(64%)、HS23(11%)、HS20(8%)　　印度尼西亚:HS23(37%)、HS15(22%)、HS03(16%)　　马来西亚:HS15(66%)、HS23(13%)											

注:SPEARMAN 相关系数根据 SPSS 软件计算得出，***、** 分别表示 1% 、5% 水平下显著。

资料来源:根据韩国贸易协会《韩国贸易统计》(http://www.kita.net)计算整理。

从东盟各成员国情况来看，各国对韩出口不尽相同，各有侧重点。越南的水产品、菲律宾的热带水果、马来西亚的植物性油脂在各国的出口中占 60% 以上。泰国和印尼的出口结构分布虽然比上述三国均匀，但泰国的水产品和印尼的食品工业残渣均占各自出口额的 35% 左右，明显高于其他产品。

从上述分析可以看出，除水产品以外，中国对韩出口以玉米等谷物类和蔬菜类为主，而东盟以热带产品为主，双方对韩出口的主力产品存在较大的差别。但并不能据此判断双方的出口相似性低。因为中国横跨寒带、温带及热带三大区域，中国南方的农产品虽然在中国农产品整体对韩出口中所占的比重不大，但也具有一定的规模，而这些产品与东盟出口的农产品相似的可能性很大。从表 5 - 2 列出的双方出口前十位的农产品的对比中就可以看出，2004 年以后一直有 5 - 6 类产品是相同的。中国与东盟 24 类农产品（HS01 至 HS24）对韩出口的 SPEARMAN 相关系数均大于或接近 0.6，表明中国与东盟农产品对韩国出口结构较相近。双方出口的产品相似性指数 2004 年以后一直都在 50 以上，进一步表明中国与东盟农产品对韩国出口具有较高的相似性。

相似性高，意味着竞争将不可避免。表 5 - 3 是中国与东盟 24 类农产品在韩国市场上的 CAC 指数对比表。为便于分析，笔者根据 6 年的平均数，将其分成了 4 个类型。

表 5 - 3　　　　中国与东盟各类农产品在韩国市场上的 CAC 指数对比

类型	HS 编码	中国							东盟						
		2002 年	2003 年	2004 年	2005 年	2006 年	2007 年	平均	2002 年	2003 年	2004 年	2005 年	2006 年	2007 年	平均
I	HS03	1.9	1.6	2.2	1.7	1.9	1.6	1.8	1.4	1.4	1.4	1.5	1.5	1.6	1.5
	HS06	0.6	0.6	1.2	1.1	1.6	1.4	1.1	2.1	2.0	2.0	2.2	1.5	1.1	1.8
	HS07	3.3	2.9	3.3	3.1	3.9	3.4	3.3	1.6	1.4	1.9	1.6	1.2	1.5	1.5
	HS16	0.7	0.8	1.8	1.6	1.8	1.6	1.4	4.0	3.3	2.6	2.3	2.6	2.7	2.9
	HS19	1.6	1.4	1.9	1.6	1.9	1.8	1.7	0.8	0.9	0.9	1.2	1.2	0.9	1.0
	HS20	0.9	0.9	1.6	1.6	2.1	2.0	1.5	1.4	1.5	1.3	1.2	1.0	1.0	1.2
II	HS09	0.8	0.8	1.4	0.7	0.6	0.5	0.8	3.5	3.4	2.6	2.7	3.3	3.2	3.1
	HS14	1.1	1.2	1.2	0.5	0.7	0.6	0.9	0.5	0.4	0.4	0.6	0.5	1.0	0.6
III	HS02	0.0	0.0	0.0	0.0	0.0	0.0	0.0	0.4	0.0	0.1	0.0	0.0	0.0	0.1
	HS04	0.1	0.0	0.0	0.0	0.0	0.0	0.0	0.0	0.0	0.0	0.0	0.0	0.0	0.0
IV	HS01	1.2	0.8	0.5	0.4	0.3	0.5	0.6	0.7	0.6	0.4	0.3	0.2	0.3	0.4
	HS05	1.0	0.8	1.4	0.9	1.1	0.9	1.0	0.3	0.3	0.3	0.2	0.2	0.1	0.2
	HS08	0.3	0.3	0.4	0.2	0.3	0.3	0.3	4.0	3.4	2.9	3.4	3.6	3.6	3.5
	HS10	2.1	2.4	0.8	1.9	1.0	1.5	1.6	0.0	0.0	0.3	0.0	0.1	0.0	0.1
	HS11	0.9	0.8	1.0	0.9	1.5	1.5	1.1	0.5	0.4	0.3	0.4	0.7	1.0	0.5

续表

类型	HS 编码	中国							东盟						
		2002年	2003年	2004年	2005年	2006年	2007年	平均	2002年	2003年	2004年	2005年	2006年	2007年	平均
Ⅳ	HS12	0.8	0.7	0.7	0.8	1.0	1.1	0.9	0.2	0.2	0.2	0.2	0.2	0.1	0.2
	HS13	0.4	0.6	0.7	0.6	0.8	0.7	0.6	0.1	0.1	0.1	0.1	0.1	0.1	0.1
	HS15	0.1	0.1	0.1	0.2	0.1	0.1	0.1	4.1	4.0	3.2	2.8	2.7	2.8	3.3
	HS17	0.1	0.2	0.3	0.2	0.2	0.3	0.2	1.9	2.0	1.5	1.7	1.1	1.2	1.6
	HS18	0.1	0.2	0.2	0.3	0.4	0.3	0.3	1.2	1.4	1.1	0.9	1.0	1.3	1.2

资料来源：根据韩国贸易协会《韩国贸易统计》(http://www.kita.net)计算整理。

类型 Ⅰ 包括 HS03 (水产品)、HS06 (活植物)、HS07 (食用蔬菜)、HS16 (肉和鱼的制品)、HS19 (谷物粉等)、HS20 (果蔬类的制品) 等 6 类产品，在这些产品上中国与东盟的 CAC 都大于 1，表明双方在该 6 类产品上都具有竞争力，进而在韩国市场上展开激烈的竞争；类型 Ⅱ 包括 HS09 (咖啡和茶及调味香料) 和 HS14 (编结用植物材料)，在该 2 类产品上一方或双方 CAC 虽然不及 1，但均大于 0.6，表明双方在这 2 类产品上存在较为激烈的竞争；类型 Ⅲ 的 HS02 (肉及食用杂碎) 和 HS04 (乳蛋蜜等) 上，双方 CAC 都几乎是零，自然不存在竞争关系；类型 Ⅳ 的 HS01 (活动物)、HS05 (肉和乳及蛋等以外的动物产品) 等产品上，双方竞争力差距过于明显或双方均不具备竞争力，所以基本不会对对方构成威胁。综上所述，中国与东盟在 24 类农产品中 8 类产品 (类型 Ⅰ 和 Ⅱ) 上存在激烈或较为激烈的竞争。

结合上述的各种系数和指数的测算结果，可以认为中国与东盟农产品在韩国市场上相似性较高，竞争较激烈。这意味着韩国—东盟 FTA 生效以后，东盟农产品出口替代中国产品的可能性很大，而其效应的大小则主要取决于韩国对东盟农产品的开放程度。

三、韩国—东盟 FTA 中韩国的农产品关税减让模式

(一) 韩国—东盟 FTA 对整体产品的关税减让模式的规定

如前所述，韩国—东盟 FTA 的产品降税模式与韩国已签署的其他 FTA 有所不同。比如韩智 FTA、韩美 FTA、韩欧盟 FTA 都采用了对每个产品均经协商后规定具体减让日程的方式，而韩国—东盟 FTA 先将产品分为正常产品和敏感产

品两大类，后由各国自主选定两大类产品清单，但韩国和东盟 6 国必须满足两个指标的要求①②。韩国的两大类产品的总体降税步骤如图 5 - 1，这里不再赘述。

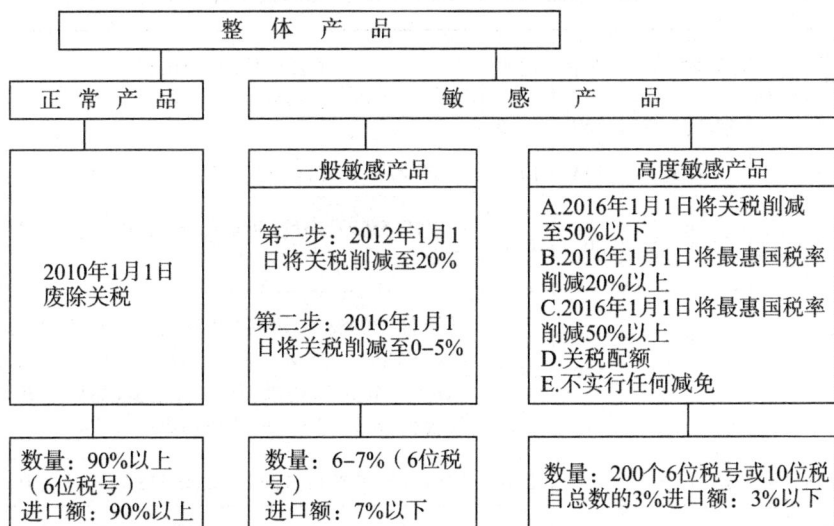

资料来源：根据韩国—东盟 FTA《货物贸易协议》整理。

图 5 - 1　韩国—东盟 FTA 中韩国的关税减让模式

（二）韩国—东盟 FTA 中韩国的农产品降税模式

表 5 - 4 是韩国—东盟 FTA 中韩国承诺的农产品和工业品的降税模式对比。可以看出，韩国农产品和工业品的开放程度形成鲜明的对比。农产品中正常产品和敏感产品的比重各为 61.5% 和 38.5%，而工业品分别是 97% 和 3%，这说明 2010 年 1 月 1 日起将有 97% 的工业品全部取消关税，而农产品中只有 61.5% 的产品享受零关税待遇。而且 216 个 HS6 位税目高度敏感产品（包括 40 个 HS6 位税目的例外处理产品）都集中在农产品中，而工业品中只有极少数的一般敏感产品。

如前所述（第 3 章），原本韩国农产品的关税结构具有如下特征：关税率在 15% 以下的农产品占农产品总数的 49%，在 15% - 50% 之间的占 41%，而在 50% 以上的占 10%。韩国—东盟 FTA 中韩国农产品的 38.5% 被归类为敏感产品，说明

---

①　东盟 6 国为东盟老成员国，包括文莱、印尼、马来西亚、菲律宾、新加坡和泰国。考虑到东盟新成员国的经济发展水平较低，协议对其作出了特殊安排。

②　中国—东盟 FTA 也采用了韩国—东盟 FTA 式的减让方式。

韩国对原本高关税或限制进口的大部分农产品都实行长期内逐步降低关税或关税配额或例外处理。可见，韩国—东盟 FTA 中韩国对农产品的开放比较保守。

表 5-4　　　　　　　韩国—东盟 FTA 中韩国的农工产品降税模式比较

产品属性	产品分类			数量	比重	主要产品（最惠国税率）
农产品	正常产品			560	61.5	—
	敏感产品	一般敏感		135	14.8	芦笋(27%),冷冻洋葱(27%),柠檬(30%)
		高度敏感	A	6	0.7	腌渍虾(55%),奶酪(36%),橙子(50%),新鲜苹果和梨(45%)
			B	139	15.3	马铃薯(304%),甘薯(385%),花生(230.5%),猪肉(18%-25%),鸡肉(18%-22.5%),牛肉(18%-40%),芒果(30%),花蟹(14%-20%),胶合板(8%-13%),鱿鱼(10%-27%)
			C	24	2.6	淀粉及加工谷物(126%-800.3%),橙汁(54%)
			D	7	0.8	木薯(455%或887.4%),干豆(27%),新鲜虾(20%)
			E	40	4.4	大米及其制品(注2),鸡肉(18%-20%),猪肉(22.5%-25%),刀鱼(10%),柑橘(144%),新鲜洋葱(135%),新鲜辣椒(270%),香蕉(40%),菠萝(30%)
			小计	216	23.7	—
		敏感产品合计		351	38.5	—
	农产品合计			911	100	—
工业品	正常产品			4182	97	
	敏感产品	一般敏感		147	3	
		高度敏感		0	0	
	工业品合计			4329	100	

注:(1)本表中的农产品包括 HS44 章的林产品。

(2)关于大米的现行税率详见文中说明。

(3)鸡肉、猪肉、牛肉等根据冷藏与冷冻状态、不同部位采取不同的减让模式。

资料来源:根据韩国—东盟 FTA《货物贸易协议》整理。

就具体产品而言，花蟹、鱿鱼、虾、刀鱼等东盟出口到韩国的大部分水产品都列为高度敏感产品。东盟出口的果蔬类产品如柑橘类、香蕉、菠萝、新鲜辣椒和洋葱等均为热带产品，并不会直接影响韩国的农业生产，但韩国担心热带产品能起到替代韩国温带产品的效应，将这些产品都设定为 E 级产品，不采取任何减免措施。不仅如此，韩国还担心东盟潜在的出口能力，对有可能对韩国农业产生冲击的各种产品也实行限制。比如大米，考虑到泰国和越南是大米的出口大国，而大米在韩国农业中占有非常重要的地位，所以韩国将大米例外处理。又如木薯，该产品是泰国等国的主要出口品之一，韩国将其设为 D 级产品，实行配额制。畜产品中，泰国和马来西亚的鸡肉出口能力较大，而越南具有一定的猪肉出口能力，韩国将这些产品都设为 B 级产品或 E 级产品。

表 5-5　东盟与中国具有竞争关系的各类产品在韩国—东盟 FTA 中的降税模式

HS 编码	正常产品		敏感产品										全部产品	
			一般敏感产品		高度敏感产品的数量及比重							敏感产品比重		
	数量	比重	数量	比重	A	B	C	D	E	合计	比重		数量	比重
HS03	188	66%	46	16%	1	16	0	4	29	50	18%	34%	284	100%
HS06	65	86%	7	9%	0	4	0	0	0	4	5%	14%	76	100%
HS07	85	62%	18	13%	0	15	1	7	11	34	25%	38%	137	100%
HS09	34	87%	0	0%	0	1	0	0	4	5	13%	13%	39	100%
HS14	18	86%	3	14%	0	0	0	0	0	0	0%	14%	21	100%
HS16	59	65%	0	0%	0	17	0	1	14	32	35%	35%	91	100%
HS19	37	71%	6	12%	0	4	0	0	5	9	17%	29%	52	100%
HS20	67	61%	17	16%	0	20	5	0	0	25	23%	39%	109	100%

注：各类产品的数量依 10 位税目计算。

资料来源：根据韩国—东盟 FTA《货物贸易协议》整理。

由于韩国对东盟的主力出口产品及具有潜在出口能力的产品都设定为敏感产品，所以韩国—东盟 FTA 中并无专门针对农产品的紧急进口限制等贸易救济措施[1]。从这一点也能看出韩国—东盟 FTA 中韩国的农产品开放程度较低。而韩国

---

[1]　比如被公认为农产品开放程度最高的韩美 FTA 就规定了只要美国农产品的进口增加到基准量以上即可自动启动（无需提供国内产业的受害证明）的农产品紧急限制进口措施（ASG）。

之所以能够做到农产品的小幅开放，是因为东盟九国（新加坡除外）均为发展中国家，急需韩国对东盟进行大规模投资和技术转让进而带动东盟的经济发展，而韩国就是以此作为交换条件降低了农产品的开放程度。

那么，中国与东盟之间具有竞争关系的 8 类农产品的开放程度如何呢？从表 5 - 5 可以看出，HS03、HS07、HS16、HS19、HS20 等 5 类产品中正常产品的比重仅为 61% - 71%，而敏感产品都占 34% 以上。这说明，该五类产品上东盟各国并未因与韩国签署 FTA 而得到更大的优惠，因而对中国农产品出口韩国不会产生太大的影响。

HS06、HS09、HS14 等 3 类产品的正常产品的比重达 86% - 87%，似乎比上述的 5 类产品开放程度较大进而对中国的影响也较大，其实不然。首先，HS06 和 HS14 的原平均关税率仅为 21% 和 9%（上述 5 类产品在 34% - 124% 之间），很难说开放程度更大。HS09 因极少数产品关税高得出奇，导致平均关税率高达 77%，但该类中 5 个产品被列为 B 级和 E 级产品清单中，所以开放程度上与其他产品相比并无特别之处。其次，该 3 类产品合计不足中国农产品出口韩国总额的 2%，所以即使该 3 类中正常产品的比重达 100%，也不会对中国的出口造成多大的冲击。

据此，我们可以大体上认为韩国—东盟 FTA 对中国农产品出口韩国的影响并不大。但要具体计算其影响程度，还需结合中国与东盟农产品的替代关系的存在与否、每种产品的降税模式、现行关税率等因素进行更为细致的分析。

四、2010 年以后，中国与东盟农产品出口韩国的价格竞争力的变化

如前所述，2010 年起韩国对来自东盟的全部正常产品实行零关税，并对敏感产品进一步降低关税（D 级产品和 E 级产品除外）。为分析该年前后中国与东盟农产品价格竞争力的变化情况，本节选取 2007 年中国出口额在前 100 位的农产品与东盟同种产品进行比较，以此估算对中国的影响。

2007 年中国出口到韩国的农产品总数量是 838 个 10 位税号，总额为 36 亿美元，其中出口金额在前 100 位的产品总额为 31 亿美元，占 86%。而这 100 个农产品中与东盟出口相同的有 60 个①。

---

① 韩国贸易协会. 韩国贸易统计. 韩国贸易协会网页 http://stat. kita. net/top/state.

表 5－6　　　　　2010 年后中国与东盟农产品出口韩国的价格竞争力变化

（千美元，千吨，千美元/吨）

类型	HS 编码	2007 年 CIF 韩国价格对比						关税减让模式	具体内容	基本税率或最惠国税率（%）	2012 年后完税价格对比		
		中国			东盟						中国（C）	东盟（D）	倍数（C/D）
		金额	重量	价格（A）	金额	重量	价格（B）	倍数（A/B）						
I	0303796000	164497	51.7	3.2	98	0.04	2.3	1.4	E	不实行任何减免	–	–	–	–
	1006201000	68859	135.9	0.5	10944	34.13	0.3	1.6	E	不实行任何减免	–	–	–	–
	0710807000	59542	122.0	0.5	3724	6.43	0.6	0.8	E	不实行任何减免	–	–	–	–
	0303793000	49848	19.2	2.6	6059	3.46	1.7	1.5	E	不实行任何减免	–	–	–	–
	1602329000	30963	10.1	3.1	10745	3.54	3.0	1.0	E	不实行任何减免	–	–	–	–
	0904201000	19742	8.4	2.4	33	0.01	3.2	0.7	E	不实行任何减免	–	–	–	–
	0303799099	16658	39.1	0.4	5684	3.25	1.7	0.2	E	不实行任何减免	–	–	–	–
	1006301000	14233	23.0	0.6	502	1.01	0.5	1.2	E	不实行任何减免	–	–	–	–
	1901909099	13275	18.9	0.7	2054	3.10	0.7	1.1	E	不实行任何减免	–	–	–	–
	0301999099	8578	1.1	7.7	3	0.00	6.0	1.3	E	不实行任何减免	–	–	–	–
	0303794090	7047	2.2	3.2	198	0.10	2.1	1.6	E	不实行任何减免	–	–	–	–
II	0306131000	37232	9.8	3.8	45338	5.91	7.7	0.5	D	每年配额：5000 吨	–	–	–	–
	0306139000	10070	2.9	3.5	94406	14.44	6.5	0.5	D	每年配额：5000 吨	–	–	–	–
	1605209090	24884	5.3	4.7	26088	2.97	8.8	0.5	D	每年配额：5000 吨	–	–	–	–
III	0306143000	67121	20.1	3.3	3063	0.84	3.6	0.9	B	2015 年为止 14%；2016 年起 11.2%	14.0	3.8	4.0	0.9
	0306149000	12330	4.5	2.7	4490	1.15	3.9	0.7	B	2015 年为止 14%；2016 年起 11.2%	14.0	3.1	4.4	0.7
	0306232000	10839	1.6	6.6	43	0.01	6.9	1.0	B	2015 年为止 20%；2016 年起 16%	20.0	7.9	8.0	1.0
	0811909000	14079	17.3	0.8	4817	3.55	1.4	0.6	B	2015 年为止 30%；2016 年起 24%	72.0	1.4	1.7	0.8
	1108129000	18902	65.5	0.3	3	0.00	1.2	0.2	B	2015 年为止 226%；2016 年起 180.8%	226.0	0.9	3.5	0.3
	1605909010	22801	8.3	2.7	1350	0.40	3.4	0.8	B	2015 年为止 20%；2016 年起 16%	20.0	3.3	3.9	0.8
	2008119000	29298	27.2	1.1	69	0.05	1.4	0.8	B	2015 年为止 63.9%；2016 年起 51%	63.9	1.8	2.1	0.8
	2008999000	24372	51.1	0.5	119.0	113.05	0.9	0.5	B	2015 年为止 45%；2016 年起 36%	45.0	0.7	1.2	0.6
	2103909030	16160	6.4	2.5	795	0.22	3.6	0.7	B	2015 年为止 45%；2016 年起 36%	54.0	3.9	4.8	0.8
	2103909090	44316	12.2	1.1	4452	2.57	1.7	0.6	B	2015 年为止 45%；2016 年起 36%	54.0	1.6	2.4	0.7
III	1604199090	10207	1.9	5.5	2585	0.30	8.7	0.6	一般	2015 年为止 10%；2016 年起 5%	10.0	6.0	9.1	0.7
	1605909090	21811	10.7	2.0	5022	0.99	5.1	0.4	一般	2015 年为止 20%；2016 年起 5%	20.0	2.4	5.3	0.5

续表

类型	HS 编码	2007 年 CIF 韩国价格对比						关税减让模式	具体内容	基本税率或最惠国税率(%)	2012 年后完税价格对比		
		中国			东盟			倍数(A/B)			中国(C)	东盟(D)	倍数(C/D)
		金额	重量	价格(A)	金额	重量	价格(B)						
Ⅲ	1702909000	19700	54.9	0.4	243	0.42	0.6	0.6	一般	2015 年为止 8%;2016 年起 5%	19.7	0.4	0.6	0.7
	1902192000	35934	50.8	0.7	74	0.05	1.6	0.4	一般	2011 年为止 45%;2012 年 - 2015 年 20%;2016 年起 5%	54.0	1.1	1.7	0.6
	2207101000	27840	47.0	0.6	36	0.05	0.8	0.8	一般	2015 年为止 10%;2016 年起 5%	30.0	0.8	0.8	1.0
	0304299000	7794	2.7	2.9	5336	1.03	5.2	0.6	正常	2010 年起 0%	10.0	3.2	5.2	0.6
	0304999010	30882	36.6	0.8	41433	37.27	1.1	0.8	正常	2010 年起 0%	10.0	0.9	1.1	0.8
	0709909000	11402	15.3	0.7	23	0.01	2.0	0.4	正常	2010 年起 0%	27.0	0.9	2.0	0.5
	2008199000	15818	17.0	0.9	83	0.04	2.2	0.4	正常	2010 年起 0%	45.0	1.4	2.2	0.6
	1101001000	7994	27.5	0.3	2129	4.91	0.4	0.7	正常	2010 年起 0%	4.2	0.3	0.4	0.7
	1208100000	12640	22.8	0.6	11	0.00	2.8	0.2	正常	2010 年起 0%	27.0	0.7	2.8	0.3
	1209919000	7489	0.4	18.2	1809	0.03	60.4	0.3	正常	2010 年起 0%	0.0	18.2	60.4	0.3
Ⅳ	0307591020	33753	23.7	2.7	17583	7.05	2.5	1.1	正常	2010 年起 0%	20.0	3.2	2.5	1.3
	0710809000	11306	22.5	0.5	157	0.43	0.4	1.4	正常	2010 年起 0%	27.0	0.6	0.4	1.8
	1211909099	35772	24.5	1.5	903	0.79	1.1	1.3	正常	2010 年起 0%	18.0	1.7	1.1	1.5
	1302199099	10075	0.7	14.8	114	0.02	5.0	3.0	正常	2010 年起 0%	19.7	17.7	5.0	3.6
	1704902090	7551	2.7	2.7	1881	0.79	2.4	1.2	正常	2010 年起 0%	19.7	3.3	2.4	1.4
	1806311000	9222	3.4	2.7	655	0.27	2.4	1.1	正常	2010 年起 0%	26.2	3.5	2.4	1.4
	1902199000	8331	6.0	1.4	2268	3.15	0.7	1.9	正常	2010 年起 0%	54.0	2.2	0.7	3.0
	1905901030	14181	4.1	3.5	540	0.18	3.0	1.2	正常	2010 年起 0%	19.7	4.2	3.0	1.4
	2104101000	16555	11.3	1.5	174	0.21	0.8	1.8	正常	2010 年起 0%	18.0	1.7	0.8	2.1
	2304000000	26507	89.7	0.3	1415	5.92	0.2	1.2	正常	2010 年起 0%	1.8	0.3	0.2	1.3
	2309100000	15420	3.1	1.9	4203	2.30	1.8	2.7	正常	2010 年起 0%	8.0	5.3	1.8	2.9
	2303200000	31027	182.3	0.2	18	0.17	0.1	1.6	正常	2010 年起 0%	6.6	0.2	0.1	1.7
	2309100000	15420	3.1	4.9	4203	2.30	1.8	2.7	正常	2010 年起 0%	8.0	5.3	1.8	2.9
	0303799020	12216	5.3	2.3	919	0.79	1.2	2.0	一般	2015 年为止 10%;2016 年起 5%	10.0	2.6	1.2	2.1
	0602909090	11942	13.7	0.9	3667	6.75	0.5	1.6	一般	2015 年为止 10%;2016 年起 5%	10.0	1.0	0.6	1.7
	0712902030	9961	2.0	5.0	85	0.03	3.4	1.5	一般	2011 年为止 30%;2012 年 - 2015 年 20%;2016 年起 5%	54.0	7.7	3.5	2.2
	1905901050	7822	2.6	3.0	71	0.07	1.0	3.0	一般	2015 年为止 8%;2016 年起 5%	27.0	3.8	1.1	3.6

续表

类型	HS 编码	2007 年 CIF 韩国价格对比						关税减让模式	具体内容	基本税率或最惠国税率(%)	2012 年后完税价格对比		
		中国			东盟						中国(C)	东盟(D)	倍数(C/D)
		金额	重量	价格(A)	金额	重量	价格(B)	倍数(A/B)					
V	1905901040	20157	9.0	2.3	8576	3.40	2.5	0.9	正常	2010 年起 0%	19.7	2.7	2.5	1.1
	1905901090	7233	4.3	1.7	4624	2.46	1.9	0.9	正常	2010 年起 0%	27.0	2.2	1.9	1.1
	2003104000	10620	9.2	1.1	276	0.23	1.2	1.0	正常	2010 年起 0%	47.2	1.7	1.2	1.4
	2106909099	13964	11.0	1.3	8511	6.30	1.4	1.0	正常	2010 年起 0%	54.0	1.9	1.4	1.4
	2207200000	17653	26.7	0.7	1905	2.92	0.7	1.0	正常	2010 年起 0%	8.0	0.7	0.7	1.1
	2308009000	15614	121.5	0.4	881	6.51	0.4	0.9	一般	2011 年为止 46.4%；2012－2015 年 10%；2016 年起 5%	16.4	0.2	0.1	1.3
	1207400000	34238	25.2	1.4	27	0.02	1.5	0.9	B	2015 年为止 630%；2016 年起 540%	630.0	9.9	9.1	1.1

注：(1) 某些产品实行选择税，本表为计算的方便采用了从价税。

(2) 东盟价格(D)：正常产品为 2010 年价格，敏感产品为 2016 年价格。

资料来源：根据韩国贸易协会：《韩国贸易统计》(http://www.kita.net) 和韩国关税厅：《FTA 税率》(http://www.customs.go.kr) 的数据库整理计算得出。

表 5－6 是双方的该 60 个农产品的 2007 年 CIF 韩国价格与 2010 年后完税价格的变化表。笔者根据不同产品的竞争力的变化方向及原因，分成了 5 个类型。

类型 I 为韩国—东盟 FTA 中例外处理的 11 个产品，显而易见，这些产品上中国的出口不会受到任何影响。类型 II 是对东盟实行配额制的 3 个产品（即只对配额内的产品给予零关税的优惠待遇），由于东盟 2007 年的出口量已超过了配额，所以今后中国的出口与 2007 年相比，不会有多大变化。类型 III 为中国原本具有价格优势、2010 年后依然保持其优势（或不处于劣势）的 22 个产品，显然在这些产品上中国的出口也不会受到什么影响。

类型 IV 为中国原本就不具有价格优势，但因品质等非价格竞争力比东盟强劲，进而能够出口的 17 个产品。2010 年以后，尽管双方价格差距进一步拉大，但除 HS1902199000（未列名生面食）、HS0712902030（洋葱）、HS1905901050（未列名焙烘糕饼等）等 3 个产品以外的其他产品变化幅度均不明显，估计对中国的冲击不会很大。

类型 V 为中国与东盟原本价格竞争力不相上下，但 2010 年起中国处于劣势的 7 个产品。这些产品中，HS2003104000（蘑菇）、HS2106909099（未列名食品）、HS2308009000（动物饲料用未列名植物原料等）等 3 个产品劣势较明显，将不可避免地受到一些影响。而其他 4 个产品的劣势并不明显，估计不会受到太大的影响。

从上述分析可以确定的是，类型Ⅰ、Ⅱ、Ⅲ上中国不会受到影响，类型Ⅳ和类型Ⅴ中大部分产品也因价格变化幅度较小也基本不会受到影响，只有价格变化幅度较大的上述列名的 6 个产品可能会受到一定的影响。

但是，笔者认为该 6 个产品的影响并不大。因为 HS0712902030 和 HS1905901050 及 HS2308009000 等 3 个产品均为一般敏感产品，而表 5 - 6 中东盟的价格是套用 2016 年的 5% 的税率计算的，所以短期内对中国基本没有影响。而 HS1902199000、HS2003104000、HS2106909099 等 3 个产品虽然短期内被东盟农产品替代的可能性较高，但我们还应看到，在这些产品的出口量上中国是东盟的 1.9 倍、39.5 倍和 1.8 倍，供给能力上东盟很难完全替代中国。假设出口数量差距较小的 HS1902199000 和 HS2106909099 上中国被迫完全退出韩国市场，其合计金额仅占 2007 年中国农产品出口总额的 0.8%，对中国的影响很小。总而言之，韩国—东盟 FTA 对中国农产品出口韩国的影响微乎其微。

五、结论

综上所述，中国与东盟农产品对韩国出口相似性较高，竞争较激烈，但韩国—东盟 FTA 对中国农产品出口韩国的影响很小，其原因有二。

第一，韩国的农产品开放度较低。韩国—东盟 FTA 中，韩国将东盟主要的出口农产品都列为敏感产品，实行中长期内分阶段取消关税或关税配额或例外处理。结果东盟的很多农产品的价格并未因与韩国成立自由贸易区而比中国占优，即使某些产品价格占优，其优势也并不明显。也就是说，韩国—东盟 FTA 对东盟农产品提供的贸易创造的空间很小，因而对中国农产品的贸易转移效应也就不大。

第二，中国地大物博，产量丰富，东盟从供给能力上难以完全替代中国。在极少数产品上，东盟农产品因享受 FTA 特惠税率而拥有较大的价格优势，但由于其生产规模与中国相差甚远，所以无法完全取代中国独占韩国市场。

但是，需要补充说明的是，本节只考察了价格竞争力的对比，未涉及到农产品品质、产品营销等非价格竞争力。显然，中国不断加强食品安全、提升营销策略等是上述结论成立的前提条件。

第二节　韩美 FTA 对中国农产品出口韩国的影响分析

一、问题的提出

由于目前中国和美国是韩国最主要的两大农产品进口来源国，而韩美 FTA 是韩国至今为止签署的 FTA 中农产品开放度最大的自贸协议，所以国内很多学者都很关注韩美 FTA 生效以后其是否会对中国农产品出口韩国产生巨大的贸易转移效应。

闫逢柱和张文兵运用产品相似度指数和相对比较优势指数等工具对中美农产品对韩出口的现状进行分析后认为中美农产品在韩市场上竞争较激烈，韩美 FTA 对中国农产品出口韩国的贸易转移效应将很显著[①]；张波通过对中美两国主要农产品的生产成本比较，认为韩美 FTA 必将对中国农产品出口韩国产生较大的不利影响[②]；杨欣、武拉平、徐锐钊等三名学者联名撰写的《美韩自由贸易协定对中韩农产品贸易的潜在影响》（以下简称"杨文"）采用 GTAP（GTAP 为 Global Trade Analysis Project 的缩写，意为全球贸易分析）模型进行量化分析，认为韩美 FTA 生效将使中国农产品出口韩国的规模全面萎缩[③]。

但是，笔者认为，上述研究论证逻辑不够严谨，研究假设过于简单化，且只注重数据的分析，未能将韩美 FTA 的具体条款和韩国农产品贸易政策相结合进行分析，其结论值得商榷。

以"杨文"为例，笔者认为该文的论证上至少在如下两大方面存在较大的漏洞。

第一，"杨文"认为，因中美两国对韩出口的前十类农产品（HS2 位数分类）中有七类是相同的，所以中美农产品对韩出口存在较强的竞争关系，进而韩美 FTA 对中国的贸易转移效应较大。仅靠"前十类中七类相同"的现象就断定中美农产品对韩出口具有较强的竞争关系是否有些勉强？依笔者看来，中美两国在资

---

①　闫逢柱,张文兵.中美农产品对韩国出口的竞争研究——兼论美韩自由贸易协定对中国农产品的影响.世界经济与政治论坛,2007(5).

②　张波.美韩 FTA 对中国对外贸易的正负效应分析.观察家札记,2007(8).

③　杨欣,武拉平,徐锐钊.美韩自由贸易协议对中韩农产品贸易的潜在影响.中国农村经济,2010(7).

源禀赋、与韩国的距离等方面差异较大，所以两国农产品对韩出口上应不会存在普遍的竞争关系，可能仅在部分土地密集型产品上存在竞争关系。而韩国为提高产业竞争力，原本就不会对这些作为原料或饲料使用的土地密集型产品征收高关税。若果真如此，那么韩美 FTA 对中国的贸易转移效应会大打折扣。

第二，"杨文"为便于计量分析，假设韩美 FTA 于 2011 年生效并到 2015 年取消所有的进口关税。但是，如前所述，在韩美 FTA 中韩国农产品关税减让的基本形式就有立即取消关税、分 N 年取消关税（N = 2，3，5，6，7，9，10，12，15，16，17，18，20，第 N + 1 年完全废除）、例外处理（不进行任何减免）等 16 种，而这些基本形式又与 TRQ（Tariff rate quotas 的缩写，意为关税配额）、季节关税、税号分离等三种形式相组合，规定了很多种减让形式。不仅如此，韩国还对玉米等 30 种农产品（HS10 位税号基准为 75 个）设定了只要进口增加到基准量以上即可启动的 ASG（Agriculture Safeguard 的缩写，意为农产品紧急进口限制措施）。韩美 FTA 生效 4 年内完全废除关税且不带任何救济措施的农产品仅占全部农产品（HS10 位税号）的 41%，显然"杨文"的假设严重脱离现实，进而存在高估中国损失的可能性。

韩国是中国农产品的第三大出口市场（2007 年），占农产品出口总额的 10%①。因此正确理解韩美 FTA 对中国农产品出口韩国的影响，对中国农产品出口战略的调整具有重要的现实意义。

为测算的方便，本节将农产品的范畴界定为 HS01 - 24 章的所有产品。本节中与贸易及关税有关的所有数据均采用韩国贸易协会、韩国农水产品流通公社及韩国海关总署提供的统计资料②，而韩美 FTA 农产品贸易规则则根据韩国外交通商部颁布的《韩美 FTA 关税减让表》进行整理。

二、中美农产品对韩出口的相似性及竞争关系

（一）中美两国农产品对韩出口的推移

乌拉圭回合农业协议达成以后，韩国农产品的进口迅速增加，特别是从中国的进口增幅非常明显（表 5 - 7）。1999 年，中国农产品对韩出口额为 10 亿美元，

---

① 根据中国农业部:2007 年我国农产品进出口情况,http://www.agri.gov.cn 计算得出。

② 韩国贸易协会.贸易统计数据.http://www.kita.net;韩国农水产品流通公司.农产品市场准入量与关税一览表.http://www.at.or.kr;韩国海关总署.关税率一览表.http://www.customs.go.kr。

与美国的 24 亿美元差距还很大。但到 2007 年中国农产品对韩出口额增至 36 亿美元即 9 年间猛增 2.6 倍，而美国农产品对韩出口额仅增至 35 亿美元，两国基本持平。当年，中美两国占韩国农产品进口总额的比重分别为 22% 和 21%，即两国合计占韩国农产品进口总额的近一半，中美已成为韩国农产品进口的两大来源国。虽然 2008 年中国农产品对韩出口大幅下滑，但那是在金融危机、食品安全风波（三鹿奶粉事件）等因素的作用下出现的特殊情况，并不意味着中国农产品对韩出口的上升趋势发生了变化。

表 5 - 7　　　　　　　　韩国从世界及中美进口的农产品推移

（单位：亿美元，%）

年份	1999	2000	2001	2002	2003	2004	2005	2006	2007	2008
世界	70.32	81.32	83.71	94.65	102.42	114.19	120.99	136.10	163.60	200.84
中国	10.20	17.11	15.49	20.71	25.29	21.26	28.22	27.39	36.24	30.63
（比重）	14.5	21.0	18.5	21.9	24.7	18.6	23.3	20.1	22.2	15.2
美国	24.18	23.73	23.38	24.56	27.11	26.92	21.47	27.75	34.71	61.07
（比重）	34.4	29.2	27.9	25.9	26.5	23.6	17.7	20.4	21.2	30.4

资料来源：见文中说明。

（二）中美农产品对韩出口的相似性分析

2003 - 2007 年中美两国对韩出口的前十位（HS2 位数）农产品结构如表 5 - 8。可以看出，两国出口的前十位产品中的确一直有五六类产品是相同的，但不能据此就断言中美两国农产品对韩出口具有较高的相似性。因为按 HS2 位数分类，农产品至少有 24 类，仅考察前十位并不能说明什么。况且，前十位中排在后几位的农产品的出口比重都很小，单独分析前十位的现实意义不大。本节采用中美两国 24 类农产品对韩出口的 SPEARMAN 相关系数考察两国出口是否具有相似性。

表 5 - 8　　　　中美农产品对韩国出口的前十位产品和 SPERAMAN 系数

	2003				2004				2005				2006				2007			
	中国	(%)	美国	(%)	中国	(%)	美国	(%)	中国	(%)	美国	(%)	中国	(%)	美国	(%)	中国	(%)	美国	(%)
出口前 10 位	HS10	41.3	HS02	34.6	HS03	38.5	HS10	40.5	HS10	30.6	HS10	27.5	HS03	33.6	HS10	39.9	HS03	26.4	HS10	39.8
	HS03	26.7	HS12	16.1	HS10	16.1	HS12	18.2	HS03	29.2	HS12	17.5	HS10	15.0	HS12	11.5	HS10	25.7	HS12	11.5
	HS07	6.1	HS10	11.5	HS07	9.1	HS08	7.4	HS07	7.0	HS08	9.2	HS07	9.3	HS08	8.3	HS07	7.8	HS02	9.8
	HS12	5.4	HS08	6.0	HS12	5.8	HS02	5.5	HS20	5.5	HS02	8.2	HS20	8.0	HS02	8.2	HS20	7.5	HS08	7.0

续表

	2003				2004				2005				2006				2007			
	中国	(%)	美国	(%)	中国	(%)	美国	(%)	中国	(%)	美国	(%)	中国	(%)	美国	(%)	中国	(%)	美国	(%)
出口前 10 位	HS23	3.4	HS03	5.2	HS20	5.5	HS21	5.0	HS12	5.0	HS21	6.7	HS12	5.9	HS21	5.6	HS12	6.5	HS21	5.1
	HS20	3.1	HS21	4.8	HS23	4.5	HS3	4.7	HS16	4.6	HS3	6.5	HS16	5.3	HS03	4.9	HS23	5.7	HS20	4.1
	HS21	2.8	HS20	4.7	HS16	4.3	HS20	4.4	HS23	3.5	HS20	5.6	HS23	4.3	HS20	4.6	HS16	4.1	HS03	3.7
	HS19	2.1	HS24	2.7	HS3	3.5	HS23	1.7	HS21	3.3	HS04	2.5	HS21	3.7	HS15	2.4	HS19	3.5	HS15	3.5
	HS16	1.5	HS23	2.4	HS19	3.1	HS07	1.6	HS19	3.0	HS15	2.2	HS19	3.5	HS04	2.2	HS21	3.3	HS23	3.2
	HS22	1.3	HS15	2.3	HS09	1.8	HS15	1.6	HS09	1.0	HS23	2.0	HS22	2.4	HS23	1.9	HS11	1.6	HS04	2.0
SPERAMAN 系数	0.46*				0.49*				0.33				0.28				0.26			

注:SPERAMAN 相关系数根据 SPSS 软件计算得出,* 表示 5% 水平下显著,该水平的单侧临界值为 0.34。

资料来源:(1)出口前十位产品的数据来源见文中说明。

　　　　　(2)SPERAMAN 系数经笔者计算得出。

测算结果表明,中美两国农产品对韩出口的 SPERAMAN 系数近几年均未超过 0.5,且后几年的系数统计上不显著。这说明,中美两国农产品对韩出口结构差异较大。以 2007 年为例,在美国的农产品出口中,HS10(谷物)的比重高达 40%,HS12(主要是大豆)、HS02(肉类)、HS08(水果类)等紧随其后,该四类农产品占美国农产品出口总额的 68%。但中国出口的主力军是 HS10、HS03(水产品)、HS07(蔬菜)、HS20(蔬菜制品)等产品,该四类产品占中国出口总额的 67%。因植物检验检疫问题,中国的肉类产品和水果至今尚未大规模地出口到韩国。这样一来,中美两国对韩出口的农产品中占各国的比重在 5% 以上的相同产品只有 HS10 和 HS12。这说明,韩美 FTA 对中国的影响不带有普遍性,仅集中在某几类土地密集型产品而已。

(三)中美农产品在韩市场上的竞争关系分析

表 5-9 是中美农产品近年来在韩国市场上的 CAC 指数对比表。为便于分析,笔者根据 5 年的平均数,将 24 类农产品分成了 3 个类型。

表 5-9　　　　　　　　　　中美农产品在韩国市场上的 CAC 指数比较

类型	HS 编码	2003		2004		2005		2006		2007		平均	
		中国	美国	中国	美国	中国	美国	中国	美国	中国	美国	中国	美国
I	HS10	2.42	0.68	0.83	2.10	1.89	1.70	0.99	2.63	1.48	2.30	1.52	1.88
	HS20	0.91	1.36	1.65	1.32	1.57	1.62	2.14	1.22	1.98	1.08	1.65	1.32

续表

类型	HS 编码	2003		2004		2005		2006		2007		平均	
		中国	美国	中国	美国	中国	美国	中国	美国	中国	美国	中国	美国
Ⅱ	HS05	0.84	1.32	1.36	0.77	0.89	0.91	1.06	0.84	0.89	0.85	1.01	0.94
	HS12	0.75	2.23	0.74	2.32	0.76	2.64	1.00	1.94	1.11	1.98	0.87	2.22
	HS13	0.56	1.09	0.74	0.93	0.62	1.45	0.85	1.26	0.67	0.97	0.69	1.14
	HS19	1.37	0.77	1.90	0.65	1.56	1.05	1.88	0.87	1.76	0.85	1.70	0.84
	HS21	0.70	1.18	0.87	1.21	0.77	1.58	0.91	1.38	0.87	1.36	0.82	1.34
Ⅲ	HS17	0.15	0.16	0.27	0.17	0.21	0.19	0.23	0.16	0.30	0.28	0.23	0.19
	HS22	0.29	0.28	0.13	0.35	0.22	0.51	0.63	0.41	0.36	0.39	0.33	0.39
	HS23	0.54	0.39	0.60	0.23	0.53	0.30	0.68	0.31	0.79	0.44	0.63	0.34
	HS01	0.80	1.24	0.45	0.99	0.36	2.03	0.34	2.04	0.52	1.94	0.49	1.65
	HS03	1.57	0.31	2.25	0.27	1.74	0.39	1.94	0.28	1.64	0.23	1.83	0.30
	HS07	2.89	0.34	3.31	0.60	3.14	0.28	3.91	0.15	3.42	0.17	3.33	0.31
	HS08	0.27	1.79	0.36	2.00	0.23	2.31	0.29	1.93	0.26	1.70	0.28	1.95
	HS09	0.77	0.20	1.39	0.17	0.67	0.24	0.54	0.30	0.80	0.23		
	HS16	0.75	0.40	1.81	0.20	1.65	0.27	1.84	0.25	1.55	0.29	1.52	0.28
	HS18	0.16	0.91	0.22	1.01	0.29	1.49	0.39	1.28	0.32	1.04	0.28	1.14
	HS24	0.20	1.10	0.42	0.83	0.46	0.69	0.50	0.70	0.38	0.55	0.39	0.78
	HS02	0.01	2.41	0.01	0.63	0.00	0.69	0.00	0.65	0.00	0.79		1.03
	HS04	0.05	0.76	0.05	0.68	0.05	1.08	0.04	1.03	0.02	0.89	0.04	0.89
	HS06	0.57	0.03	1.20	0.06	1.07	0.13	1.58	0.10	1.38	0.06	1.16	0.07
	HS11	0.85	0.05	1.01	0.05	0.88	0.05	1.47	0.04	1.47	0.20	1.13	0.08
	HS14	1.15	0.04	1.21	0.04	0.46	0.03	0.74	0.02	0.62	0.05	0.84	0.04
	HS15	0.13	0.66	0.13	0.35	0.16	0.46	0.13	0.55	0.10	0.73	0.13	0.55

资料来源:经笔者计算得出。

类型 Ⅰ 中的 HS10 和 HS20 上,中美两国 CAC 都超过 1,表明围绕这些产品中美在韩国市场上展开激烈的竞争;类型 Ⅱ 中的 HS05 等 5 类产品的 CAC 值,一方大于 1,另一方虽然不及 1 但也大于(接近)0.7,表明两国在这些产品上也存在较激烈的竞争;类型 Ⅲ 的 HS17 等 17 类产品中,部分产品双方 CAC 值都小于 0.6,而另一部分产品上双方竞争力差距过于明显,可以断定该类型产品上两国不存在竞争关系。

具有竞争关系的 7 类农产品在中国出口中所占的比重约为 50% (2007 年),

这进一步说明了韩美 FTA 对中国农产品出口的影响不会是全局性的。当然，即使是仅一类产品出口受阻，若该类产品在中国农产品中所占比重较大如 HS10，也有可能对中国农产品出口产生重大影响。对此，下一小节进行进一步的分析。

三、韩美 FTA 对中美农产品出口韩国的价格竞争力的影响

要更加细致地考察韩美 FTA 对中国农产品出口韩国的影响，需结合中美两国具体农产品的替代关系的存在与否、该产品在韩美 FTA 中的贸易规则（关税减让时间表、TRQ 或 ASG 的适用与否等）、现行关税率等对比分析中美农产品在韩美 FTA 生效前后的优势变动情况。为测算的简便性，本节以价格竞争力代替产品优势，并以签署该 FTA 的 2007 年的贸易数据代替该 FTA 生效前的情况。

如前所述，2007 年中国对韩农产品出口总额为 36 亿美元，而农产品品种总数为 858 个 HS10 位税号。因某些产品的出口规模微乎其微，所以本节仅选取出口额在前 100 个的农产品进行分析。该 100 个农产品的出口额为 31 亿美元，占全部农产品出口总额的 86%，可以认为基本代表了中国农产品的出口规模。经笔者查询，在这 100 个农产品中与美国相同的共有 50 个。本节就该 50 个农产品的中美价格竞争力在韩美 FTA 生效前后的变化进行测算，以此分析对中国的影响。

测算方法如下：首先，比较分析韩美 FTA 生效前的中美农产品价格竞争力。这里的农产品价格是根据每个农产品出口总额和重量计算出的中美两国的 CIF 韩国价。其次，对比分析韩美 FTA 生效后的中美农产品价格。这里，中国价格是结合现行税率计算的缴纳关税后的价格[1]，而美国的价格是韩美 FTA 生效 N 年以后在零关税下的价格即与上一步骤中的 CIF 韩国价相同。最后，结合上述两个价格对比的变化，考察韩美 FTA 对中美农产品价格竞争力的影响。

表 5-10 是测算结果一览表。笔者根据价格对比变化的方向和产品特性，将 50 个农产品分成了 6 个类型。

---

[1] 现行税率采用了 WTO 协定税率。根据韩国关税制度，一般情况下如果 WTO 协定税率高于普通税率，则适用普通税率。但对农产品即使 WTO 协定税率高于普通税率也适用 WTO 协定税率。另外，若现行税率为选择税，则采用了从价税。

表 5－10　　　　　　　　中美农产品在韩美 FTA 生效前后价格之比

（百万美元；万吨；百万美元/万吨）

类型	HS 编码	中国 2007 年出口			美国 2007 年出口			现行税率	韩美 FTA 的取消关税时间	中国税后价格[C]	中美 CIF 韩国价之比[A/B]	中国税后价与美国零关税价之比[C/B]
		金额	重量	CIF 韩国价[A]	金额	重量	CIF 韩国价[B]					
I	1006201000	69	13.6	–	35.1	6.0	–	–	例外处理	–	–	–
	1006301000	14	2.3	–	6.9	1.1	–	–	例外处理	–	–	–
	1901909099	13	1.9	–	0.5	0.0	–	–	例外处理	–	–	–
	1209919000	7	0.0	–	1.5	0.0	–	0%	立即	无变化	无变化	无变化
	2309100000	15	0.3	–	24.5	1.7	–	0%	立即	无变化	无变化	无变化
II	0303799091	59	2.8	21.2	14.0	0.3	44.7	10%	10 年	23.3	0.5	0.5
	0303799099	17	3.9	4.3	0.1	0.0	26.8	10%	10 年	4.8	0.2	0.2
	0304291000	28	1.2	22.5	0.6	0.0	26.8	10%	10 年	24.8	0.8	0.9
	0304999010	31	3.7	8.5	1.8	0.1	17.5	10%	5 年	9.3	0.5	0.5
	0306139000	10	0.3	34.3	0.3	0.0	229.0	20%	10 年	41.2	0.1	0.2
	0306149000	12	0.5	26.6	0.1	0.0	36.9	14%	10 年	30.4	0.7	0.8
	0602909090	12	1.4	8.8	0.2	0.0	383.0	13%	立即	9.9	0.0	0.0
	0710809000	11	2.3	4.9	0.1	0.0	16.7	27%	立即	6.2	0.3	0.4
	0811909000	14	1.7	8.1	0.5	0.0	40.5	72%	7 年	13.9	0.2	0.3
	1101001000	8	2.8	2.9	0.5	0.1	8.2	4%	5 年	3.0	0.4	0.4
	1211909099	36	2.5	14.7	0.6	0.0	82.3	18%	2 年	17.3	0.2	0.2
	1302199099	10	0.1	147.3	2.3	0.0	238.2	20%	5 年	176.3	0.6	0.7
	1602329000	31	1.0	30.4	0.2	0.0	81.1	72%	10 年	52.9	0.4	0.7
	1702909000	20	5.5	3.6	2.9	0.3	8.6	20%	7 年	4.4	0.4	0.5
	1704902090	8	0.3	29.1	7.4	0.2	47.0	20%	5 年	34.9	0.6	0.7
	1806311000	9	0.3	26.8	25.3	0.5	55.4	26%	5 年	33.9	0.5	0.6
	1905901030	14	0.4	34.4	2.3	0.0	54.6	20%	5 年	41.2	0.6	0.8
II	1905901040	20	0.9	22.3	7.6	0.2	35.3	20%	5 年	26.7	0.6	0.8
	1905901050	8	0.3	30.3	0.3	0.0	57.4	27%	5 年	38.5	0.5	0.7
	1905901090	7	0.4	16.4	25.9	0.6	42.2	27%	5 年	20.8	0.4	0.5
	2002901000	9	1.6	5.6	7.1	0.7	9.5	32%	立即	7.4	0.6	0.8
	2008199000	16	1.7	9.4	6.3	0.1	70.9	45%	10 年	13.7	0.1	0.2
	2008999000	24	5.1	4.7	4.3	0.1	47.6	45%	10 年	6.8	0.1	0.1
	2103909090	44	4.2	10.4	8.9	0.3	27.1	54%	10 年	16.1	0.4	0.6
	2104101000	17	1.1	15.1	0.2	0.0	18.9	18%	7 年	17.8	0.8	0.9
	2106909099	14	1.1	12.7	129.9	0.5	237.4	54%	5 年	19.5	0.1	0.1
	2207200000	18	2.7	6.8	0.1	0.0	11.4	8%	立即	7.3	0.6	0.6
	2401201000	19	1.0	18.8	18.0	0.3	69.7	54%	10 年	28.9	0.3	0.4
III	0306143000	67	2.0	33.4	0.0	0.0	11.9	14%	10 年	38.1	2.8	3.2
	1605209090	25	0.5	47.0	0.0	0.0	19.8	20%	5 年	56.4	2.4	2.8
	1902199000	8	0.6	13.4	0.2	0.0	12.6	54%	立即	20.6	1.1	1.6
	2304000000	27	9.0	3.0	32.8	12.3	2.7	2%	立即	3.1	1.1	1.2
IV	0304299000	8	0.3	29.7	0.9	0.0	34.1	10%	10 年	32.7	0.9	1.0
	1208100000	13	2.3	5.7	0.9	0.2	5.6	27%	立即	7.3	1.0	1.3
	2103909030	16	0.6	24.9	0.7	0.0	33.7	54%	10 年	38.4	0.7	1.1
	2303300000	11	6.4	1.7	25.1	13.8	1.8	7%	立即	1.8	0.9	1.0

续表

类型	HS 编码	中国 2007 年出口			美国 2007 年出口			现行税率	韩美 FTA 的取消关税时间	中国税后价格[C]	中美 CIF 韩国价之比[A/B]	中国税后价与美国零关税价之比[C/B]
		金额	重量	CIF 韩国价[A]	金额	重量	CIF 韩国价[B]					
V	0703101000	8	2.6	3.1	0.6	0.1	6.2	(a)50%, (b)135%	15 年 (ASG)	4.6(a) 7.3(b)	0.5	0.7(a) 1.2(b)
	1005901000	431	225.3	1.9	944.3	424.9	2.2	(a)1.8%, (b)328%	立即	2.1(a) 8.2(b)	0.9	0.9(a) 3.7(b)
	1005909000	182	91.1	2.0	39.3	16.0	2.5	(a)3%, (b)328%	7 年 (ASG)	2.1(a) 8.5(b)	0.8	0.9(a) 3.5(b)
	1107100000	13	3.0	4.3	6.2	1.1	5.4	(a)30%, (b)269%	立即 (TRQ 内) 15 年 (TRQ 外)	5.6(a) 15.8(b)	0.8	1.0(a) 2.9(b)
	1201009090	51	11.4	4.5	34.3	9.1	3.8	(a)5%, (b)487%	立即 (TRQ)	4.7(a) 26.4(b)	1.2	1.3(a) 7.0(b)
	1201009010	16	3.8	4.2	0.3	0.1	5.3	(a)5%, (b)487%	立即 (TRQ)	4.4(a) 24.5(b)	0.8	0.8(a) 4.9(b)
VI	1108129000	19	6.6	2.9	0.1	0.0	20.0	(a)1.8%, (b)226%	立即 (TRQ 内) 15 年 (TRQ 外)	3.0(a) 9.5(b)	0.2	0.2(a) 0.5(b)
	2008119000	29	2.7	10.6	1.5	0.1	27.1	(a)40%, (b)63.5%	10 年	14.9(a) 17.4(b)	0.4	0.8(a) 0.9(b)
	2308009000	16	12.2	1.3	0.1	0.0	9.9	(a)5%, (b)46.4%	10 年	1.4(a) 1.9(b)	0.1	0.2(a) 0.2(b)

注:(1)关于 C/S、ASG、TRQ 现行税率见文中说明。

(2)a 为 C/S 限额内,b 为 C/C 限额外。

资料来源:经笔者计算得出。

类型 I 为韩美 FTA 中例外处理或维持现行税率的产品。如 HS1006201000 等 3 个大米产品,韩美 FTA 规定不进行任何减免,而对 HS1209919000 等 2 个产品则规定维持现行的零税率,所以对该 5 个产品而言韩美 FTA 并无实际意义。

类型 II 为中国原本具有价格优势,在韩美 FTA 生效 N 年以后即使美国享受零关税待遇,中国也依然能够维持其优势的产品。如 HS0303799091,中美两国的 CIF 韩国价格之比是 0.5,韩美 FTA 生效第 10 年对美国产品取消关税之后,中国的税后价格与美国零关税价格之比还是 0.5。究其原因,一是中国的价格优势原本过于明显,二是韩国的现行税率较低仅为 10%。显然,该类型中的 28 个产品上中国出口应不会受到什么影响。

类型 III 为中国原本就不具有价格竞争力但能够出口的产品。如 HS0306143000,中国的 CIF 韩国价是美国的 2.8 倍,但是 2007 年中国还是出口了 6700 万美元,表明该产品上中国的非价格竞争力较强。因该类型产品的竞争力主要来自非价格因素，所以尽管韩美 FTA 生效 N 年以后中国的价格劣势更趋明显，但估计所受到的影响有限。

类型 Ⅳ 的产品为中国原本具有价格优势（或不处于劣势），但韩美 FTA 生效 N 年以后丧失其优势（或劣势明显）的产品。比如 HS0304299000，中美两国的 CIF 韩国价之比是 0.9，但韩美 FTA 生效第 10 年起中国缴纳 10%的关税后的价格与美国产品零关税下的价格之比变为 1.0，中国的优势消失。显然，该类型的 4 个产品上中国肯定将遭受损失。但笔者认为其影响不会很大。因为除 HS2103909030 以外其他 3 个产品的现行税率较低，使双方价格对比变化不太明显；而价格劣势较明显的 HS2103909030 要到第 10 年才对美国产品取消关税，所以短期内对中国的影响较小。

类型 Ⅴ 是韩国实行 C/S（C/S 为 schedule of commitments 的缩写，意为履行计划书）制的产品①。该类型中除 HS1201009090（其他大豆）以外，其他 5 个产品上中国原本具有价格优势，但韩美 FTA 生效以后，中国仅在 C/S 限额内具有价格优势（或不处于劣势），而在 C/S 限额外具有明显的劣势。如 HS0703101000（洋葱），2007 年中美 CIF 韩国价格之比是 0.5，而韩美 FTA 生效第 15 年美国无需缴纳关税，但中国产品在 C/S 限额内的要缴纳 50%的关税，超过 C/S 限额则上缴135%的关税，结果该年度中美价格之比在 C/S 限额内变为 0.8，而 C/S 限额外变为 1.2。显然，中国该 5 个产品在 C/S 限额内的出口不会受到影响，而超过 C/S 限额的部分肯定受到重大影响。

该类型中 HS1201009090 有些特殊，在 C/S 限额内中国价格也高于美国。但该产品与上述的类型 Ⅲ 相同，在韩美 FTA 生效之前中国价格原本高于美国，即其竞争力主要来自非价格因素。该产品 C/S 限额内现行税率仅为 5%，所以韩美 FTA 生效之后只要在 C/S 限额内，中国的出口不会受到太大的影响。但在 C/S 限额外，由于价格差距过大，将不得不退出韩国市场。

那么，中国出口中超过 C/S 限额的有多少呢？由于该类型产品的出口额较大，这个问题似乎显得至关重要。但是，我们并不需要特别介意 C/S 限额。因为目前

---

①　GATT 乌拉圭回合农业协议达成以后，韩国于 1994 年向秘书处提交了列举韩国农业开放进程和缩减农业补贴措施的 C/S。根据该 C/S 规定，韩国对部分农产品实行配额制（C/S 的 TRQ），对配额内的产品征收低关税，但对超过配额的产品征收高关税。

对韩国而言，谷物类的 C/S 限额实际上形同虚设。由于韩国进口的谷物类产品大多作为饲料或工业原料使用，而韩国近年来这些土地密集型产品的生产很少而畜牧业和农产品加工业发展较快，所以韩国政府为降低这些产业的成本，如果实际需求超过 C/S 限额就会增加当年的限额。以玉米为例，韩国 2007 年 C/S 限额是 610 万吨，但实际上以低关税进口了 1000 多万吨，即比 C/S 限额增加了 400 万吨。该类型中除 HS0703101000 以外，均为玉米和大豆等谷物类相关产品，所以可以认为，该类型中的大部分产品上中国出口即使超过 C/S 限额，也不会受到太大的影响。而 HS0703101000 是新鲜蔬菜，因与韩国的距离问题，仅以美国的出口远达不到韩国 C/S 限额，所以估计中国出口也不会受到重大影响。

类型Ⅵ也是韩国实行 C/S 制的产品，但与类型 V 不同的是，中国的价格优势无论是 C/S 内还是 C/S 外都存在。显然，该类型的出口上中国应不会受到影响。

综上所述，韩美 FTA 对中国绝大部分产品价格优势的影响并不大，仅对极少数产品产生不利影响。但有可能受到影响的产品中大部分也不会在短期内全军覆没，而是在中长期内逐渐被美国产品所取代，因为韩美 FTA 对这些产品规定中长期内取消关税，并且部分产品还实行 TRQ 或 ASG。

当然，我们也应考虑其他因素也有可能影响中国的出口。比如出口金额在第 100 位以后的农产品的出口额也占一定的比重，其中也会产生一部分损失。再如类型Ⅱ一些产品，虽然韩美 FTA 生效以后中国依然拥有价格优势，但随着其优势的缩小也有可能受到一定的影响。又如类型Ⅲ，由于该类型的产品上中国的出口竞争力来自于非价格优势，所以韩美 FTA 生效之后估计也会依然能够保持出口，但随着价格差距进一步拉大，可能会受到一些影响。但笔者认为这些影响总体而言不会太大。

四、结论

从经济理论而言，韩美 FTA 会产生两国间的贸易创造效应，而对非缔约国产生贸易转移效应。但从上述分析可知，韩美 FTA 对中国农产品出口韩国并不会产生重大影响，尽管韩国农产品开放幅度较高。

其原因有三：第一，中美农产品对韩国出口结构相似性较低，并不存在普遍的竞争关系；第二，中美两国存在竞争关系、且所占比重较大的农产品的韩国原进口税率较低；第三，韩美 FTA 中长期取消关税的比重较大，且贸易救济措施也较多。

需要补充说明的是，本节只考察了中美农产品在韩美 FTA 生效前后的价格竞争力的变化，对农产品质量安全、市场营销等非价格竞争力没有进行分析。显然，中国不断加强农产品出口的非价格竞争力是本节结论成立的必要条件。

第三节　日本与东盟双（多）边 EPA 对中国农产品出口日本的影响分析

一、问题的提出

如前所述，日本对东南亚国家的通商政策采用"双轨（Dual Track）"方式，不仅与马来西亚等国家分别签署双边 EPA，还与整个东盟推进多边 EPA（AJCEP：东盟与日本全面经济伙伴协定）。

本节就日本与东盟之间的双（多）边 EPA 是否会对中国农产品出口日本造成贸易转移的问题作一分析。本章第一节已阐述过，已有的研究成果分析表明，中国与东盟主要农业国的农产品出口的相似性和竞争性都较高。在这种背景下，东盟各国农产品在日本市场上极有可能因享受 EPA 特惠税率而替代中国农产品。

基于上述认识，本节在探讨中国与东盟 5 国农产品对日出口的相似性和竞争程度的基础上，结合日本与东盟双（多）边 EPA 中农业开放的程度和现有关税水平等因素，分析估算日本与东盟各国 EPA 对中国农产品出口日本的影响。日本是中国农产品的第一大出口市场，占农产品出口总额的20%（2007 年）①，因此深入研究上述问题，对中国农产品出口战略的调整具有重要的现实意义。

考虑到日本—东盟 EPA 于 2008 年初签署，本节以 2002－2007 年为研究期间。另外，为避免混淆和解释的便利，本节中单独提及东盟整体时用英文 ASEAN 表示。

日本的农产品贸易数据均来自于《农林水产品进出口概况—2007 年》、日本贸易振兴机构和日本财务省提供的统计资料②③④。涉及日本与东盟的双（单）边 EPA 农业条款则根据日本外务省颁布的各 EPA 原文及其附件进行整理和测算⑤。

---

① 日本农林水产省.农林水产品进出口概况（2007 年）. http://www. maff. go. jp.
② 日本农林水产省. http://www. maff. go. jp.
③ 日本贸易振兴机构. JETRO. www. jietro. go. jp.
④ 日本财务省. http://www. mof. go. jp.
⑤ 日本外务省. http://www. mofa. go. jp.

二、中国与东盟 5 国农产品对日本出口的相似性与竞争程度

从表 5－11 可以看出，2002－2007 年间，中国和东盟 5 国对日出口的 10 大类农产品中前 3 位一直都由加工食品和水产品及果蔬类产品占据着，其他产品虽然在不同年份其顺次有一些变动，但变化不大，表明中国和东盟 5 国农产品对日出口不仅结构比较稳定，而且相似性也较高。

表 5－11　　　　　　　中国与东盟 5 国 10 大类农产品对日出口的相似性

顺次	2002		2003		2004		2005		2006		2007	
	中国	东盟	中国	东盟	中国	东盟	中国	东盟	中国	东盟	中国	东盟
1	F	B	F	B	F	B	F	F	F	F	F	F
2	B	F	B	F	B	F	B	B	B	B	C	B
3	C	C	C	C	C	C	C	C	C	C	B	C
4	J	A	J	A	J	H	J	H	J	H	J	H
5	G	H	G	H	G	G	G	G	G	G	J	G
6	A	G	D	G	I	E	I	E	I	E	D	E
7	E	E	E	E	E	J	D	J	E	J	I	J
8	I	J	I	J	D	D	E	D	D	D	D	D
9	D	D	A	D	A	A	H	I	H	I	H	I
10	H	I	H	I	H	I	A	A	A	A	A	A
SPERA-MAN 相关系数	0.685**		0.503		0.809**		0.709**		0.733**		0.733**	
相似性指数	71.1		72.2		75.9		78.8		77.9		73.6	

注：(1)东盟数据为泰国、印尼、马来西亚、菲律宾、越南的合计。
　　(2)A 为肉及食用杂碎(HS02)，B 为水产品(HS03)，C 为蔬菜水果(HS07 和 08)，D 为谷物和制粉工业品(HS10 和 11)，E 为咖啡和茶及调味香料(HS09)，F 为加工食品(HS16－22 和 HS24)，G 为活动物和食用动物产品(HS01 和 HS04 及 HS23)，H 为动植物油脂及其分解产品(HS15)，I 为其他非食用动物产品(HS05)，J 为其他植物产品(HS06 和 HS12－14)。
　　(3)SPEARMAN 相关系数根据 SPSS 软件计算得出，＊＊表示 5% 水平下显著,该水平的双侧临界值为 0.648。
　资料来源：根据日本贸易振兴机构(JETRO)统计整理计算得出。

从 SPEARMAN 相关系数来看，除 2003 年以外其他年份都在 0.7 左右，表明中国与东盟 5 国农产品对日本出口结构很相近。双方的出口相似性指数一直都在 70 以上，进一步表明中国与东盟 5 国农产品对日本出口具有较高的相似性。

表 5 - 12 是中国与东盟 5 国农产品在日本市场上的 CAC 指数对比表。为便于分析，笔者根据 6 年的平均数，将 10 大类农产品分成了 4 个类型。

表 5 - 12　　　中国与东盟 5 国 10 大类农产品在日本市场上的 CAC 指数比较

类型	产品	2002		2003		2004		2005		2006		2007		平均	
		中国	东盟	中国	东盟	中国	东盟	中国	东盟	中国	东盟	中国	东盟	中国	东盟
I	加工食品	1.62	1.02	1.61	1.10	1.64	1.17	1.65	1.18	1.61	1.14	1.72	1.13	1.64	1.12
	果蔬类	2.12	1.45	2.11	1.51	1.96	1.71	1.92	1.76	1.95	1.63	1.98	1.78	2.01	1.64
	咖啡和茶及调味香料	1.35	1.13	1.24	1.28	1.45	1.28	1.04	1.12	0.79	1.28	0.90	1.68	1.13	1.30
II	水产品	0.79	1.66	0.86	1.66	0.87	1.69	0.89	1.61	0.89	1.61	0.78	1.65	0.85	1.65
	活动物和食用动物产品及动物饲料	0.85	0.77	0.86	0.82	0.92	0.83	0.75	0.77	0.63	0.75	0.89	0.74	0.82	0.78
III	动植物油脂及其分解产品	0.07	3.66	0.08	3.90	0.11	4.51	0.26	3.97	0.35	3.98	0.24	4.94	0.18	4.16
	其他非食用动物产品	2.39	0.38	2.35	0.22	2.94	0.19	2.42	0.22	2.47	0.27	2.43	0.31	2.50	0.27
IV	肉及食用杂碎	0.22	0.49	0.10	0.43	0.02	0.04	0.01	0.01	0.00	0.00	0.00	0.01	0.06	0.17
	谷物和制粉工业产品	0.17	0.13	0.36	0.14	0.29	0.15	0.28	0.24	0.21	0.21	0.28	0.18	0.26	0.17
	其他植物产品	0.73	0.23	0.74	0.27	0.70	0.26	0.73	0.31	0.63	0.34	0.61	0.30	0.69	0.28

注：东盟数据为泰国、印尼、菲律宾、越南的合计。
资料来源：根据日本贸易振兴机构（JETRO）统计整理计算得出。

类型 I 包括加工食品和果蔬类及咖啡等产品，在这些产品上中国与东盟 5 国的 CAC 都超过 1，表明双方围绕这些产品在日本市场上展开激烈的竞争，中国稍微占优；类型 II 包括水产品和活动物等产品，在该两类产品上一方或双方 CAC 虽然不及 1，但也大于（接近）0.8，表明双方在这两类产品上也存在较激烈的竞争；类型 III 的动植物油脂和其他非食用动物产品上，一方 CAC 值大于 2，而另一方小于 0.3，双方竞争力差距甚大，基本上不会构成竞争关系；类型 IV 的肉类和谷物类及其他植物产品上，双方 CAC 值都较低，即两国农产品都不具有竞争力，表明在这些产品上双方存在低层次的微弱的竞争关系。综上所述，中国与东盟 5 国在 10 大类农产品中 5 类产品（类型 I 和 II）上存在较为激烈的竞争。

结合相似性指数和 CAC 指数，可以认为中国与东盟 5 国农产品在日本市场上相似性较高，竞争较激烈。这意味着日本与东盟间双（单）边 EPA 生效以后，东盟 5 国农产品出口替代中国产品的可能性很大，而其效应的大小则主要取决于日本对东盟各国农产品的开放程度。

三、日本与东盟双（多）边 EPA 中农业的开放程度

表 5 - 13 是已生效的日本与东盟间双（多）边 EPA 中日本对进口农产品的关税减让形式与程度。

表 5 - 13　　　　日本与东盟各国双（多）边 EPA 中农产品关税减让对比表

（单位:%）

对象国	立即废除	分阶段废除	降低关税	关税配额	再协商	例外处理	合计	开放率
马来西亚	33.5	22.0	0.3	0.0	7.0	37.1	100	55.9
泰国	33.8	23.3	0.7	0.3	14.3	27.7	100	58.0
印尼	33.4	18.7	0.0	0.2	11.9	35.8	100	52.3
菲律宾	35.2	23.2	1.3	0.1	40.0		100	59.8
ASEAN	31.7	16.3	0.0	0.7	23.3	28.0	100	48.7
平均	33.5	20.7	0.5	0.3	14.1	32.2	100	55.0

注:(1)农产品包括 WTO 农业协议约束的农产品加上水产品,即包括 HS01 - 24 章的所有产品和 HS29 - 53 章的部分产品。
　　(2)最后一列的开放率是指剔除例外处理和再协商的各类型的合计。
　　(3)表中数据表示各 EPA 农产品总数目中所占的比重。
　　(4)日本与 ASEAN 的 EPA 中"再协商"一列为"维持基本税率(C 型)"。
　　(5)日本与菲律宾的关税减让表中未标注再协商或例外处理,只说明凡是没有记载关税的都是再协商或例外处理。
　　(6)某些产品由于 2007 年 HS 条约的改正被设定 2 个以上税率进而废除关税的时间不同,本表将其产品当做两种产品。
资料来源:根据日本外务省公布的所有 EPA 原文及其附件 1(关税减让表的解说文件)、财务省关税厅公布的各 EPA 关税减让表(HS2007)计算整理。

日本与东盟各国的双边 EPA 中农产品开放类型可分为 6 种，分别是：A（立即废除关税）、B - N（生效日起至 N + 1 年每年均等地降低关税，第 N + 1 年完全废除，N = 5，6，7，9，10，15）、P（生效日起分阶段降低关税，但不废除关税）、Q（关税配额，1000 吨/年为止无关税）、R（生效一定时期以后再协商关税废除等问题）、X（例外处理即不包括在自由化进程的规划中）。但与 ASEAN 的多边 EPA（AJCEP）

中删除了 P 型和 Q 型，新制定了 C 型（一直维持基准税率），而 R 型表示的内容也有所不同，代表分阶段降低关税（但不废除），相似于双边 EPA 的 P 型。

纵观 5 个 EPA，按关税减让类型考察，立即废除关税的农产品种类数占全部农产品的 33.8%，分阶段废除关税的农产品占 20.7%，再协商和例外处理的农产品比重为 44.1%。5 个 EPA 的平均开放程度（剔除再协商和例外处理后其他各项的总和）为 55%（表 5 - 13 的右下角），即采取立即废除关税、分阶段废除关税、降低关税、关税配额等形式承诺开放的农产品种类数只占总农产品数目的一半多一点。值得一提的是，上述立即废除关税类型中绝大部分是 EPA 之前已经实行零关税的产品。总体上而言，日本农业的开放程度并不高。

那么，中国与东盟 5 国之间具有竞争关系的 5 类农产品的开放程度如何呢？下面，以总体开放程度属于中等水平的日泰 EPA 为例进行说明。

表 5 - 14　　　　　　　　日泰 EPA 中各类农产品的关税减让形式与程度

（单位:%）

产品	立即废除	阶段性废除	关税降低	关税配额	再协商	例外处理	合计	开放率
加工食品	25.4	19.3	0.9	0.5	18.3	35.5	100	46.2
果蔬类	46.0	43.9	0.0	1.0	4.8	4.2	100	91.0
咖啡和茶及调味香料	87.5	9.7	0.0	0.0	2.8	0.0	100	97.2
水产品	14.4	33.2	0.4	0.0	20.0	32.0	100	48.0
活动物和食用动物产品及动物饲料	61.2	2.0	0.0	0.0	4.2	32.7	100	63.2

资料来源:根据日泰 EPA 关税减让表整理测算。

从表 5 - 14 可以看出，加工食品和水产品的开放程度不足 50%，活动物等产品开放程度也仅为 63%，即这三类产品中半数以上或 4 成以上是再协商或例外处理。这说明，该三类产品上，东盟各国并未因与日本签署 EPA 而得到更大的优惠，进而对中国出口不会产生太大的影响。

果蔬类和咖啡等产品的开放程度超过 90%，似乎对中国出口影响较大，其实不然。果蔬类中虽然立即废除关税的农产品数目比重达 46%，但其中绝大部分是 EPA 生效之前已实行零关税的产品，原本非零关税的产品则采用中长期内阶段性废除关税的方式，即近一半的果蔬类产品须经 5 - 15 年的缓冲期后才能享受免税待遇，所以短期内不会对中国出口造成冲击。咖啡等产品虽然立即废除的比重很高，但该产品只占中国出口的一小部分，所以对中国出口的冲击也不会太大。

据此，我们可以从整体上粗略地认为日本与东盟双（多）边 EPA 对中国农产品出口日本影响并不大。但要具体计算其影响程度，还需结合中国与东盟农产品的替代关系的存在与否、废除关税的时间、现行关税率等因素进行更为细致的分析。

四、AJCEP 生效后，中国与东盟 5 国农产品对日本出口价格竞争力的变化

本节将选取 2007 年出口额在前 100 位的农产品与东盟 5 国同种产品进行比较，考察 AJCEP 生效前后双方价格竞争力的变化情况，以此估算对中国的影响。

2007 年中国对日本出口的农产品总数目为 888 个（HS9 位数计算），总额为 9933 亿日元。其中出口金额在前 100 位的产品总额为 7717 亿日元，占 78%。而这 100 个农产品中与东盟 5 国出口相同的有 55 个。之所以利用 AJCEP 进行分析，是因为双边 EPA 已生效的国家产品出口日本时既可以利用双边 EPA 税率，也可利用 AJCEP 税率，AJCEP 适用于东盟各个国家。

表 5 - 15　　　　　中国与东盟农产品 AJCEP 生效前后价格之比

（单位：吨，百万日元，百万日元/吨，%）

类型	HS 编码	2007 年中国东盟价格之比					FTA 的规定		FTA 生效以后		
		中国			东盟价格（B）	倍数（A/B）	现行税率	分 N 年废除关税	中国价格（C）	零关税时东盟价格(D)	倍数（C/D）
		重量（吨）	金额（百万日元）	价格（A）							
I	160232290	20025.7	7962.9	0.40	0.40	1.00	6	逐年降低	0.42	0.40	1.06
	160590294	3234.1	1717.8	0.53	0.54	0.98	9.6	分 5 年废除	0.58	0.54	1.08
	200899259	2903.4	315.7	0.11	0.11	0.96	12	分 10 年废除	0.12	0.11	1.08
	090220200	829.1	218.9	0.26	0.26	1.01	17	逐年降低	0.31	0.26	1.18
II	030379099	3332.2	355.8	0.11	0.26	0.41	3.5	分 5 年废除	0.11	0.26	0.42
	070310011	18273.4	637.9	0.03	0.05	0.67	8.5	逐年降低	0.04	0.05	0.73
	071022000	1914.7	226.3	0.12	0.14	0.82	8.5	分 10 年废除	0.13	0.14	0.89
	071029010	2532.5	437.6	0.17	0.20	0.85	6	分 5 年废除	0.18	0.20	0.90
	071290090	2319.1	988.4	0.43	1.60	0.27	9	分 10 年废除	0.46	1.60	0.29
	160411010	655.9	465.0	0.71	0.84	0.84	9.6	分 7 年废除	0.78	0.84	0.92

续表

类型	HS 编码	2007 年中国东盟价格之比					FTA 的规定		FTA 生效以后		
		中国			东盟价格（B）	倍数（A/B）	现行税率	分 N 年废除关税	中国价格（C）	零关税时东盟价格(D)	倍数（C/D）
		重量（吨）	金额(百万日元)	价格（A）							
II	160239290	456.5	235.7	0.52	0.64	0.81	6	分 5 年废除	0.55	0.64	0.86
	160419090	6888.8	3143.9	0.46	0.70	0.65	9.6	分 7 年废除	0.50	0.70	0.72
	160590295	532.6	312.0	0.59	0.83	0.71	9.6	逐年降低	0.64	0.83	0.78
	190590319	1554.5	417.1	0.27	0.36	0.75	25.5	逐年降低	0.34	0.36	0.94
	190590329	1499.3	338.7	0.23	0.32	0.70	21.3	逐年降低	0.27	0.32	0.85
	200490299	5626.9	1583.1	0.28	0.31	0.91	9	分 7 年废除	0.31	0.31	0.99
	200599999	9966.3	1501.6	0.15	0.34	0.44	9	分 7 年废除	0.16	0.34	0.48
	090240220	1804.2	620.4	0.34	0.60	0.57	17	逐年降低	0.40	0.60	0.67
	200310211	1107.2	219.1	0.20	0.37	0.53	13.6	分 10 年废除	0.22	0.37	0.60
III	160510029	1048.1	1843.5	1.8	1.6	1.07	9.6	逐年降低	1.93	1.6	1.17
	030499999	2958.2	764.8	0.3	0.2	1.05	3.5	分 5 年废除	0.27	0.2	1.09
	160415000	860.1	531.1	0.6	0.4	1.76	9.6	逐年降低	0.68	0.4	1.93
	160420014	886.9	1318.8	1.5	0.8	1.87	9	逐年降低	1.62	0.8	2.04
	160420020	514.5	297.9	0.6	0.4	1.64	9.6	逐年降低	0.63	0.4	1.80
	200591900	10361.1	1313.8	0.1	0.1	1.46	13.6	分 10 年废除	0.14	0.1	1.66
	200899100	891.5	392.7	0.4	0.3	1.44	16.8	逐年降低	0.51	0.3	1.68
	081290490	2496.5	398.6	0.2	0.1	1.40	12	分 10 年废除	0.18	0.1	1.57
	100810090	5.6	230.0	41.0	34.0	1.21	9	分 7 年废除	44.70	34.0	1.31
IV	030613000	2397.7	1714.2	0.7	1.0	0.71	0	立即废除	无变化		
	060491000	1122.0	268.7	0.2	0.8	0.29	0	立即废除			
	071331000	4.2	466.8	111.8	115.7	0.97	0	立即废除			
	091010231	2939.2	254.9	0.1	0.1	0.71	0	立即废除			
	200390220	892.1	239.5	0.3	2.0	0.14	0	立即废除			
	200819228	1290.9	500.4	0.4	0.7	0.54	0	立即废除			
	240120000	552.5	256.0	0.5	0.5	0.99	0	立即废除			
	230400000	56.5	2111.6	37.4	79.9	0.47	0	立即废除			

续表

类型	HS 编码	2007 年中国东盟价格之比					FTA 的规定		FTA 生效以后		
		中国			东盟价格（B）	倍数（A/B）	现行税率	分 N 年废除关税	中国价格（C）	零关税时东盟价格(D)	倍数（C/D）
		重量（吨）	金额(百万日元)	价格（A）							
V	200899219	2540.8	386.7	0.2	0.1	1.34	0	立即废除	无变化		
	230910091	1.6	831.7	533.8	259.9	2.05	0	立即废除			
	050510000	146.8	1002.3	6.8	3.0	2.30	0	立即废除			
	091010239	1687.3	241.3	0.1	0.1	1.56	0	立即废除			
	121190990	1158.4	721.3	0.6	0.4	1.54	0	立即废除			
	130219239	247.1	399.4	1.6	0.1	17.01	0	立即废除			
VI	030749190	2053.5	745.8	0.4	0.91	0.40	–	例外处理	无变化		
	160100000	3026.7	1263.0	0.4	0.4	0.94	–	例外处理			
	190219099	1606.8	557.6	0.3	0.3	1.03	–	例外处理			
	190590311	722.7	240.8	0.3	0.4	0.80	–	例外处理			
	030799129	958.6	294.2	0.3	0.8	0.37	–	例外处理			
	190120232	1088.1	231.0	0.2	0.4	0.56	–	例外处理			
	240220000	88.8	217.5	2.5	2.8	0.87	–	例外处理			
	200551190	9039.9	850.8	0.1	0.1	0.89	23.8	维持基准税率			
	190220229	1469.1	415.3	0.3	0.6	0.46	21.3	维持基准税率			
	160590219	3983.6	1734.1	0.4	0.9	0.51	10.5	维持基准税率			
	160249290	5304.8	2159.9	0.4	0.6	0.68	20.0	维持基准税率			
	030269099	819.4	305.1	0.4	0.8	0.45	0.4	维持基准税率			
	040900000	3403.0	630.7	0.2	0.2	1.17	1.2	维持基准税率			

注：(1)东盟价格根据东盟 5 国的总进口量和进口总额计算得出。
（2）价格为日方的 CIF 价。
资料来源：根据日本财务省贸易统计和 AJCEP 整理计算得出。

表 5-15 是 55 个相同农产品在 AJCEP 生效前后价格竞争力的变化表。笔者根据其变化的方向及原因，分成了 6 个类型。

类型 I 为中国与东盟 5 国原本具有相同的价格竞争力，但 AJCEP 生效以后日本对东盟 5 国农产品分阶段降低或废除关税，导致中国处于劣势的 4 个产品。这些产品上中国出口很有可能受到影响。但从表的右栏可知，由于该 4 个产品的日本的基准税率较低，所以东盟 5 国即使享受零关税待遇其价格优势也不明显。

类型 Ⅱ 是中国原本具有价格优势，随着 AJCEP 生效、东盟 5 国享受特惠税率后中国依然能够保持价格优势的产品。类型 Ⅲ 为中国原本就不具有价格竞争力，但因品质等非价格竞争力比东盟 5 国强劲，进而能够出口的产品。AJCEP 生效以后，尽管其价格差距进一步拉大，但并不明显，估计对中国出口的冲击不会很大。

类型 Ⅳ 和类型 Ⅴ 的产品上，日本的基准税率为零，所以 AJCEP 的生效对中国出口不会产生什么影响。而类型 Ⅵ 为 AJCEP 中例外处理或维持基准税率的产品，这些产品上中国的出口也不会受到什么影响。

从上述分析可以确定的是，AJCEP 生效以后，中国有可能在类型 Ⅰ 的 4 个产品（HS160232290—其他制作或保藏的鸡肉及食用杂碎、HS160590294—水生无脊动物加工品、HS200899259—水果加工品、HS090220200—绿茶）上出口受到影响。

但笔者认为，其影响不大。原因有二。

第一，AJCEP 生效以后，双方价格相差不大。即使东盟 5 国农产品享受零关税待遇，其价格优势也不明显，且实际情况是：4 个产品中两个产品将在第 6 年和第 11 年才会废除关税，而另外两个产品只是小幅降低关税但不废除。

第二，供给能力问题。上述 4 个产品上中国在日本进口中所占比重为 58%、70%、53%、89%，而东盟 5 国只占 42%、16%、13%、2%，即除了 HS160232290 以外，其他三种产品东盟 5 国很难完全替代中国。假设 HS160232290 产品上中国完全被迫退出日本市场，其金额也只占中国出口总额的 0.8%，对中国的影响很小。

为什么东盟 5 国农产品 AJCEP 生效后价格优势并不明显呢？如前所述，日本大多数农产品的进口关税很低，但一小部分产品（全部为日方的敏感产品）关税却高得出奇，而日本与东盟的双（多）边 EPA 中将原本零关税或较低关税的产品设定为立即废除或分阶段废除，将所有敏感产品都列为再协商或例外处理，结果东盟 5 国的农产品价格并未因与日本成立自由贸易区而比中国占优。

据此，我们可以认为，即使加上上述分析中未考虑的不确定因素的影响，也不会对中国农产品出口日本产生大的冲击。

五、结论

综上所述，中国与东盟农产品对日本出口相似性较高，竞争较激烈，但由于日本的农产品关税原本具有大部分品种的关税较低，一小部分敏感产品的关税高得出奇的结构，而日本与东盟双（多）边 EPA 中日本未开放这些高关税产品，所以对中国农产品贸易转移效应并不大。

第六章　FTA 的实施对韩国农业的影响及韩国应对措施

　　韩智 FTA 是韩国历史上的第一个双边 FTA，于 2002 年签署。当时，韩国农业团体如临大敌，表示坚决反对国会批准韩智 FTA，韩国研究机构的估算结果也表明，该 FTA 将对韩国农业带来较大的损失。那么该 FTA 实施 8 年以来，对韩国农业的影响究竟如何呢？本章首先对此进行初步的探析。解明当初预测值和现实情况不同的原因对现在进行中的中韩 FTA 谈判也会提供有益的启示。

　　另外，要全面理解韩国的 FTA 战略，有必要对韩国 FTA 农业补救措施有所了解。因为韩国 FTA 进程同时也是韩国 FTA 农业补救措施不断升级系统化的过程，没有 FTA 农业补救措施韩国的 FTA 实践不可能这么顺利。所谓的 FTA 农业补救措施，是指韩国政府在国会批准某个 FTA 之前建立相对合理的补救机制，借以安抚国内农民的同时，提高其农业竞争力，为进一步的自由化进程打下基础的政策。"先补救、后批准"已成为韩国推进 FTA 的基本原则。

第一节　韩智 FTA 实施 8 年来对韩国农业的影响分析

　　韩国之所以选择智利为首个 FTA 对象国，主要原因是考虑到智利农产品对韩国农业的冲击可能较小。因为智利地处南半球，农产品上市季节与韩国不冲突，而且协商 FTA 的时候来自智利的农产品进口额占韩国农产品（不包括水产品，以下同）进口总额的比重不足 1%。

　　尽管如此，韩智 FTA 还是遭到了韩国农业团体的抵制，使会批准案一拖再拖。韩国研究机构经过一系列测算后认为，韩智 FTA 将对韩国农业带来较大的损失。经过一番折腾之后，韩智 FTA 于 2004 年 4 月 1 日正式生效。本节就该 FTA 实施 8 年以来对韩国农业的影响进行探讨。

一、韩智 FTA 中韩国农产品开放模式与幅度及影响预测

韩智 FTA 中，韩国的农产品降税模式包括立即取消关税、分 N 年取消关税（N = 5，7，9，10，16）、季节关税（不同季节降税模式不同）、多哈回合以后再协商（维持现行税率）、例外处理（不承诺开放）等形式（表 6 - 1）。

表 6 - 1 韩智 FTA 中韩农产品减让模式与幅度

（单位:个,%）

模式	主要产品		
降税方式	农产品数	比例	主要产品
立即取消关税	501	27	种牛、高粱、咖啡、甘蔗、植物性油脂
分 5 年取消关税	631	34	马、竹笋、松茸、葡萄酒、威士忌
分 7 年取消关税	40	2	桃子罐头、葡萄汁、其他蔬菜(冷冻)
分 9 年取消关税	1	0	其他水果汁
分 10 年取消关税	233	13	西红柿、猪肉、猕猴桃、桃子
季节关税	1	0	葡萄
分 16 年取消关税	12	1	调制奶粉、混合水果汁
配额 + 多哈回合以后再协商	18	1	牛肉、鸡肉
多哈回合后再协商	373	20	蔬菜类、谷物类、水果类(柑橘、大枣)
例外处理	21	1	大米、苹果、梨
合计	1831	100	

注:(1)数量是 HS10 位数。
　　(2)农产品包括水产品。
资料来源:根据韩智 FTA 条款整理得出。

韩国将大米、苹果、梨等归为特别敏感产品，规定例外处理。将牛肉、蔬菜、谷物、柑橘等归为很敏感产品，规定多哈回合后再协商，其实与例外处理并无多大的差异。该两种模式占全部农产品总数（HS10 位数）的 22%，可以认为韩国将原本高关税的产品几乎都列为不开放的清单上。韩国对其已具备一定竞争力或进口已有一定规模的农产品比如马、竹笋、葡萄酒等规定分 5 年取消关税，而对韩国农业没有影响的非敏感产品如种牛、高粱、咖啡及甘蔗等规定立即取消关税，该两种模式占61%。对韩国而言是较敏感产品而对智利而言是很关心的产品比如水果加工品、猕猴桃及猪肉等则安排7－16年的过渡期，逐渐开放，该种模式占17%。对新鲜葡萄采取季节关税模式，即对每年5月到10月期间（韩国葡萄上市流通期）进口的葡萄征收现行税率（45%），但对11月到次年4月期间进口的葡萄则分10年取消关税。总体而言，韩智FTA中韩国农产品开放度并不高，面对首个FTA韩国还是较谨慎的。

但毕竟是承诺开放部分产品了，而且智利的水果产业具有较强大的价格优势，所以对韩国农业的冲击应不可避免。韩国农村经济研究院和汉阳大学受韩国政府委托对此进行了测算。韩国农村经济研究院的估算结果表明，韩智FTA生效10年间，韩国果农纯收入损失额约为3000亿韩元（约合2亿元人民币）[①]，而汉阳大学的估算结果表明，该10年间果农总收入将减少5800亿韩元[②]。

二、韩智 FTA 生效后韩国相关农产品的生产量及价格变化

分析韩智FTA对韩国农业的影响，有必要先找出有可能对韩国农业产生冲击的农产品。该产品必须满足如下条件：第一，智利的该产品竞争力较高；第二，该产品在韩国农业占一定的比重；第三，该产品在韩智FTA中承诺开放；第四，该产品进口到韩国时无其他非关税壁垒的限制。

通过对近几年韩智农产品贸易统计及韩国农业统计的梳理，可以找出符合上述四个条件的主要农产品有3种，分别是葡萄、猕猴桃及猪肉。苹果等产品上智利虽有竞争力，但韩智FTA中被规定为例外处理，自然不会对韩国苹果产业产生冲击。智利的葡萄酒也具备较高的竞争优势，但该产业在韩国比重不大因而没有必要考察。桃子虽然满足上述前三个条件，但因卫生检验检疫问题，至今为止并不能大量进口到韩国，对韩国的影响也就无从谈起。所以本小节主要围绕葡萄、猕猴桃及猪肉等3种产品，考察韩智FTA对韩国农业的影响。

从表6－2可以看出，韩智FTA生效前一年的2003年来自智利的农产品进口额仅为5000万美元，但到2011年猛增至3亿美元，年增长率达到20%。

---

① 约占假设没有韩智 FTA 之时果农纯收入的 2%。

② ［韩］崔世均.农业部门应对韩智 FTA 之对策.韩国农村经济研究院,2002;［韩］文春杰等.韩智 FTA 生效对国内水果产业的影响.汉阳大学,2003.

表6-2　　　　　　　韩国进口智利农产品推移(2003-2011年)

（单位:千美元,%）

	2003	2005	2007	2009	2010	2011
农产品总额	52355	125179	218512	225816	250831	314623
葡萄	13674	19942	48783	60615	86195	120173
（比重）	35	37.6	56.9	63.8	70	73
桃子	0	0	103	147	100	734
猕猴桃	1758	7996	9946	6626	7417	5632
（比重）	7.8	15	14	13	13	7.8
葡萄酒	2990	11884	25496	24180	24500	29240
（比重）	6	17	17	21.5	21.7	22.1
猪肉	30237	80627	119469	121014	112580	118562
（比重）	15	13	13	17	16	8

注:比重为在韩国同类农产品进口中的比率。
资料来源:韩国农水产品流通公社,农产品贸易情报。

其中，葡萄由2003年的1400万美元增至2011年的1.2亿美元，8年间骤然增加了8倍。韩国葡萄进口总额中智利葡萄所占比重也不断攀升，由2003年的35%升至2011年的73%。

猕猴桃的进口额2003年仅为176万美元，但在韩智FTA生效第三年（2007年）就增加到了995万美元。虽然之后几年增长势头缓慢下降，但2011年也达到了563万美元，是2003年的3倍。在韩国猕猴桃进口总额中智利产所占的比重2006年和2007年达到最高，占14%-15%，之后随着进口总额的减少而有所下降，2011年占8%。

猪肉进口也经历了与猕猴桃相似的轨迹，先升后降。2009年达到1.2亿美元，比2003年的3000万美元多出了3倍，之后稍有下降，2011年达到1.19亿美元。在韩国猪肉进口总额中智利产的比重也由2009年的17%降至2011年的8%。

智利农产品的大量进口是否萎缩了韩国的相关产业规模呢?

表6-3 韩国设施葡萄的种植面积与产量及批发价格的推移(2003-2011年)

		2003	2005	2007	2009	2010	2011
种植面积	(公顷)	1641	1951	1840	2239	2242	2467
产量	(吨)	25061	32224	32934	41289	38804	40280
批发价	上等 (韩元/ 公斤)	-	6356	5595	4960	7461	6860
	中等	-	5446	4600	4139	6597	5780

资料来源:(1)韩国农水产品流通公社,农产品贸易情报;(2)韩国农村经济研究院,水果观测月报。

由表6-3可以看出,韩国大棚葡萄种植面积由2003年的1641公顷增至2011年的2467公顷,增加了50%。因面积和单产都有所增加,总产量由2003年的2.5万吨增至2011年的4万吨,增幅达61%[①]韩国大棚葡萄价格也并未因智利葡萄的大量进口而下降,相反上升了5%-6%。

韩国猕猴桃产量几年来基本维持在1.1万吨至1.5万吨之间,受天气的影响而变化,似乎与进口量的增减无关。主要是因为智利猕猴桃的上市流通时间与韩国基本不重复。在韩国,智利猕猴桃的竞争对手不是韩国猕猴桃,而是同样地处南半球的新西兰的猕猴桃。韩国猕猴桃的价格基本处于上升的趋势,2011年的单价比2003年上升了19%,受此影响,生产额2011年增至469亿韩元,比2003年多出1倍(表6-4)。

表6-4 韩国猕猴桃的产量及产值的推移(2003-2011年)

项目	2003	2005	2007	2009	2010	2011
单价(韩元/公斤)	33904	44337	39683	34620	37282	40246
产值(10亿韩元)	23.4	32	34.2	37.2	46.2	46.9

资料来源:(1)韩国农水产品流通公社,农产品贸易情报;(2)韩国农村经济研究院,水果观测月报。

韩国近几年猪肉的年均进口总量约为30万吨,但韩国国内猪肉年产量基本维持在70万吨上下,与进口猪肉量的相关性不大(表6-5)。

---

① 由于韩国露地葡萄上市是7月以后,与智利葡萄的进口时间(11月至次年4月)不重复,所以无需对露地葡萄产业进行考察。韩国大棚葡萄上市流通期是4-7月份,原先韩国农业界认为大棚葡萄产业可能会受到最大的冲击。

表6-5   韩国猪肉产量及进口量的推移(2003-2011年)

（单位：千吨）

项目	2003	2005	2007	2009	2010	2011
国内产量	782.6	705.1	709.6	722.2	761.1	575.8
进口总量	60.8	173.6	247.8	209.8	179.5	370.4
美国	14448	62760	92218	95899	81858	164716
加拿大	35595	57545	65065	59706	58181	88076
智利	15385	32425	45060	44027	44174	41936
（比重）	12	11.6	12.6	14.3	14.4	7.9
法国	5904	21298	23333	15371	15224	19257
人均消费量(公斤)	17.4	17.3	19.3	19.1	19.2	19.2

资料来源:韩国农水产品流通公社,农产品贸易情报。

表6-6   韩国主要水果种植面积的推移(2005年、2010年)

（单位：公顷）

产品	2005 年	2010 年	增减率(%)
苹果	29557	32785	10.9
梨	21441	16106	-24.9
桃子	14692	13384	-8.9
柑橘	18467	21165	14.6
甜柿	14238	11362	-20.2
涩柿	7739	13628	76.1
梅子	4916	4750	-3.4
蓝莓	3701	7777	110.1
杏子	193	366	89.6
合计	114944	121323	5.5

资料来源:韩国农林水产食品部,农业主要统计。

　　从一般常识而言，不同水果之间是具有一定的替代关系的，那么韩国的其他
水果的生产是否受到影响了呢？从表6-6可以看出，除梨、桃子、甜柿及梅子的
种植面积有所减少外，其他水果种植面积都有所增加，且增幅明显大于减幅，结
果水果总体的种植面积2010年比2005年增加了5.5%。

通过上述分析，我们可以认为，虽然韩智 FTA 生效以来智利的葡萄、猕猴桃及猪肉的进口增加了几倍，但并未对韩国同类产业产生冲击，该 FTA 生效前所估算的较大的农业损失并未出现。

三、韩智 FTA 未对韩国农业产生直接冲击的原因分析

第一，季节关税减让模式的影响。由于韩智 FTA 规定，对葡萄实行季节关税制，这样就避免了对韩国露地葡萄产业的影响。虽然对大棚葡萄产业有所影响，但两国葡萄在市场上碰面的时间短暂，因而对韩国大棚葡萄的生产没有产生多大的损失。

第二，智利葡萄出口单价上升的影响。智利与韩国签署 FTA 以后，相继与欧盟（2003）、美国（2004）、中国（2006）、日本（2007）等国家和地区签署了 FTA，为智利葡萄的出口打开了广阔的市场。随着多个 FTA 的实施，智利葡萄出口不断创新高，由 2000 年的 60 万吨，2005 年增至 74 万吨，2011 年又增至 85 万吨。需求增幅明显大于供给增幅的情况下，国际葡萄价格开始不断攀升。以出口到韩国的 FOB 价格为例，2004 年为每公斤 0.99 美元，但 2011 年增到了 1.73 美元。智利出口单价的上升一定程度上抵消了进口国进口关税下降的影响。

第三，韩国百姓对水果和肉类需求增加的影响。一国国民收入与对水果和肉类产品的需求呈现很强的正相关关系，韩国也不例外。2005 年左右韩国进入了人均国民收入超过 2 万美元的时代，导致了对上述产品的需求大幅增加。据 FAO 的统计，2003 年韩国人均水果消费量约为 70 公斤，2010 年增至 82 公斤。韩国人均猪肉消费量也由 2003 年的 17.4 公斤增至 2011 年的 19.2 公斤（表 6-5）。需求的增加直接带动了进口的增加，同时也促进了韩国国内相关产业的发展。

第四，韩国应对 FTA 的支援措施的影响。签署韩智 FTA 以后，韩国政府决定 2004-2010 年间将拿出 1.2 兆韩元的 FTA 补救金额（当初研究机构估计的损失额的近两倍）对具有潜在竞争力的农户提供支援以提高竞争力。多年来，韩国采取果园规模化经营、开发优良品种、建设产地流通中心等措施，努力提高韩国水果竞争力。显然，韩国水果品质的提升和品种的多样化对应对智利水果的冲击起到了积极效果①。

第五，韩国的二元化市场结构的影响。在韩国市场，国产猪肉和进口猪肉虽

---

① ［韩］文翰弼等. 韩智 FTA 国内对策的经济效果分析. 韩国农村经济研究院,2012；中国驻韩大使馆经济商务参赞处. 为应对韩智 FTA 韩政府决定向农民提供金融支援. http://kr. mofcom. gov. cn.

然是同一种产品，但处于两个不同的市场上（其他肉类产品也是这样）。在韩国普通消费者的眼里，国产猪肉虽贵但安全、进口猪肉虽便宜但不够安全，进而造成了有钱吃国产肉、没钱吃进口肉的社会氛围。在任何时候有钱人的比重会保持一定比率，所以韩国猪肉生产几乎不受进口猪肉的影响。在这种国产货和进口品严格分开的环境下，智利猪肉不是与韩国猪肉展开竞争，而是与美国、加拿大等其他进口国的猪肉展开激烈的拼杀（表6-5）。

第六，韩国研究机构高估了韩智 FTA 的影响。首先，计量模型的假设条件脱离现实。比如有的研究假设动植物检验检疫制度完全废除进而对智利农产品进口无任何障碍，但实际上，桃子等农产品至今因植物检疫问题未能大规模进口到韩国。有的研究假设智利农产品与韩国农产品具有完全替代性，这显然忽视了韩国市场所固有的一种产品两个市场的结构。另外，计量模型中的各种参数的设定上也带有较多的主观因素，易于扩大损失额。其次，具体估算方法上也容易夸大损失。比如有的研究在估算水果加工业的损失时，因无该方面的统计资料就采用新鲜水果损失额乘以加工比率的方法。但果农大多是将有缺陷的水果作为加工用原料的，所以价格也比新鲜水果低很多。

四、对中韩 FTA 谈判的启示

上述分析对中韩 FTA 谈判的启示有两点。

第一，FTA 协商初期，韩国会以估算出的中韩 FTA 对其农业的影响为依据要求适度开放，中国应对该估算结果全面而客观地看待。首先，计量模型中的诸多假设或具体估算方法可能不切实际，进而会人为地夸大损失；其次，韩智 FTA 生效以后所发生的国际国内环境的变化比如出口国产品出口单价的上升、韩国国内需求的增加、韩国政府支援措施效果的显现等在中韩 FTA 的实施过程中也完全有可能再现，而这些因素不会反映在计量模型之中。

第二，中韩 FTA 的实施，并不意味着中国农产品对韩出口就会大幅增加。在韩国，韩国农产品物美价贵而中国农产品物危价廉的意识还较浓厚，在这种市场环境下中国农产品仅有价格竞争力是远远不够的。另外，中国的有些农产品比如新鲜水果和肉类产品因动植物检验检疫问题，至今还不能出口到韩国，即使中韩 FTA 对这些产品规定立即取消关税也没有任何意义。以中韩 FTA 谈判为契机，加强两国在媒体宣传、动植物检验检疫等领域的沟通与合作可能比降低关税更重要。

第二节　韩国 FTA 农业补救措施评析

考虑到有些 FTA 开放程度较低进而基本不会对韩国农业造成冲击①，同时也受到篇幅的限制，本节仅就韩智 FTA 和韩美 FTA 为例进行分析。因为韩智 FTA 是韩国签署的第一个 FTA，针对该 FTA 提出的农业补救措施（以下简称：韩智 FTA 农业补救措施）影响着之后的补救政策体系，具有代表性意义。而韩美 FTA 是韩国签署的最重要的 FTA，同时也是农产品开放程度最高的 FTA，进而针对该 FTA 提出的农业补救措施（以下简称：韩美 FTA 农业补救措施）的广度和深度都是前所未有的，所以有必要重点考察。

一、韩智 FTA 农业补救措施

（一）补救措施的演变

2003 年 2 月，韩国和智利政府签署了韩国历史上的第一个双边 FTA。当时，韩国农民对"与狼共舞"的未来非常恐慌，与政府就农业补救问题展开了激烈的博弈过程，使国会的批准案一推再推②。

为确定合理的补救金额，韩国政府委托汉阳大学和韩国农村经济研究院做了韩智 FTA 对韩国农业的影响估算。韩国农村经济研究院的估算结果表明③，韩智 FTA 生效 10 年间，韩国果农纯收入损失额约为 3000 亿韩元（约合 2 亿元人民币）④，而汉阳大学的估算结果表明⑤，该 10 年间果农总收入将减少 5800 亿韩元。韩国农业损失主要发生在以葡萄、猕猴桃及桃子为中心的果树部门。

2003 年 7 月，韩国政府依据估算结果，决定投入 1 兆韩元补救农业部门（主要是果树部门）。当时政府认为，这笔补救金额远远超出研究机构所估计的损失

---

① 比如与新加坡、印度等国的 FTA 将主要农产品都列为再协商或例外处理（不开放）。

② 其实，当时韩国农产品进口总额中来自智利的比重不足 1%。另外，韩智 FTA 中韩农产品的开放程度总体而言较低，韩国将原本高关税产品的基本都列为例外处理和 DDA（多哈回合）以后再协商的清单上。

③ ［韩］崔世均. 应对韩智 FTA 的农业部门对策. 韩国农村经济研究院，2002.

④ 如何看这些损失额的大小呢？笔者整理出的最简单的理解如下：据统计，2002 韩国果农纯收入约为 1.6 万亿（兆）韩元。假设 10 年间韩国果农只保持原规模且韩智 FTA 没有生效，那么该 10 年间韩国果农的纯收入累计应为 16 万亿（兆）韩元。韩智 FTA 生效所导致的 3000 亿韩元的损失额占 16 万亿（兆）韩元的近 2%。也就是说，该 FTA 生效 10 年间，韩国果农纯收入减少约 2%。

⑤ ［韩］文春杰. 韩智 FTA 生效对国内果树产业的影响. 汉阳大学，2003.

额，应该能得到农民的理解和支持。

但是，农业团体认为，政府的补救措施还不够充分，要求制定相关法律并创设有关基金以确保将来无论在任何状态下都能得到支援。于是，当年 10 月，政府着手制定四大特别法案（分别为《FTA 支援特别法》《农村特别税法》《减轻农户负债特别法》《提高农户生活质量及促进地区开发特别法》），为补救措施的展开提供法律依据。

但四大法案的准备也并未能让农民吃上定心丸，农业团体又要求政府制定更为长远的农业及农村政策。11 月，时任总统卢武铉发表了《农业及农村综合对策》，承诺2004 – 2013 年间将投入 119. 3 兆韩元支持农业发展①，同时把 FTA 补救金额由 1 兆韩元提高到了 1. 2 兆韩元（2004 – 2010 年）。

经过这么一番折腾后，2004 年 2 月韩智 FTA 才在国会通过，四大法案也同时审议通过。韩国的"先补救、后批准"的策略也从此作为国策确定下来②。

（二）补救措施的主要内容

韩智 FTA 农业补救措施内容包括两个方面（表 6 – 7）。

表 6 – 7　　　　　　韩智 FTA 基金支援计划及执行实绩(2004 – 2010 年)

（单位:亿韩元）

区分 内容	支援计划 2004 – 2010	执行实绩							
		2004 年	2005 年	2006 年	2007 年	2008 年	2009 年	2010 年	合计
一、稳定经营	3488	247	530	668	564	367	0	0	2377
停业支援	1680	247	530	668	564	367	2008 年结束		2377
收入保障直接支付	1808	0	0	0	0	0	0	0	0
二、提高竞争力	8303	653	1128	1253	1164	1337	1102	1167	7879

---

① 《农业及农村综合对策》提出的 119. 3 兆韩元投资计划是考虑到今后农业环境的变化如 DDA(多哈回合）的进展、FTA 战略的推进、大米关税化等而设置的，并非只是针对 FTA。因为 FTA 只是引起农业环境变化的因素之一。随着韩美 FTA 的签署(2007 年)，2011 年该笔资金计划又增加了 3. 9 兆韩元，使该投入计划总额增至 123. 2 兆韩元。至于 2013 年以后的资金，韩国政府计划 2014 – 2017 年间再投入 8. 3 兆韩元。

② ［韩]崔世均. 农业部门 FTA 履行影响及补救措施评价. 韩国农村经济研究院,2009.

续表

区分	支援计划	执行实绩							
内容	2004 – 2010	2004 年	2005 年	2006 年	2007 年	2008 年	2009 年	2010 年	合计
高品质生产设施现代化	4216	299	574	557	367	624	606	588	3615
水果专业生产基地基础构筑	519	39	102	103	83	97	87	132	643
据点产地流通中心建设	768	99	225	211	303	149	8	68	1063
水果优良苗木生产	160	2	13	49	65	42	24	13	208
果园规模化	2140	214	214	333	324	352	317	323	2077
高糖度水果生产材料	–	0	0	0	0	23	12	0	35
柑橘副产品处理设施	–	0	0	0	0	25	25	25	75
水果品牌培育支援	–	0	0	0	22	25	23	18	88
水果专用农机租赁	150	75			2007 年后与其他对策合并,从 FTA 基金支援计划剔除				75
水果加工品品质提高	350								
合计	12000	900	1658	1921	1728	1704	1102	1167	10256

注:(1)支援计划总额中包括表中未列的基金管理费和运营费等。

　　(2)2004–2006 年的执行实绩合计中不包括 2007 年后剔除掉的两项内容的 75 亿韩元。

资料来源:(1)韩国农林水产食品部.2004 年度 FTA 基金水果产业支援事业施行指南书,2004.

　　(2)韩国农林水产食品部.2011 年度 FTA 基金水果生产流通支援事业年次检查评估报告书,2011.

　　一是,补偿农户的损失以稳定果农的农业经营。计划投入 3488 亿韩元,占总预算的 29%。该项目包括停业补贴和农户损失直接支付制等 2 个子项目。

　　停业补贴是指当种植猕猴桃和葡萄及桃子的部分农户认为在 FTA 环境下继续务农会入不敷出而决定停业时,政府对这些农户支付相当于前 3 年纯收入的停业支持金的制度。接受该制度支援的农户 5 年内不得经营上述三种果树,也不能受到其他补救措施的支援。停业补贴的施行期限为 5 年（2008 年 12 月 31 日已结束）。

农户损失直接支付制是指因履行 FTA 义务导致部分水果产品进口激增进而价格下降时，补偿果农部分收入的制度。该制度规定：当市场价下降至前 5 年平均价的 80%（启动价）以下时该制度就会启动，补偿金为市场价与启动价之间差额的 80%①。适用的品种是葡萄和猕猴桃，施行期为 7 年（2010 年 12 月 31 日已结束）。

二是，对具有潜在竞争力的农户和产地提供支援以提高竞争力。计划投入 8303 亿韩元，占预算总额的 69%。显然，提高农业竞争力才是韩智 FTA 农业补救措施的主要目标。该项目包括高品质生产设施的现代化、水果优良苗木的生产、水果专用农机的租赁、水果专业生产基地的建设、产地流通中心的建设、水果加工品品质的提高、果园规模化等 7 个子项目。

（三）补救措施实施情况

2004－2010 年的 7 年间，韩智 FTA 基金投入金额共达到 1 兆 256 亿韩元。其中，稳定果农经营项目支付了 2377 亿韩元，比计划少用了 1111 亿韩元，提高竞争力项目投入了 7879 亿韩元，基本完成了预算②。

稳定果农经营项目支出比原计划少的原因在于农户损失直接支付制 7 年来从未启动过。因为虽然智利水果的进口增加了几倍，但因各种原因韩国水果价格并未下降反而有所上升。由于留有剩余，该笔金额转至实际支付超出预算的停业补贴项目上。

停业补贴项目（2004－2008 年的 5 年间）实际共投入了 2377 亿韩元，比原计划多出了 697 亿韩元。受到该项目支援的农户达 16860 户，停业面积达 5812 公顷。从停业品种结构来看，桃子最大，占金额的 76% 和面积的 90%。葡萄次之，各占 22% 和 8%。金额和面积比重不对称的原因是桃子和葡萄的单位面积的纯收入有较大差异。

为提高政策的效率，避免低水平的重复，提高竞争力项目在具体执行过程中

---

① 例如每公斤葡萄的前五年平均价为 1 万韩元，则市场价降至 8000 韩元该制度就被启动。若市场价降至 7000 韩元，则每公斤葡萄的补偿金为(8000－7000)＊80%，而全部补偿额为果园面积＊单产(全国平均)＊每公斤补偿额。前 5 年的平均价是剔除最高价和最低价后的平均价格。

② ［韩］文翰弼等. 韩智 FTA 国内对策的经济效果分析. 韩国农村经济研究院,2012.

进行了一些调整。比如，计划中原有的水果专用农机租赁和水果加工品品质提高项目 2007 年后与其他项目结合，从 FTA 基金支援清单上剔除掉。而原计划中没有的高糖度水果生产材料的生产、柑橘副产品处理设施的建设、水果品牌的培育等项目被重新设立。

提高竞争力项目中投入金额最大的是高品质生产设施的现代化，共投入了3615 亿韩元，占 7879 亿韩元的 46%。该项目以生产高品质且安全的水果、提高生产效率为目的，下设设置挡雨大棚、开发改良优良品种、建造矮树果园、铺设灌水及灌肥设施等 24 个细项目，年均施行面积达 30035 公顷。

投入金额第二大的是果园规模化，共投入了 2077 亿韩元，占 24%。该项目的目标是通过果园买卖和租赁的方式，扩大果农的果园面积，推进集体化经营，以此提高竞争力。7 年间对 2561 户果农和 2334 公顷的果园实行了大规模化或集体化。结果，平均经营规模由以前的 1.1 公顷扩到 2 公顷。

以上措施对稳定韩国果农的经营、降低生产成本、提高韩国水果品质、促进韩国农业向资本技术密集型转化等方面起到了积极效果，同时对减缓韩智 FTA 的冲击也做出了较大的贡献。

二、韩美 FTA 农业补救措施

（一）补救措施的演变

对韩国农业而言，如果韩智 FTA 是小狼，那么韩美 FTA 可以称得上是超级大狼。美国一直是韩国农产品进口的最大来源国之一（占 20% 以上），加之韩美 FTA 是韩国农产品开放度最大的协议，所以对韩国农业的影响自然会远远超出韩智 FTA。根据韩国农村经济研究院 2007 年做出的计量模型估计，韩美 FTA 生效后 15 年间韩国农业生产额累计将减少近 10 兆韩元[1]。韩国农业损失额主要集中在畜产部门（约占 60%）和水果部门（约占 30%）。（表 6 - 8）

---

① 韩国农林水产食品部. 韩美及韩 EU 之 FTA 谈判结果及补救措施,2012 年 10 月. 韩国农林水产食品部网页 http://www. mifaff. go. kr/main. jsp.

表 6-8　　　　　　　　韩美 FTA 生效后韩国农业生产减少额的估计

（单位：亿韩元，%）

区分	第五年		第十年		第十五年		十五年的累计	
	A	B	A	B	A	B	A	B
谷物	46	206	153	249	240	295	1725（1.7）	3270（2.6）
蔬菜	301	608	457	742	538	853	5520（5.5）	9828（7.8）
水果	993	2314	1933	2735	2787	3012	23265（23.1）	36162（28.6）
畜产业	3124	3656	6415	6187	6797	8193	69960（69.5）	72993（57.7）
水产业	234	168	286	317	323	400	214（0.2）	4431（3.5）
合计	4699	7043	9244	10229	10684	12754	100684（100）	126683（100）

注：（1）A 栏数据为 2007 年估算的结果，B 栏数据为 2010 年的估算额，括号内为比重。
　　（2）十五年的累计中的 A 栏数据是笔者根据年平均额计算得出，可能与其他官方数据
　　　　有微小差异。
资料来源：（1）A 栏数据来源于韩国农林水产食品部. 韩美 FTA 协商结果及补救措施，
　　　　　　2011 年 3 月.
　　　　　（2）B 栏数据来源于韩国企划财政部. 韩美 FTA 经济效果再分析，2011 年 8 月.

根据该估算结果，韩国政府于 2007 年 11 月发表了《FTA 国内补救措施》，决定 2008 年至 2017 年间投入 21.1 兆韩元的财政支援①，并减免税收（税收补贴）28.8 兆韩元。但这仅仅是补救措施的开始，之后还经历了两次修改。

韩美两国签署 FTA 以后，又围绕汽车、猪肉、制药等部门的开放问题进行了再次协商，修正案于 2010 年 11 月签署完毕。鉴于韩美 FTA 被修订，韩国研究机构结合当时的农产品物价、家畜数量等重新估算了损失额。测算结果表明，韩国农业损失额将达到 12.7 兆韩元（约合 700 亿元人民币）即比 2007 年的估算额增加了近 2.7 兆韩元②。据此，韩国政府于 2011 年 8 月发表了《FTA 环境下农业竞争力强化综合措施》，决定增加财政支出 1 兆韩元和税收补贴 0.2 兆韩元扶持农业。

---

① 该 21.1 兆韩元中，近一半是前述的《农业及农村综合对策》长期投资中的一部分，而另一半是纯粹针对韩美 FTA 的补救措施金额。

② 2010 年的估算额增加的原因并不是因为再协商结果对韩国农业不利。而是因为：一是 2007 年后韩国农产品价格普遍上升，二是假设对苹果、梨等农产品的非关税壁垒（卫生检验检疫）取消，三是假设玉米、麦等旱作物的进口对辣椒、蒜、洋葱等不进口的产品间接地产生损失（因两类产品互相争旱地）。就再协商结果而言韩国农业是有利的。因为韩国将猪肉的取消关税时间由 2014 年 1 月 1 日推迟到 2016 年 1 月 1 日。估算结果认为，由此韩国养猪业的损失将减少 1000 亿韩元（2012－2016 年间）。

2011 年 10 月和 11 月，韩美 FTA 分别被美国国会和韩国国会批准。在该 FTA 即将生效之际，2012 年 1 月，韩国政府又发表了《韩美 FTA 批准引发的追加补充措施》，决定再增加财政支援 2 兆韩元和税收补贴 0.8 兆韩元。

经过三次修改，韩美 FTA 农业补救措施计划金额 2017 年为止扩充至 54 兆韩元，其中财政预算 24.1 兆韩元、税收补贴 29.8 兆韩元（表 6 – 9）。

表 6 – 9　　　　　　韩美 FTA 农业补救措施的演变（2008 – 2017 年）

（单位：兆韩元）

项目	《FTA 国内补救措施》（2007 年 11 月）	《FTA 环境下农业竞争力强化综合措施》（2011 年 8 月）	《韩美 FTA 批准引发的追加补充措施》（2012 年 1 月）
财政投资	21.1	22.1	24.1
税收补贴	28.8	29	29.8
合计	49.9	51.1	54（注 1）

注：包括农用电费支援 0.1 兆韩元。
资料来源：韩国农协经济研究所. 我国推进 FTA 的动向及农业补救措施, 2012 年 5 月.

（二）补救措施的主要内容

韩美 FTA 农业补救措施不仅金额上比韩智 FTA 补救金超出几十倍，所涵盖的支援内容也扩充了许多（表 6 – 10）。

表 6 – 10　　　　　　韩美 FTA 农业补救措施内容及预算计划

（单位：兆韩元）

领域	投资融资规模	比重	主要补救内容
直接损失补偿	1.6	7%	补偿损失的直接支付制、停业支援
各部门竞争力的提高	9.3	39%	
畜产	6.2	25%	畜舍设施现代化、家畜品种改良、牛肉履历追踪体系、粗饲料生产基地的扩充
园艺	2.2	9%	果树高品质生产基地设施现代化、农产品品牌的建设、人参药用作物系列化支援、果园规模化经营
粮食	0.02	0.10%	旱田作物品牌建设
水产	0.9	4%	条件不理水产区直接支持制、养殖设施现代化
农业经营结构改善	13.2	55%	

续表

领域	投资融资规模	比重	主要补救内容
择优支援制	8.9	37%	经营转让直接支付制、农业人教育与培训、优秀农业经营人追加支援制、农地买入储备等
创造新成长动力	4.3	18%	构筑亲环境农业基础、生命产业技术开发、设施园艺农产品品质改善、Golden Seed 工程等
合计	24.1	100%	

资料来源:见文中说明。

首先,韩美 FTA 农业补救措施中的财政支援措施包括如下三个项目①。

一是,以停业补贴和农户损失直接支付制为核心的稳定农户农业经营项目。计划投入 1.6 兆韩元,占总预算的 7%。该项目的基本思路与韩智 FTA 农业补救措施的规定相似,但经过三次修正后目前所涵盖的内容发生了较大的变化。

比如农户损失直接支付制将启动条件改为市场价下降至前 5 年平均价的 90% 以下,并将补偿金比例改为市场价与启动价之间差额的 90%。适用的品种由事先指定改为事后指定即凡是受到韩美 FTA 的影响而遭受损失的农产品都可以成为支援对象。该制度施行期为 10 年即 2021 年 6 月 30 日结束。停业补贴方面也发生了一些变化,将适用产品范畴扩大至全部农产品,并将施行期延长至 2016 年 6 月 30 日(表 6 - 11)。

表 6 - 11   农户损失直接支付制的演变

区分	2004 年对策	2007 年对策	2011 年对策	2012 年对策
启动条件	市场下降至前 5 年平均价的 80% 以下	下降至 85% 以下		下降至 90% 以下
补偿比例	差额的 80%	差额的 85%	差额的 90%	差额的 90%
对象品种	事先指定(猕猴桃、设施葡萄)	事后指定(因 FTA 受到损失的农产品均有可能被支援)		
施行期间	2010 年 12 月 31 日结束	7 年(2017 年 12 月 31 日结束)	10 年(2021 年 6 月 30 日结束)	

资料来源:见文中说明。

二是,提高农业竞争力项目。计划投入 9.3 兆韩元,占总预算的 39%。韩智

---

① 韩国农林水产食品部. 2013 年韩美 FTA 补救措施事业财政投融资计划,2012 年 10 月. 韩国农林水产食品部网页 http://www.mifaff.go.kr/main.jsp.

FTA 补救措施是以果树部门为主要对象的，但韩美 FTA 补救措施对象包括了畜牧业、园艺、粮食及水产业等多部门。

特别是对畜牧业的支援力度最大，计划金额达到 6.2 兆韩元，占总预算的 25%。具体措施包括老化畜舍设施的现代化、扩大粗饲料的种植面积、改良家畜品种、建设粪尿处理设施等。另外，全面推行牛肉履历追踪制以提高国民对国产牛肉的信任的同时，严格执行原产地标识制以防止进口肉类产品伪装成国产品销售。

果树部门将是继畜牧业之后损失较大的行业。为此，补救措施计划投入 2.2 兆韩元（占总预算的 9%），促进果树高品质生产基地设施的现代化、园艺产品品牌的建设、人参药用作物系列化、果园规模化经营等。农产品流通方面，政府以大规模产地为中心均衡布置具有一定规模的现代化产地流通中心，强化供需调节机能。

粮食部门和水产部门因受韩美 FTA 的影响有限，所以支援计划金额也较少，两个项目合计不足总预算的 5%。

三是，以推进因人制宜型农政和创造新成长动力为目标的改善农业体质项目。计划投入 13.2 兆韩元，占总预算的 55%。该项目未在韩智 FTA 补救措施中提及过，是在韩美 FTA 补救措施中首次提出的。但投入计划金额比前两个项目总额还大，可以看出，改善农业体质是韩美 FTA 农业补救措施的核心内容。

所谓的因人制宜型农政，是指改变过去不问农户的类型一概都给予支援的政策，将农户分为专业农户、准专业农户、小型农户等类型，对不同类型农户实行不同的支援方式的制度。该子项目包括经营转让直接支付制、农业人教育与培训（扩大农户教育费减免幅度）、优秀农业经营人追加支援制、农地买入储备等细项目①。

创造新成长动力项目包括发展亲环境农业、开展 Golden Seed 工程等。韩国政府计划对从事有机农业的农户，将补贴金从现行的水田 392 韩元/公顷、旱田 794 韩元/公顷分别提高至 600 韩元和 1200 韩元。从事无农药农业时，从现行的水田

---

①　经营移让直接支付制是指 65－70 岁的农民若出售或出租其农地时，国家会每年支付每公顷 300 万韩元的资金，直至该农户到 75 岁为止（即最长支付年限为 10 年）。农地买入储备制度是由韩国农渔村公社所属的农地银行以高于当地市场价的价格从农业退休人员和计划农转非的人员手中买入农地之后，以优惠价租给希望务农的人的制度。显然，这些制度的目的在于加快农地流动，促进规模化经营。

307 韩元/公顷、旱田 674 韩元/公顷分别提高至 400 韩元和 1000 韩元。政府规划，2008－2017 年间，将打造 756 所亲环境农业地区和 77 所大片亲环境农业基地。

为促进农业技术开发，确保未来增长动力，韩国政府计划 2012 年至 2021 年将投入 4911 亿韩元，开展《黄金种子工程》，育成高附加值的种子产业。

其次，韩美 FTA 农业补救措施中的税制支援包括降低部分饲料关税、提高副业收入的免税起征点、延长农用燃油零税率期限等方面。

（三）补救措施实施现状

韩美 FTA 的批准及生效时间虽然被推迟了，但韩国政府认为应未雨绸缪，还是按照原来的计划开展了补救措施。2008－2011 年间，补救措施预算总额为 5.9 兆韩元，其中执行的金额达 4.8 兆韩元，执行率为 81%。未能全部执行的原因一方面是农户损失直接支付制和停业补贴等稳定农户经营项目因韩美 FTA 生效比预期晚，所以保留下来了。另一方面是经营移让支付制等项目因条件尚未成熟或不充分被推迟执行（表 6－12）。

表 6－12　　　　2008－2011 年间韩美 FTA 补救措施预算及年度执行情况

（单位:亿韩元,%）

区分			2008	2009	2010	2011	2008－2011
预算			12979	13944	15642	16122	58687
结算			8213	10953	13213	15157	47536
执行率			63.30%	78.50%	84.50%	94.00%	81.00%
未执行		总额	4766	2991	2429	965	11151
	保留执行	小计	3801	1373	756	744	6674
		损失补偿	1514	940	590	615	3659
		其他保留	2287	433	166	129	3015
	推迟执行		965	1618	1673	221	4477

资料来源:见文中说明。

但随着韩美 FTA 于 2012 年 3 月正式生效，被保留或推迟的工作将正式展开。韩国政府将 2012 年度农业补救财政预算大幅增加至 2.1 兆韩元，比 2011 年增加了 31%。2013 年计划又增加至 2.5 兆韩元，比 2012 年增 19%。而这两年韩国整个国家的预算增幅仅为 5.2%，可见韩国政府对韩美 FTA 补救措施的重视程度。

三、评价及展望

在 FTA 环境下，韩国以《农业及农村综合对策》为依据进行长期、宏观的规划和投入的同时，针对每个 FTA 又制定和实施以提高农业竞争力和增强农业体质为核心内容的农业补救措施。韩国的这种将危机视为机会的战略性应对策略值得肯定，也将对韩国农业的发展起到积极的作用。

但韩国的 FTA 农业补救措施并非很完美，还有不少需要解决的问题。

第一，农户损失直接支付制度的设计有待完善。

针对韩美 FTA，农户损失直接支付制度的施行期被设计为该 FTA 生效起 10 年内。问题在于，在韩美 FTA 中韩国大多重要农产品取消关税期限是 10－15 年左右①。一般而言，离完全取消关税时间越近，价格下降的概率也就越高，所以该制度在 10 年后被启动的可行性反而更大。最完美的设计方案是根据不同产品的废除关税日程指定支援期限，但实际操作起来难度较大。

第二，停业补贴制度的设计也有待完善。

首先是施行期限问题。针对韩美 FTA，停业补贴制度的施行期是该 FTA 生效起 5 年内。但韩美 FTA 生效第 10－15 年间才是农业经营最困难的时期，所以在韩美 FTA 履行初期执行该制度有可能增加农户的风险。结合不同产品的废除关税日程确定施行期限自然是最佳的，但会大大增加行政执行成本。

其次是停业后限制营业的期限和补偿金额的适当性问题。目前的规定是，农户接受停业补贴后 5 年内不能从事指定停业的产品、停业补贴金是申请停业的前 3 年的净收入。这种不分具体部门和品种一刀切的方式可能会产生一些问题。因为不同产品的投资－收益周期都有所不同，把限制营业期限统一规定为 5 年不太恰当。另外，由于不同产品的生命周期不同进而年所得率差异较大，统一的规定补偿前 3 年的净收入可能会引起部分农户的不满。最好的办法当然是不同产品区别对待，但这谈何容易。

最后是停业后再务农时的选择问题。一方面，停业农户若转为种植其他农作物时，有可能因供给的增加对原本种植该农产品的农户造成损失；另一方面，随着今后韩国签署的 FTA 数量不断增加，被指定为停业范畴的品种也会不断增加，

---

① 根据笔者测算，韩国农产品中 10% 的产品（HS10 位数）是第 10 年至第 15 年间取消关税。

那么停业农户重新选择的余地会越来越小。停业农户的再就业问题将是摆在韩国政府面前的一大难题。

第三，需要制定先后衔接的、综合性的补救措施，提高补救效率。

首先，因韩国 2008 年起已执行韩美 FTA 农业补救措施的预算，而该 FTA 被推迟到 2012 年才生效。这样一来将来有可能会出现政府的支援政策已结束而关税却一直下降的局面。如何做到先后衔接、不出现政策的空白期是届时需要解决的一个棘手的问题。

其次，据韩国 FTA 路线图，韩国今后还会与农业竞争力较强的国家（新西兰、澳大利亚、乌拉圭、中国等）签署 FTA，届时已实行的 FTA 农业补救政策与今后的补救政策有可能会出现重复，降低效率①。如何将所有补救措施的制定、实施、评估及修正等各个环节紧密地联系在一起使之成为一个有机整体进而提高政策的有效性，也将是韩国政府的一个重大课题。

从某种意义上说，FTA 农业补救措施的成败将决定韩国 FTA 进程的速度。韩国能否解决上述困境进而在今后的"FTA 马拉松赛"中继续领跑，值得我们继续关注。

---

① 比如韩智 FTA 农业补救措施实施过程中的桃子停业补贴是一个最典型的事例。该 FTA 生效 3 年间，停业的桃园面积达总面积的 1/3，为此韩国政府支付了 1076 亿韩元的停业补贴金。但因检验检疫问题，智利的桃子根本没有进口，而因停业的桃园面积增多，桃子价格不断上升，这又导致了桃园面积又新增了停业面积的近一半。若今后桃子检验检疫壁垒被取消而韩国又与其他具有桃子竞争力的国家又签署 FTA，那么届时申请停业的桃园又会增加。

第七章 韩日参与 TPP 对中韩 FTA 及中韩日 FTA 的影响

第一节 TPP 简介

一、TPP 的演变

TPP（Trans-Pacific Partnership Agreement，跨太平洋伙伴关系协议）的前身是 TPSEP（Trans-Pacific Strategic Economic Partnership Agreement，跨太平洋战略经济伙伴关系协定）。

2005 年 5 月 28 日，文莱、智利、新西兰、新加坡四国签订 TPSEP（P4），承诺在货物贸易、服务贸易、知识产权以及投资等领域相互给予优惠并加强合作。其中最为核心的内容是关税减免，即成员国 90% 的货物关税立刻免除，所有产品关税将在 12 年内免除。2006 年 5 月 1 日，TPSEP 对新西兰和新加坡生效，对智利和文莱生效的时间分别为 2006 年 11 月 8 日和 2009 年 7 月 1 日。

2008 年 2 月美国宣布加入 P4，并于当年 3 月、6 月和 9 月就金融服务和投资议题举行了 3 轮谈判。2009 年 11 月，美国正式提出扩大 P4 计划，澳大利亚和秘鲁同意加入。自此 P4 更名为 TPP，开始进入发展壮大阶段。

2010 年马来西亚和越南成为 TPP 谈判成员，2012 年 10 月墨西哥和加拿大正式加入 TPP，使 TPP 成员数量扩大到 11 国。2013 年 3 月日本宣布加入 TPP 谈判，并于 7 月正式加入 TPP 谈判，成为第 12 个 TPP 成员国。在日本加入 TPP 后不久，韩国于 2013 年 9 月也宣布加入 TPP 谈判。

TPP 是美国"重返亚洲"、全面介入东亚区域一体化进程战略的重要组成部分，而日本和韩国都是其整体战略布局中的重要一环。而日本和韩国相继加入

TPP 谈判，很有可能对中韩 FTA 及中日韩 FTA 进程造成一定的压力。

二、TPP 农产品贸易规则

因 TPP 谈判还在进行之中，所以 TPP 贸易规则最终的全貌目前无法知晓。但从已有的 P4 协定来看，TPP 应是"高标准、全面的"自贸协议，不仅涵盖所有的商品和服务贸易，而且原则上要求对全部产品实行贸易自由化（表 7 - 1）。

表 7 - 1   P4 协定之农产品贸易规则

分类		立即废除关税	3 年内废除关税	5 - 7 年内废除关税	10 年内废除关税	12 年内废除关税	原本零关税	例外处理	合计
新西兰	产品数	365	0	8	0	0	619	0	992
	比重(%)	36.8	0.0	0.8	0.0	0.0	62.4	0.0	100.0
智利	产品数	803	103	70	48	34	0	0	1058
	比重(%)	75.9	9.7	6.6	4.5	3.2	0.0	0.0	100.0
文莱	产品数	0	0	20	0	0	1058	80	1158
	比重(%)	0.0	0.0	1.7	0.0	0.0	91.4	6.9	100.0

资料来源：WTO. 各国 P4 减让表. 转引 [韩] 崔世均. TPP 动向及我国的对应. KREI 农政聚焦,2012(9).

比如，新加坡原本仅对 6 个 HS 税号产品（均为酒类）设有关税，其余全部是零关税。P4 生效时，新加坡立即取消了该 6 个 HS 税号产品的关税，使新加坡的全部产品都实现了零关税。

新西兰承诺只对 8 个 HS 税号农产品（HS21069091 - 21069099，均为食用的复合酒精制品）分 5 年取消关税以外，其余的全部农产品立即废除关税。加上原本零关税的农产品，P4 协定生效时新西兰零关税的农产品占 99.2%。

文莱农产品中 91.4% 原本就是零关税产品，所以 P4 协定生效时，文莱零关税的农产品也超过了 91%。文莱 7 年内取消关税的产品为 20 个（HS0901 - 0902 和 HS2101 - 2102 中的咖啡与茶及其制品），占农产品总数的 1.7%。文莱减让表中特别引人注目的是，设有其他国家没有的例外处理（不承诺开放）的产品。例外处理的农产品为 80 个 HS 税号，均为烟酒类产品（HS2106、HS2203 - 2208、HS2401 - 2403 中的部分产品）。

智利的农产品减让模式最为复杂，设有立即取消关税、分 3 年、6 年、10 年、12 年取消关税形式，各占 75.9%、9.7%、6.6%、4.5% 及 3.2%。除降税模式繁杂外，智利的减让表中还有一个特别之处是，将取消关税最长期限设定为 12 年（对象产品是 HS0402 - 0406 中的奶制品），而其余国家都在 10 年内取消关税。因智利没有原本就是零关税的农产品，所以 P4 生效时，智利的零关税农产品只占 76%，在 4 国中最为保守。但智利的开放承诺中没有例外处理的农产品。

综上所述，在 P4 协定中，大部分产品在该协定生效时实行零关税（新加坡为 100%、新西兰为 99%、文莱为 91%、智利为 76%），而其他农产品基本是在 10 年内分阶段取消关税。取消关税时间超过 10 年的，只有智利的部分乳制品，而例外处理的只有文莱的烟酒（因宗教上的原因）等而已。TPP 的贸易规则可能也在 P4 协定的基础上进行协商，应该不会认可不列入自由化进程的产品，而且原则上会要求 10 年内全部取消关税。

当然，随着美国、秘鲁等国的参与，特别是日本的加入，也许会使 TPP 高标准的贸易规则有所松动。比如允许例外处理及分 10 年以上取消关税的比重会适当增加，但估计会伴有非常严格的限制条件。

第二节　韩国参与 TPP 的可行性分析——基于农业视角

一、韩国参与 TPP 的动向

韩国此前一直把对外贸易重点放在双边 FTA 上，对 TPP 不太重视，但是日本加入 TPP 的举动让韩国产生了"危机意识"。一方面，在韩日 FTA 原地踏步的背景下，韩国只有参与 TPP 才有可能在日本市场上争取到更多的免税待遇，加大对日本的出口。另一方面，韩日工业制品的出口市场重合率较高，只有加入 TPP 才能挽回劣势。

韩国要加入 TPP 谈判，需要获得现有 12 个成员国的一致同意。从 2014 年 1 月至 3 月，韩国已与美国、加拿大、澳大利亚、智利、新西兰、日本等参与 TPP 谈判的其他 12 个国家进行了第一轮预备双边谈判，各国对韩国加入 TPP 谈判尚未表示明显异议。

二、韩国参与 TPP 后农产品的追加性开放

日本表明有意加入 TPP 后，韩国国内也对 TPP 展开了一系列研究。韩国大部分学者认为，因为韩国已与智利、新加坡、美国、秘鲁、马来西亚、越南、文莱、

澳大利亚签署了 FTA，而韩国一直推行较高开放水准的 FTA，所以从经济效果而言，韩国参与 TPP 并无太大的正面效应。倒是因农产品的追加性开放（包括对尚未与韩国签署 FTA 的 TPP 成员国的开放和已与韩国签署 FTA 的 TPP 成员国的追加开放），导致的负面效应可能更大。显然，韩国加入 TPP 最关键、最棘手的问题还是农产品开放的问题。

那么，韩国参加 TPP 后农产品的追加性开放负担能有多大？本节结合以往的 FTA 规则，就该问题作一分析，以此来思考韩国参与 TPP 的可行性。分析假定：大米与以往的 FTA 一样不进行开放，而作例外处理；其他的所有农产品进行关税减让，取消关税时间最长为 10 年。

1. 农产品整体的追加开放负担

从表 7 - 2 可以看出，韩国参加 TPP 后农产品的追加性开放负担较大。分 10 年以上取消关税和再协商以及例外处理等三种模式的合计，韩智 FTA 为 23.2%，韩东盟 FTA 为 24.2%，该两个 FTA 的追加开放压力可谓不小。上述三种模式比重最小的是韩美 FTA，但也超过了 10%。韩欧盟 FTA 为 14.4%，韩秘 FTA 为 15.9%，开放负担居中。

表 7 - 2　　　韩国已签署 FTA 中 10 年内取消关税模式以外的农产品一览表

区分		A 立即或10年内取消关税	B						B 小计	合计
			分 10 年以上取消关税		再协商（维持现行税率）		例外处理			
	产品总数	1407	12	主要产品	391	主要产品	21	主要产品	424	1831
韩智 FTA (2004.4)	比重（%）	76.8	0.7	调制粉乳（16 年）、混合饮料（16 年）	21.4	马铃薯、地瓜、绿豆、荞麦、大麦、大豆（榨油及其他）、冷冻鸡肉、冷藏及冷冻牛肉、牛奶和黄油及奶酪等奶制品、天然蜜、柑橘、香蕉、橙子、菠萝、银杏、柿饼、绿茶、新鲜草莓、花生、蒜、生姜、洋葱、芝麻	1.1	大米及其制品、东洋梨、苹果	23.2	100.0

续表

区分		A	B						B 小计	合计
		立即或 10 年内 取消关税	分 10 年以上取消关税		再协商 （维持现行税率）		例外处理			
韩美 FTA (2012.3)	产品 总数	1631	167	主要产品	0	主要产品	16	主要 产品	183	1814
	比重 （%）	89.9	9.2	绿豆(15 年)、大麦(15 年)、荞麦(15 年)、冷藏鸡肉(12 年)、冷藏牛肉(15 年)、冷冻牛肉(15 年)、牛奶和黄油及奶酪等奶制品(15 年)、柑橘(15 年)、东洋梨(20 年)、富士苹果(20 年)、葡萄(17 年)、猕猴桃(15 年)、松子(15 年)、辣椒(15 年)、绿茶(15 年)、花生(15 年)、蒜(15 年)、生姜(15 年)、洋葱(15 年)、芝麻(15 年)	0.0	马铃薯、其他大豆、粉乳、天然蜜、橙子	0.9	大米及其制品	10.1	100.0
韩欧盟 FTA (2011.7)	产品 总数	1240	155	主要产品	37	主要产品	16	主要 产品	208	1449
	比重 （%）	85.6	10.7	奶酪(15 年)、啤酒麦及麦芽等大麦(15 年)、配合饲料(12 年)、变性淀粉(12 年)、富士苹果(20 年)、东洋梨(20 年)、芝麻(18 年)、芝麻油(18 年)、花生(18 年)、绿茶(18 年)、生姜(18 年)、食糖(16 年)、牛肉(15 年)、松茸(15 年)、绿豆(15 年)、大枣(15 年)、猕猴桃(15 年)、人参(15 年)、混合调味料(15 年)、各种淀粉(15 年)、荞麦(15 年)、冷冻鸡肉(13 年)、爆米花用玉米(13 年)、鸭肉(13 年)、冷冻洋葱(12 年)、葡萄汁(12 年)	2.5	大豆、大麦、马铃薯、柑橘、辣椒、蒜、洋葱、人参、脱脂粉乳、天然蜜	1.1	大米及其制品	14.4	100.0

续表

区分		A 立即或10年内取消关税	B 分10年以上取消关税		再协商（维持现行税率）		例外处理		B 小计	合计
韩秘 FTA (2011.8)	产品总数	1834	202	主要产品	91	主要产品	16	主要产品	309	1941
	比重（%）	94.5	10.4	地瓜（16年）、荞麦（16年）、大麦（16年）、大豆（榨油用，16年）、乳糖（16年）、天然蜜（16年）、松子（16年）、绿茶（16年）、生姜（16年）、芝麻（16年）	4.7	马铃薯、其他大豆、冷藏及冷冻牛肉、牛奶和黄油及奶酪等奶制品、柑橘、东洋梨、苹果、葡萄、橙子、柿饼、大枣、蒜、栗子	0.8	大米及其制品、奶酪	15.9	100.0
韩东盟 FTA (2007.6)		正常产品及一般敏感产品	高度敏感产品 A、B、C		D		E		小计	
	产品总数	677	169	主要产品	7	主要产品	40	主要产品	216	893
	比重（%）	75.9	18.9	马铃薯（B）、地瓜（B）、荞麦（B）、其他大豆（B）、大麦（C）、冷藏牛肉（B）、奶制品（B）、东洋梨（C）、桃子（B）、橙子（C）、大枣（B）、花生（B）、栗子（B）、芝麻（C）	0.8	木薯淀粉、绿豆	4.5	大米及其制品、鸡肉、猪肉、冷冻牛肉、柑橘、香蕉、新鲜菠萝、辣椒、绿茶、洋葱	24.2	100

注：(1) 产品总数为 HS10 位数的数量（韩东盟 FTA 为 HS6 位数）。

(2) 再协商表示实行现行税率，包括对部分产品实行现税率下的零关税配额。

(3) 正常产品应在 2010 年 1 月 1 日将关税最终削减为零，一般敏感产品应在 2016 年 1 月 1 日将关税削减至 0～5%。

(4) A、B、C 表示 2016 年 1 月 1 日为止将关税削减至 50% 以下、削减 20% 以上、50% 以上；D 表示再协商，E 表示例外处理。

资料来源：根据各 FTA 关税减让表整理得出。

2. 谷物的追加性开放

韩美 FTA 中谷物类的开放水平比其他 FTA 高，只有土豆和大豆（其他）的减让水平比韩—东盟 FTA 低。所以加入 TPP 后,对美国追加开放土豆和大豆(其他)将不可避免(表 7 - 3)。

表 7 - 3　　　　　　　韩国参加 TPP 所带来的追加性开放负担(谷物类)

FTA 对象国产品	美国	ASENA	新加坡	智利	秘鲁
土豆	维持现状	2016 年为止削减 20%	例外处理	DDA 后再协商	维持现状/10 年(1)
马铃薯	10 年	2016 年为止削减 20%	例外处理	DDA 后再协商	16 年
绿豆	15 年	2016 年为止削减 20%	例外处理	DDA 后再协商	10 年
荞麦	15 年	2016 年为止削减 20%	例外处理	DDA 后再协商	16 年
麦	15 年	2016 年为止削减 50%	例外处理	DDA 后再协商	维持现状/16 年(2)
大豆(榨油用)	立即废除	2010 年废除	10 年	DDA 后再协商	16 年
大豆(其他)	维持现状	2016 年为止削减 20%	例外处理	DDA 后再协商	维持现状

注:(1)土豆中种子用和其他是例外处理,其他税号是 10 年废除。
　　(2)麦中啤酒麦、麦芽、大麦等是维持现状,其他税号是 16 年废除。
资料来源:根据各 FTA 关税减让表整理得出。

韩—东盟 FTA 中大部分谷物类产品都设为削减关税 20%,即开放水平总体而言较低。目前,韩国部分谷物类产品的关税高达百分之几百,所以韩国加入 TPP 后,对东盟的谷物类追加开放部分可能较大。

3. 畜产品的追加性开放

对美国的追加性开放将在冷藏鸡肉、牛肉、天然蜜及部分奶制品上。至于猪肉,因韩美 FTA 中设定为 10 年内取消关税,所以不会有开放负担。

在韩—东盟 FTA 中畜产品的开放程度较低(均设为例外处理或 2016 年为止削减 20%),所以加入 TPP 后对东盟畜产品的追加性开放负担可能较大(表 7 - 4)。

对智利而言,将在冷冻鸡肉、牛肉、酸奶以外的奶制品上进行追加性开放。冷藏鸡肉和猪肉因在韩智 FTA 中规定为 10 年取消关税,所以不会出现较大的负担。

对秘鲁而言,追加性负担将表现在牛肉和黄油等乳制品上。

表 7-4   韩国参加 TPP 所带来的追加性开放负担(畜产品)

FTA 对象国 产品	美国	ASEAN	新加坡	智利	秘鲁
鸡肉(冷藏)	12 年	2016 年为止削减 20%	例外处理	10 年	10 年
鸡肉(不同部位/冷藏)	10 年	例外处理	例外处理	10 年	10 年
鸡肉(不同部位/冷冻)	12 年	例外处理	例外处理	DDA 后再协商	10 年
猪肉(冷藏)	10 年	例外处理	例外处理	10 年	10 年/16 年
猪肉(冷冻)	2016 年	例外处理	例外处理	10 年	10 年/16 年
牛肉(新鲜/冷藏)	15 年	2016 年为止削减 20%	例外处理	DDA 后再协商	维持现状
牛肉(冷冻)	15 年	例外处理	例外处理	DDA 后再协商	维持现状
乳制品(牛奶、奶油)	15 年	2016 年为止削减 20%	例外处理	DDA 后再协商	维持现状
乳制品(奶粉)	维持现状	2016 年为止削减 20%	例外处理	DDA 后再协商	维持现状
乳制品(酸奶)	10 年	2016 年为止削减 20%	例外处理	10 年	10 年
乳制品(黄油)	10 年	2016 年为止削减 20%	例外处理	DDA 后再协商	16 年
乳制品(奶酪)	15 年	2016 年为止削减 50%	例外处理	DDA 后再协商	例外处理
乳制品(乳糖)	5 年/10 年	2008 年	例外处理	DDA 后再协商	16 年
天然蜜	维持现状	2016 年为止削减 20%	例外处理	DDA 后再协商	16 年

资料来源:根据各 FTA 关税减让表整理得出。

4. 水果的追加性开放

韩美 FTA 中,废除关税时间在 10 年以上的水果较多,所以对美国水果的追加性开放负担可能较大。韩美 FTA 中,10 年以内取消关税的只有香蕉、甜柿子、桃子、菠萝等,苹果、梨、柑橘、猕猴桃等主要水果的追加开放负担可能较大(表 7-5)。

表 7-5   韩国参加 TPP 所带来的追加性开放负担(水果)

FTA 对象国 产品	美国	ASEAN	新加坡	智利	秘鲁
柑橘	15 年	例外处理	例外处理	DDA 后再协商	维持现状
甜柿子	10 年	2016 年为止削减 20%	例外处理	10 年	10 年

FTA 对象国 产品	美国	ASEAN	新加坡	智利	秘鲁
柿子干	10 年	2016 年为止削减 20%	例外处理	DDA 后再协商	维持现状
香蕉	5 年	例外处理	例外处理	DDA 后再协商	5 年
梨	20 年	2016 年为止削减 50%	例外处理	例外处理	维持现状
桃子	10 年	2016 年为止削减 20%	例外处理	10 年	10 年
苹果	20 年	2016 年为止削减 50%	例外处理	例外处理	维持现状
橘子	维持现状	2016 年为止削减 20%	例外处理	DDA 后再协商	维持现状
菠萝	10 年	例外处理	例外处理	DDA 后再协商	10 年
葡萄	17 年	2016 年为止削减 20%	例外处理	10 年 + 季节关税	维持现状
猕猴桃	15 年	2016 年为止削减 5%	10 年	10 年	10 年
银杏	10 年	2008 年	例外处理	DDA 后再协商	10 年
松子	15 年	2016 年为止削减 20%	例外处理	DDA 后再协商	10 年

资料来源:根据各 FTA 关税减让表整理得出。

韩—东盟 FTA 将香蕉、菠萝、柑橘等东盟国家的主力出口水果都设定为例外处理,将苹果、梨等温带性产品设为削减部分关税。所以加入 TPP 后,对东盟水果的追加性开放负担也可能较大。

韩—智 FTA 将苹果和梨设为例外处理,柑橘、香蕉等热带性水果规定为 DDA(多哈回合)后再协商。所以加入 TPP 后,对智利水果的追加性开放负担也将较大。

对秘鲁的开放负担表现在柑橘、苹果、梨等产品上,因为韩秘 FTA 将这些产品设定为维持现状。

5. 蔬菜的追加性开放

韩美 FTA 中蔬菜类的开放水平较低。辣椒、大蒜、洋葱等均设为 10 年以上取消关税。所以加入 TPP 后,主要蔬菜类的追加性开放负担可能较大(表 7 - 6)。

表 7 - 6　　　　　　韩国参加 TPP 所带来的追加性开放负担(蔬菜)

FTA 对象国 产品	美国	ASEAN	新加坡	智利	秘鲁
辣椒	15 年	例外处理	例外处理	DDA 后再协商	维持现状
绿茶	15 年	例外处理	例外处理	DDA 后再协商	16 年

续表

FTA 对象国 产品	美国	ASEAN	新加坡	智利	秘鲁
红萝卜	5 年	2010 年	例外处理	10 年	10 年
大枣	12 年	2016 年为止削减 20%	例外处理	DDA 后再协商	维持现状
草莓	9 年	2016 年为止削减至 5%	10 年	DDA 后再协商	10 年
花生	15 年	2016 年为止削减 20%	例外处理	DDA 后再协商	16 年
大蒜	15 年	例外处理	例外处理	DDA 后再协商	维持现状
栗子	15 年	2016 年为止削减 20%	例外处理	DDA 后再协商	维持现状
白菜	5 年	2010 年	10 年	5 年	10 年
姜	15 年	2016 年为止削减 50%	例外处理	DDA 后再协商	16 年
洋葱(新鲜、 冷藏、干燥)	15 年	例外处理	例外处理	DDA 后再协商	维持现状
洋葱(冷冻)	12 年	2016 年为止削减至 5%	10 年	10 年	10 年
黄瓜	立即取消	立即取消	例外处理	10 年	10 年
人参	18 年	2016 年为止削减 50%	例外处理	DDA 后再协商	维持现状
芝麻	15 年	2016 年为止削减 20%	例外处理	DDA 后再协商	16 年
南瓜	立即取消	2016 年为止削减至 5%	10 年	10 年	10 年

资料来源:根据各 FTA 关税减让表整理得出。

对东盟而言,除白菜、黄瓜、红萝卜以外大部分蔬菜的追加开放将较大。特别是韩—东盟 FTA 例外处理的辣椒、大蒜、洋葱的开放负担将很大。

对智利的追加开放负担与东盟相似。因为除部分蔬菜外,大部分蔬菜产品都被设为 DDA(多哈回合)以后再协商。

韩—秘鲁 FTA 中将辣椒、大蒜、洋葱、人参设为维持现状,将花生、生姜等设为 16 年取消关税,显然这些产品的追加开放负担将较大。

如前所述,因为韩国已与大部分 TPP 成员国已签署了 FTA 或正进行有关谈判,所以韩国加入 TPP 并无太大的贸易创造效应,反而因农产品的追加性开放负担较重。所以仅从农业视角考察,韩国并不会急于参与 TPP。

韩国是否参与 TPP 取决于日本。一方面,日本参与 TPP,使得 TPP 的影响力大大增强,对韩国的吸引力也会大幅增加;另一方面,日本在农产品开放问题上比韩国谨慎许多,若日本也加入了 TPP,表明 TPP 对韩国农业的影响有限。关于日本能否参与 TPP，目前还充满着未知数（第三节阐述），所以对韩国是否参与 TPP 尚无法下明确的结论。

第三节　日本参与 TPP 的可行性分析——基于农业视角

一、日本参与 TPP 的动向

2011 年 11 月 11 日，日本时任首相野田佳彦表示有意加入 TPP。之后和 TPP 成员国就加入事宜进入协商阶段。2013 年 4 月 12 日，日美就加入 TPP 谈判签署协议。2013 年 4 月 20 日，TPP 先行谈判国一致同意日本加入谈判。2013 年 7 月 23 日，日本正式加入 TPP 谈判。

日本政府为何对 TPP 如此热衷呢？笔者认为，这里既有国内因素也有国外因素，既有经济因素也有政治因素，可以总结为如下几点。

第一，日本因素。日本参加 TPP 意味着同时与美国、澳大利亚、新西兰缔结了 FTA，同时，可提高与欧盟协商 FTA 方面的谈判能力，对改善与欧盟的关系也具有较大的意义。这对日本增加出口、提高国际政治影响力而言显然具有重大意义。

第二，韩国因素。韩国最近相继与欧盟和美国签订了 FTA，这让日本企业非常恐惧，认为日韩存在竞争关系的电子、汽车等在美国和欧盟市场上将处于竞争劣势（表 7 - 7）。日本舆论认为，从与 FTA 签订对象国和地区贸易额在总贸易额的占比看，日本为 18%，低于韩国的 36%。日本舆论也由此认为，日本在贸易自由化问题上已落后于韩国。

表 7 - 7　　　　韩欧盟 FTA、韩美 FTA 生效后日本企业的竞争条件变化

（单位:%）

市场	主要高关税产品	韩欧盟 FTA、韩美 FTA 生效后	
		对日税率	对韩税率
EU	汽车	10	0
	平面 TV	14	0
	液晶显示器	14	0
	一体机	6	0
	微波炉	5	0

续表

市场	主要高关税产品	韩欧盟 FTA、韩美 FTA 生效后	
		对日税率	对韩税率
美国	汽车	2.5	0
	卡车	25	0
	轴承	9	0
	聚苯乙烯	6.5	0
	LCD 显示器、TV	5	0
	音响	4.9	0

注:韩—EUFTA 生效后 5 年内、韩美 FTA 生效 10 年内全部取消。

资料来源:[日]内阁官房(2010 年 10 月 27 日)《关于全面经济合作的检讨状况》。

第三,中国因素。日本 EPA 政策的一个重要动机是牵制中国。之前,日本牵制中国的手段之一是与东亚(韩国)、东南亚区域推进 FTA 的同时构筑 10 + 6 机制。但这些机制虽然能起到一定的效应,但毕竟有限。加入 TPP、利用美国的影响力牵制中国,这是日本加入 TPP 的政治目的。

第四,美国因素。上述的韩国和中国因素只是一种压力,对于日本而言,TPP 最大的吸引力就是美国。TPP 已明显成为美国主导的亚太地区经济合作的新框架,其中的制度安排、规则制定、机制建设等极大程度上取决于美国的态度及相应政策。因此,加入这样一个多边经济协定,不仅仅会给日美两国带来丰厚的经济利润,同时也会在政治及安全上制造足够的信任价值。当然,同样的道理也适用于美国,可以说日美两国实际上是"各有所需"。因此,日本参与 TPP 协定的重要意义可谓是"一石二鸟",即不但有助于经济的复苏重建,更有助于日美关系的进一步修好。

二、日本各界对参与 TPP 的不同主张

虽然日本政府高调参与 TPP 谈判,但日本各界对此众说纷纭、莫衷一是。因为 TPP 对日本而言也是把"双刃剑",带来经济和政治上的巨大利益的同时,会给日本的经济与政治造成一定的负面效果。这主要反映在农产品的开放和自然人移动、服务贸易等方面。日本一旦加入 TPP,就要对美国等国开放这些行业,而且已有的 6 个 EPA(新加坡、马来西亚、越南、文莱、智利、秘鲁)的内容修正也不可避免。不仅如此,未加入 TPP 的国家(泰国、印尼、菲律宾、墨西哥)也可能要求修改原 EPA 内容。

在众多的质疑声中，最为核心的分歧还是农业开放问题。如前所述，长期以来，日本农业因生产规模小、劳动力成本居高不下，不得不依靠政府的贸易保护政策，已签署的 EPA 也是对农产品实行适度开放的政策（表 7-8）。而 TPP 是一个号称"高标准的"自由贸易协议，原则上要求对全部产品实行贸易自由化，农产品也不例外。若日本也加入 TPP，美国和澳大利亚等农业强国的农产品必将对日本农业产生重大冲击。关于"日本应否加入 TPP""贸易自由化与农业问题"的激烈争论再一次燃烧了整个日本列岛，支持者振臂高呼，反对者振振有词①。不仅工商界和农业界人士之间针锋相对，学者之间赞成和反对的两派壁垒森严，连中央政府各部门的意见也不统一。

表 7-8　　　　　　　　　日本已有的 EPA/FTA 中的关税设置

（单位：HS9 位税号）

已有的 EPA 中被规定过"例外"	大约 450 个（农产品 400 个，矿工业品 55 个） 水产品：55 个 脱脂粉奶、黄油等乳制品：110 个 大米、小麦、大麦、麦芽、淀粉等谷物：70 个 甜菜糖等糖类：10 个 谷物、牛奶到等调制品：130 个
已有的 EPA 中被规定过"再协商"	大约 360 个（农产品 320 个，矿工业品 40 个） 肉类（牛、猪、鸡等）及肉制品：40 个 奶酪等乳制品：20 个 金枪鱼等水产品：40 个 玉米、淀粉、谷物粉等：25 个 菠萝、西红柿等的调制品：15 个 花生、植物性油等：30 个 糖类及调制食品：100 个 合板：30 个
已有的 EPA 中被规定过"关税减让（但不废除）、关税配额"	农产品：130 个 肉类（牛、猪、鸡等）及肉制品：60 个 西红柿等的调制品：15 个 糖类及调制食品：100 个

资料来源：[日]农林中金综合研究所.关于 TPP 的 Q&A,2011 年 2 月.

---

①　[日]石田信隆.TPP 与战略性经济合作.农林金融,2010 年 12 月；[日]渡边赖纯.日本农业.参加 TPP 会毁灭吗？http://wedge.ismedia.jp,2010 年 11 月 8 日；[日]失口芳生.关于 TPP 与日本农业农政的论点.调查与情报,2011 年 2 月；吴正龙.日本参与 TPP 的艰难抉择.中国经济时报,2010 年 11 月 18 日.

内阁府认为，若加入 FTAAP 可使日本 GDP（单年度，以下同）增加 1.36%，产生 6.7 兆日元的经济效果。若加入 TPP 可使日本 GDP 增加 0.65%，产生 3.2 兆日元的经济效果。经济产业省认为，若日本不参加 TPP 同时也不参加日欧 FTA 和日中 FTA，而韩国与美中欧都签署 FTA，将使日本 GDP 减少 1.53%，损失 10.5 兆日元（表 7 – 9）。

表 7 – 9　　　　　　　　　　日本各机构测算的参加 TPP 的影响

内阁府	农林水产省	经济产业省
（1）参加 FTAAP，实际 GDP 增加 1.36%（增 6.7 兆日元） （2）参加 TPP，实际 GDP 增加 0.48% – 0.65%（增 2.4 – 3.27 兆日元）	农业生产额减少 4.1 兆日元； 粮食自给率由 40% 下降至 14%； 农业多功能性的损失额为 3.7 兆日元； 实际 GDP 减少 1.6%（减 7.9 兆日元）； 就业机会减少 340 万人	假设：（1）日本不参加 TPP、日欧盟 FTA、日中 FTA； （2）韩国与美国、中国、欧盟签署 FTA； （3）2020 年，日本的汽车与电气电子及机械产业失去美国、中国、欧盟的市场 结果：（1）实际 GDP 减少 1.53%（减 10.5 兆日元）； （2）就业机会减少 81.2 万人

注：（1）FTAAP 为亚太自由贸易区，包括 10 + 3、TPP。
　　（2）测算值为单年度的数据。
资料来源：日本内阁官房（2010）.

但农林水产省认为，加入 TPP 将使农业生产额减少一半（4.1 兆日元），GDP 减少 7.9 兆日元，340 万人失业，粮食自给率（按热量标准计算）由 40% 下降到 14%[①]。由于各个机构测算的方法和假设条件相异，无法直接进行比较，但从各机构测算出的截然相反的数据可以看出，日本中央政府各部门对参加 TPP 的态度是不一致的。

工商界人士坚决支持日本加入 TPP。日本经济团体联合会、商工会议所、经济同友会于 2010 年 11 月 1 日共同主持了"请求加入 TPP 的紧急会议"，认为加入 TPP 是日本实现经济增长战略所不可缺的重要一环。他们认为，日本在"FTA 世界大战"中已经落伍（因为日本迄今为止所签署的 FTA 对象国都是小国，与美国、欧盟、中国等大国（组织）的 FTA 没有任何实质性进展），如不赶上 TPP 这趟快车，就可能有被抛在经济一体化之后的危险，而加入 TPP 有利于日本进一步融入亚太经济，有

---

① 　农林省的计算是对关税率 10% 以上且生产额在 10 亿日元以上的 19 个品种做估算的。有两个假设：第一，与进口品具有竞争关系的，全部由进口品替代；第二，不竞争的产品，因进口品的流通导致价格下降。

利于扭转贸易自由化的落后局面，从而有利于未来日本经济的增长。

但农业界人士则认为，加入 TPP 就意味着日本农业的破产。2010 年 11 月 10 日，日本农协等农业团体组织了一场 3000 多人游行示威的 "反对参加 TPP、坚守日本粮食的全国紧急集会"，呼吁政府不要参加影响粮食安全、有损于地区经济和社会安定的 TPP。2011 年 10 月，反对日本参加 TPP 的日本全国农业协同组合（农协）组织了20 辆拖拉机和轻型卡车举行游行示威，全国农协青年组织协议会则在经济产业省门前以及繁华热闹的银座奔跑，坚决反对日本参加 TPP。与此同时，在东京召开的由北海道和日本东北 6 县的农协代表参加的集会聚集了约 500 人（其中有约 40 名执政党和在野党议员参会），主张 "一旦进行谈判就是地狱，必须想办法加以阻止"。10月 25 日，日本农协向国会提交了反对参加 TPP 谈判的请愿书，代表农民利益的朝野各党国会议员 356 人在请愿书上签名，其中执政党民主党 120 人，在野的自民党和公明党分别为 166 人和 25 人，社民党和共产党几乎全部国会议员反对参加 TPP。目前，日本农协各地方组织仍在不断举行反对参加 TPP 的集会。

在学术界，支持派与反对派的论争也越来越白热化。东京大学教授伊藤元重、亚细亚大学教授石川幸一、早稻田大学教授浦田秀次郎、庆应技术大学教授渡边赖纯等是支持派的代表人物。他们的观点可总结为如下几点：

第一，日本战后以来的主要改革大都是在外部压力下才得以进行的，因此要实施彻底的农业改革，客观上就需要在贸易自由化方面没有例外的 TPP 的压力。

第二，参加 TPP 短期内会使农产品进口增加，国内生产减少，但长期来看，可以通过改革提高农业生产性[1]，提高日本的农业竞争力。

第三，农林水产省测算的参加 TPP 所造成的农业损失数据是以日本农业未采取任何措施为假设条件的。其实，日本优质农产品比如大米和乳制品等扩大出口的可行性是充分存在的。

第四，就粮食自给率而言，当然越高越好，但是真正的粮食安全是指供给来源的多元化，即重要的是多确保能够向日本稳定且优先出口粮食的国家。

第五，日本应采取有效措施，引导兼业农户和零散农户放出农地，让有能力

---

[1] 支持派学者认为，欧盟、澳大利亚和新西兰等国家的农业曾经也靠高度保护，但后来在贸易自由化的背景下，摈弃保护主义，摸索出了高效率的农业模式。在日本也有这种先例。1987 年，当时的欧共体就日本对威士忌等进口酒类征收高于日本国产酒的国内税的问题向关贸总协定（GATT）提出申诉，称日本违反国民待遇原则。结果日本败诉，提高了国内酒的税，但日本酒并未因此而萧条，反而因实施品牌化和高级化战略其竞争力进一步提高。

的务农者集中土地，走规模化和效率化之路。

但反对加入 TPP 的学者大有人在。东京大学名誉教授宇泽弘文、京都大学名誉教授伊藤光晴、东京大学教授铃木宣弘、农林中金综合研究所研究员石田信隆等都是反对加入 TPP 的代表人物。笔者将这些学者的主要观点整理为如下几点：

第一，据农林水产省的估算，加入 TPP 后，除新潟产越光大米（日本最出名的品牌，占日本产量的 10%）以外的其他大米都将被进口大米替换，而且 100% 的甜味资源作物和除极少数品牌肉以外的大部分牛肉猪肉也都将被进口品替代（表 7 - 10），而这意味着日本农业的毁灭和农村区域共同体的崩溃。

表 7 - 10　　　　日本加入 TPP 对农产品生产的影响（农林水产省的估算）

品目	生产量的减少率(%)	生产额的减少（百亿日元）	备注
大米	90	197	国内外价格差为 4 倍多，仅有部分品牌大米剩下
小麦	99	8	国内外价格差为 2 倍，仅有 1% 的国产差别化产品剩下
砂糖原料作物	100	15	国内外价格差为 3 倍多，国产砂糖毁灭
淀粉原料作物	100	2	无品质差距，全部被进口品替代
魔芋、马铃薯	90	3	仅存 SYOUZURI 魔芋
茶	25	3	仅存 1 号茶和 2 号茶
加工用西红柿	100	3	无品质差距，全部被进口品替代
罐头类	9	1	浓缩果汁及罐头被进口品替代
苹果	9	1	浓缩果汁被进口品替代
乳制品	56	45	牛奶因其生鲜性，80% 会存在。乳制品因国内外价格差距甚大，国产货毁灭
牛肉	75	45	仅存部分和牛；全部的奶牛种类和一半的肉用牛被进口品替代
猪肉	70	46	仅存部分品牌猪肉，其他全部由进口品替代
鸡肉	20	19	业务用和加工用的一半被进口品替代
鸡蛋	18	15	饭盒用和加工用的一般被进口品替代
其他		5	大麦、小豆、花生等
合计		4 兆 1000 亿日元	

资料来源：根据日本农林水产省的相关报道整理。

第二，近年来，受到气候异常的影响，全球范围内洪灾、干旱频发，导致国际粮价不断攀升。比如2007－2008 年澳大利亚和乌克兰发生的干旱使国际谷物价格急剧上升，而2010 年俄罗斯发生的干旱也使国际谷物价格上升。在这种背景下，日本粮食自给率下降至14%，将严重威胁日本的粮食安全，而且会加剧世界粮食供求矛盾，会招致购买力较低的广大发展中国家的谴责。

第三，以加入 TPP 为契机加快农业改革的想法过于简单甚至幼稚。自关贸总协定（GATT）乌拉圭回合以来，日本不断进行农业改革，促进规模化经营，但目前小规模经营依然占绝大比重，农业后继无人、农村日益衰退的趋势并未得到抑制。这些事实表明，像日本这样耕地面积小且零散的背景下，无论怎么改革其竞争力也达不到与农业强国并肩的水平。

第四，部分支持派学者认为，加入 TPP 后政府可对农民实施按户补偿收入的政策，以抵消因国内外农产品悬殊价格差所造成的收入减少。但这是不现实的。因为要补偿，就需要更多的财政资金，其结果就不得不增税，而这谈何容易。

第五，日本农产品的出口只占日本农业生产额的极小部分，它不会给日本农业带来活路。比如，2009 年农产品生产额为 4454 亿日元，其中农产品出口额为 2637 亿日元，似乎出口比重较大。但是，需要留意的是，日本农产品出口中加工食品（大酱、酱油、小麦粉、面类、饼干等）占 70%－80%，而这些加工食品大多以进口农产品作为原料，所以农产品出口对日本农业发展的贡献很小。另外，日本农产品出口地大多为中国、韩国等非 TPP 国家的亚洲国家，所以，参加 TPP 对农产品出口的带动作用很有限。

第六，日本的进口食品安全问题将受到严重威胁。目前，日本为规避 BSE 的感染风险，对美国牛肉进口做了限制条件，规定只有除去 SRM（特定危险部位）的且在 20 个月以下的牛的肉才能进口。对此，美国在每年发表的《对日的管制改革要求/外国贸易壁垒报告书》中头一条就提到，希望日本"遵从 OIE（国际兽疫办事处）的基准，不要限制年龄和部位"。对于农药残留，美国政府曾向日本政府透露，不应以 CODEX 的基准为准，而是以主要生产国的基准为参考，参考外国基准时，不要采用平均值，采用最为缓和的基准值。

TPP 是美国主导的组织，其标准估计也由美国来制定。显然，日本若参加 TPP，牛肉进口门槛会大幅降低，农药残留基准也会大幅缓和，这对日本食品安全将构成严重威胁。不仅如此，TPP 好像还要着手编制统一的食品安全标准，届时日本的原有的食品安全体系将被迫大幅进行修改。

日本农业保护意识根深蒂固，利益集团势力盘根错节，导致农产品问题一直成为日本在进行 FTA 谈判中高度敏感、久拖不决的一个难题，在加入 TPP 问题上也依然成为了最大绊脚石。除非 TPP 最终放宽农产品市场准入谈判标准，否则日本欲加入 TPP 任重而道远。

第四节　韩日加入 TPP 对中韩 FTA 及中韩日 FTA 的影响

如果韩国和日本加入 TPP，会分散其参与中韩 FTA 及中韩日 FTA 的精力，无疑会对东亚经济一体化产生影响。但笔者认为，至少在短时间内中韩 FTA 及中韩日 FTA 进程不会受到多大的影响。原因有四。

第一，中国经济总量已上升为世界第二位，有着其他国家不可替代的经济影响力。韩国、日本、东盟对中国的经济依赖性甚至要超过对美国的依赖。在这种背景下，韩国和日本都不可能放弃同中国的合作。特别是对韩国而言，不会放弃和中国之间的 FTA。一方面，中国已是韩国的第一大贸易伙伴和第一大出口市场，是韩国不可忽略的一个存在。另一方面，因为韩国和日本的贸易结构比较相似，如果中韩 FTA 先谈成，韩国就可以在日本加入之前先受益。

第二，日本能否加入 TPP 有待考证。据报道，日本明确将大米、小麦、牛猪肉、乳制品和白糖这五种农产品列为保护对象，TPP 谈判进程也因日本与美国在有关降低农产品关税问题上的分歧而遇阻。TPP 成员国能否接受日本的诉求，降低 TPP 标准，现在不得而知。

第三，TPP 进程不尽如人意。TPP 原计划于 2013 年底达成协议，但最终因各国分歧较大未能实现。从至今已经完成的谈判进展来看，TPP 的两个核心矛盾仍然未能得到妥善的解决。第一个矛盾是前述的日本农产品保护诉求问题；第二个矛盾是美国所倡导的新型贸易规则与 TPP 中其他国家的接受能力之间的矛盾。通过协商，能否弥合这些领域的分歧仍然难以确定。

第四，韩国能否顺利加入 TPP 还有待考证。虽然韩国产业界高呼尽快加入TPP，但韩国对加入 TPP 的风险分析做得还很不充分。因为正在进行中的 TPP 谈判内容不对外公布，所以今后 TPP 的贸易规则将是何种样式不得而知，进而韩国也无法做出较为精准的潜在影响分析。在这种阴影的笼罩下，韩国对加入 TPP 事宜自然会有所顾忌。而且，韩国何时能加入 TPP 建立在目前 TPP 谈判进程的基础上。美国虽然也对韩国加入 TPP 谈判的意愿表示欢迎，但重申，任何新成员的加入都需等到现有 12 个成员之间的谈判结束以后。如前所述，近期 TPP 谈判没有取得实质性的突破。因此，韩国加入 TPP 的时间表仍然待定。在这种背景下，韩国贸然放弃中韩 FTA 是得不偿失的做法。

附录 A 基于多维视角的中日韩农产品
竞争力分析

第一节 基于回归分析和 RRCA 的中日韩农产品
竞争力比较

一、问题的提出

中韩 FTA 及中韩日 FTA 进展缓慢的原因是多方面的，其中经济方面最大的障碍之一是农业问题。由于相对于中国而言，日韩农业高龄化现象严重、人工费等生产费用高，若推进农产品贸易自由化，其国内农业将受到不同程度的冲击，所以在农业团体的强大压力下日韩政府对与中国的 FTA 持谨慎态度。

在这种背景下，深入研究中日韩三国的农产品竞争力对推动三国 FTA 具有重要的意义。姚海华（2006）引入比较优势指数、贸易互补指数和贸易强度指数进行了测算，认为三国之间具有较强的贸易互补性。田维明（2007）对三国农产品贸易状况作了系统描述的基础上，认为三国间存在较强的贸易互补性，尽管三国存在某些利益冲突，但也有扩大合作的机会。崔超和吴林海（2007）采用出口相似性指数进行分析，认为中日韩农产品贸易关系以竞争性为主，而孙林（2008）同样采用出口相似性指数进行分析后认为中日韩之间的农产品贸易关系不是以竞争为主，可能存在很强的互补关系①。

纵观已有的研究成果，尽管成效显著，但从三国 FTA 的视角考察，还有两个

---

① 姚海华. 中国与东北亚主要国家农产品贸易互补性分析. 中国农村经济, 2006（9）；田维明. 中日韩农产品贸易现状和前景展望. 农业经济问题, 2008（5）；崔超, 吴林海. 中日韩三国农产品贸易竞争关系的研究. 国际贸易问题, 2007（7）；孙林. 中国与日本、韩国农产品贸易的竞争关系研究——基于出口相似性指数的实证分析. 国际贸易问题, 2008（10）.

问题需进一步进行分析。第一，中日韩之间的农产品贸易关系对三国 FTA 有何影响？即能否从现有的贸易关系解答日韩对农业开放持保守态度的原因。第二，如何解释中日韩之间的农业互补性妨碍三国 FTA 的现象？很多研究都认为中日韩之间农业互补性很强，那么这种贸易关系应有利于推进三国 FTA，但现实恰恰相反。

本节将采用回归分析和区域显示比较优势指数（RRCA）分析手段，解析上述问题，以期为推动中日韩 FTA 提供实证依据。本节的数据来源于韩国贸易协会、日本财务省贸易统计所提供的数据①。由于这些数据库中采用的是 HS 分类方法，因此本节将农产品范围界定为 HS 编码第 01 章至第 24 章的全部产品。

二、中日韩农产品贸易关系概况

（一）中日韩农产品贸易总额的推移

图 A-1 展示了 1992-2013 年中日韩农产品贸易发展过程。1992-2013 年间，中日韩农产品贸易总额在 1998 年、2001 年、2008 年、2013 年较前一年有所下降外，总体上处于不断增加和扩大的趋势。2012 年三国农产品贸易总额达到 194 亿美元，比 1992 年的 61.4 亿美元增加了 216%，比 2000 年的 105 亿美元增加了 85%。

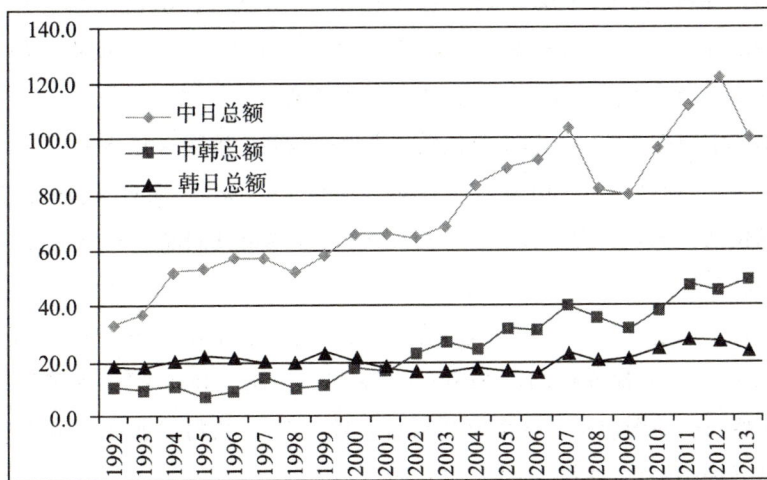

（单位：亿美元）

资料来源：根据笔者整理得出，数据来源见文中说明。

图 A-1 中日韩双边农产品贸易额的推移

---

① 韩国贸易协会. http://www.kita.net，日本财务省贸易统计. www.customs.go.jp.

其中发展速度最快的是中韩贸易。中韩农产品贸易额 1992 年仅有 10.4 亿美元，但 2013 年达到 49.4 亿美元，15 年之间猛增 380%。对韩国而言，2002 年对中农产品贸易额首次超过对日贸易额之后，中国一直成为其区域内最大的农产品贸易伙伴。中日农产品贸易额由 1992 年的 32.8 亿美元增加到 2012 年的 122.1 亿美元，增加了 270%。虽然增长速度不如中韩贸易，但由于其基数大，两国农产品贸易总额远远超出中韩农产品贸易额（2012 年为 2.7 倍），在区域内贸易中比重最大。

与中日、中韩贸易相比，日韩农产品贸易不仅规模小，而且增幅不明显，不少年份还出现萎缩现象。比如 2012 年，日韩农产品贸易总额为 27 亿美元，是中日农产品贸易额的 22%，中韩农产品贸易额的 59%。由此可见，中日韩三国农产品贸易的增加是由中国带动起来的，中国是该区域农产品贸易的核心力量。

（二）中日韩农产品贸易结构的推移

从农产品贸易的商品结构上看，三国共同的特征是在各自的进出口总额中 HS03 章（水产品）所占比重最大。根据 WTO 按照 HS2007 所定义的农产品（水产品除外），2009 年中国自日本进口农产品主要包括：水果、蔬菜、植物（48.3%），油料、油脂（32.2%），糖及糖果（18.5%），动物产品（1.03%）。而糖及糖果（34.2%），谷物及其制品（21.2%），水果、蔬菜、植物（16.7%），饮料和烟草（15.1%）是中国从韩国进口的主要商品。

日本从中国进口的农产品主要包括：水果、蔬菜、植物（42.8%），其他农产品（15.8%），动物产品（15.6%），油料、油脂（9.0%）。而日本自韩国进口的主要产品包括：水果、蔬菜、植物（37.3%），谷物及其制品（36.5%），其他农产品（14.8%）。

韩国自中国进口的主要农产品包括：水果、蔬菜、植物（30.8%），谷物及其制品（22.0%），其他农产品（20.0%），油料、油脂（18.1%）。而韩国自日本进口的主要农产品则包括：谷物及其制品（39.5%），饮料和烟草（16.5%），其他农产品（16.0%），油料、油脂（13.1%）①。

---

① 中国国务院发展研究中心(DRC)，日本综合研究开发机构(NIRA)、韩国国际经济政策研究所(KIEP)(2009 年.日本贸易振兴机构[JETRO]取代 NIRA).中日韩自由贸易区可行性联合研究报告,2011 年 12 月.

三、基于三国农产品贸易总额与差额的回归分析

如表 A－1 所示，三十几年来三国之间农产品贸易失衡的现象也越来越突出，使日本对三国 FTA、韩国对中韩 FTA 有所顾忌。

表 A－1　　　　　　　中日韩双边农产品贸易总额与差额的推移

（单位:亿美元）

年份	中日总额	中韩总额	日韩总额	中日差额	中韩差额	韩日差额
1992	32.8	10.4	18.2	32.0	10.1	15.8
1993	36.9	10.3	17.8	36.1	9.8	15.3
1994	52.5	11.1	19.7	51.3	10.1	16.1
1995	52.9	7.2	21.8	50.9	4.8	16.9
1996	57.0	9.6	21.2	54.4	7.3	17.7
1997	57.1	14.8	19.3	54.7	11.3	15.7
1998	51.5	10.0	18.9	49.4	7.2	17.3
1999	58.3	11.2	22.7	55.9	9.2	19.8
2000	65.9	18.6	20.5	63.1	15.6	17.2
2001	66.2	16.8	17.2	62.9	14.1	13.9
2002	64.8	22.3	15.8	61.3	19.1	12.4
2003	68.3	27.5	15.5	64.0	23.1	12.0
2004	83.7	24.4	17.2	77.2	18.2	13.4
2005	89.6	31.5	16.2	81.9	24.9	12.5
2006	91.9	30.7	14.8	82.6	24.1	10.8
2007	104.5	40.8	22.7	94.6	31.7	11.0
2008	81.9	35.8	19.9	74.1	25.5	10.0
2009	80.0	30.6	20.3	71.7	20.6	10.8
2010	95.8	37.9	24.04	84.5	23.52	12.98
2011	111.8	47.93	27.65	105.3	25.29	17.41
2012	122.1	45.06	27.01	114.3	23.26	18.91
2013	100.8	49.44	23.57	92.1	26.52	16.65

资料来源:根据笔者整理得出,数据来源见文中说明。

中国对日本的顺差由 1992 年的 32 亿美元扩大到 2012 年的 114.3 亿美元，对韩国的顺差由 1992 年的 10.1 亿美元扩大到 2013 年的 26.52 亿美元。韩国在与中国的贸易上是逆差，但与日本的贸易上却是顺差（尽管其差额由 1996 年的 17.7 亿美元下降到 2013 年的 16.65 亿美元），所以韩国的总贸易差额是对中逆差和对日顺差相抵之值。由于近年来与中国的贸易额超过日本，所以这几年逆差不断扩大。日本是中韩共同的出口市场，日本在区域内对中、对韩都是逆差，总逆差由 1992 年的 47.8 亿美元扩大到 2013 年的 108.8 亿美元。

从上述描述中可以看到，区域内农产品贸易规模的扩大，对中国而言意味着贸易顺差的增加，而对日韩而言则意味着贸易逆差的增加。为进一步阐明其数量关系，笔者对各国的贸易差额（BA）与贸易总额（TO）做了回归分析。考察的对象国是中日、中韩、日与中韩之间。

首先，采用 ADF（Augmented Dickey – Fuller）方式对 1992 – 2013 年的时间序列变量（lnBA、lnTO）进行了稳定性检验（单位根检验）。检验结果如表 A – 2，各个变量都否定了存在单位根的原假设，可以确认各个变量都具有稳定性，不需经协整检验。

表 A – 2   ADF 单位根检验

变量	检验形式（C,T,N）	ADF 统计量	临界值
$lnBA_{C,J}$	（C,T,1）	− 5.240541	− 4.498307 * * *
$lnTO_{C,J}$	（C,T,1）	− 4.757240	− 4.498307 * * *
$lnBA_{C,K}$	（C,T,2）	− 2.9080	− 3.261452 *
$lnTO_{C,K}$	（C,T,2）	− 3.739677	− 3.644963 * *
$lnBA_{J,CK}$	（C,T,1）	− 3.872987	− 3.658446 * *
$lnTO_{J,CK}$	（C,T,1）	− 3.471978	− 3.268973 *

注：(1) 变量中的 C、J、K 表示中、日、韩。

（2）检验形式中的 C、T、K 表示带有常数项、带有趋势项、滞后次数。

（3）* *、* 表示 5%、10% 显著性水平。

资料来源：根据笔者经 Eviews6.01 计算得出。

其次，用 OLS 法对时间序列直接进行回归分析。双对数型线性回归分析结果表明（表 A – 3），中日、中韩之间农产品贸易总额（TO）扩大 10%，日本和韩国的农产品贸易逆差（BA）分别增加 10% 和 12%，而日本与中韩之间的农产品贸易总额扩大10%，日本的农产品贸易逆差会增加8.3%。

表 A - 3　　　　　　　　　　　　　回归式的测算结果

中日模型			中韩模型			日与中韩模型		
变量	估计值	t	变量	估计值	t	变量	估计值	t
a	-0.22946	-1.468858	a	-4.217054	-0.230856	a	0.839810	0.991674
lnTOc,j	1.031038	31.88140**	lnTOc,k	1.211634	15.74061***	lnTOj,ck	0.830099	7.514167***
AR(1)	0.861786	8.869491***	AR(1)	0.986686	13.46206***	AR(1)	0.814896	5.859320***
Adjusted	R-squared	0.996762	Adjusted	R-squared	0.977157	Adjusted	R-squared	0.89363
F-statistic	2770.885		F-statistic	3849947		F-statistic		75.61014
DW		2.190354	DW		2.19071	DW		1.273677

注：(1)变量中的 C、J、K 表示中、日、韩。
　　(2)＊＊＊、＊表示1%、5%显著性水平。
资料来源：根据笔者经 Eviews6.0 计算得出。

通过上述回归分析，我们可以一定程度上理解到日韩对与中国的农产品贸易自由化采取保守态度的原因。中日韩 FTA 生效之后，日韩原有的关税壁垒和非关税壁垒必须大幅度削减，与中国的农产品贸易将进一步扩大，而这同时也意味着日韩的农产品贸易逆差也将进一步扩大，日韩农业将进一步萎缩。日韩无论是农业增加值占 GDP 的比重（1%和4%）还是农业人口的比重（5%和7%）都较小，但日韩认为农业不仅仅具有生产农产品的功能，还有保护环境、保持自然景观、防洪等多种功能，所以必须保持一定规模的农业生产，对农产品贸易自由化非常谨慎。

四、基于 RRCA 的竞争力分析

测算一国的比较优势时，一般采用显性比较优势（Revealed Comparative Advantage，RCA）。但因本节的目的在于考察推进中日韩 FTA 之际，对各国农业的影响，所以采用区域显示比较优势指数（Regional Revealed Comparative Advantage，简称 RRCA）进行分析。该指数表达了一国在某区域内的总出口（进口）中某类商品的出口（进口）所占比例相对于该区域出口（进口）总额中该类商品出口（进口）额所占的比例的大小，分为出口 RRCA 和进口 RRCA。

出口 RRCA 公式为：$RRCA = (X_{ik}/X_i) / (X_{rk}/X_r)$ (1)

其中 X_{ik} 表示 i 国家 k 商品在区域 r 内的出口额，X_i 表示 i 国家在区域 r 内的总出口额，X_{rk} 表示在区域 r 内商品 k 的总出口额，X_r 表示在区域 r 内的总出口额。出

口 RRCA 大于 1，表示该国在该类商品上具有比较优势，并且指数越大，优势越显著；小于 1，则表示具有比较劣势，并且指数越小，劣势越显著。

同理，也可计算进口 RRCA。进口 RRCA 指数大于 1，表示该国在该类商品上具有比较劣势，小于 1 则表示具有比较优势。

结合出口 RRCA 和进口 RRCA 可以分析各国农产品的互补与竞争关系及产业内贸易情况。若某种产品上两国出口 RRCA 都大于 1，则表明两国在该产品的出口上都具有比较优势，两国之间是出口竞争关系；若某种产品上两国进口 RRCA 都大于 1，则表明两国在该产品上都具有比较劣势，两国之间是进口竞争关系；若某种产品上，一国的出口 RRCA 大于 1，而另一国的进口 RRCA 大于 1，则表明该产品上一国具有比较优势而另一国具有比较劣势，两国之间是互补关系；若一国在某种产品上出口 RRCA 和进口 RRCA 都大于 1，则表明该国在该产品上产业内贸易比较活跃。

表 A–4 列出了中日韩 24 类农产品的 RRCA（2005–2008 年平均及 2012 年）。中国出口 RRCA 除 HS17 章和 HS22 章小于 1 以外，其他 22 个都大于 1，其中大于 2 的有 9 个，而进口 RRCA 都小于 1，表明中国在区域内的比较优势非常显著。日本在全部农产品上出口 RRCA 都小于 1，而进口 RRCA 中 22 个大于 1，比较劣势最明显。韩国的出口 RRCA 大于 1 的有 8 个（四舍五入后的值，下文同），进口 RRCA 大于 1 的有 12 个，比较优势居中。

表 A–4　　中日韩各类农产品 RRCA 一览表（2005–2008 年平均及 2012 年）

HS 编码	产品	中国				日本				韩国			
		出口 RRCA		进口 RRCA		出口 RRCA		进口 RRCA		出口 RRCA		进口 RRCA	
		2005–08 年平均	2012	2005–08 年平均	2012	2005–08 年平均	2012	2005–08 年平均	2012	2005–08 年平均	2012	2005–08 年平均	2012
HS01	活动物	1.66	1.40	0.16	0.26	0.76	1.32	1.48	0.62	0.09	0.00	1.69	3.02
HS02	肉类	1.55	2.22	0.02	1.50	0.18	0.00	2.44	1.03	1.14	0.31	0.47	0.00
HS03	水产品	1.56	1.70	0.27	0.26	0.41	0.20	1.58	1.86	0.75	0.88	1.35	1.07
HS04	食用动物产品(乳蛋蜜等)	2.05	1.98	0.13	0.12	0.17	0.03	2.51	2.63	0.17	0.64	0.18	0.15
HS05	非食用动物产品	2.10	2.13	0.12	0.18	0.08	0.07	2.37	1.96	0.20	0.37	0.40	1.07
HS06	活植物	1.30	1.32	0.49	0.29	0.24	0.28	1.88	2.18	1.50	1.36	0.54	0.51
HS07	食用蔬菜	2.15	2.28	0.01	0.00	0.00	0.00	2.28	2.15	0.22	0.22	0.72	1.11
HS08	食用水果	1.88	2.06	0.24	0.24	0.06	0.05	2.06	2.08	0.66	0.49	0.65	0.78
HS09	咖啡和茶及调味香料	2.16	2.18	0.06	0.03	0.07	0.08	2.40	2.16	0.11	0.28	0.47	1.05
HS10	谷物	2.27	2.41	0.00	0.00	0.00	0.00	0.84	1.36	0.00	0.00	3.00	2.35
HS11	制粉工业品	1.88	1.91	0.27	0.07	0.23	0.06	0.85	1.46	0.43	0.72	2.49	2.07
HS12	油子、子仁等	1.88	1.92	0.11	0.21	0.16	0.17	1.73	1.52	0.51	0.57	1.38	1.71

HS 编码	产品	中国				日本				韩国			
		出口 RRCA		进口 RRCA		出口 RRCA		进口 RRCA		出口 RRCA		进口 RRCA	
		2005－08年平均	2012	2005－08年平均	2012	2005－08年平均	2012	2005－08年平均	2012	2005－08年平均	2012	2005－08年平均	2012
HS13	植物液	1.31	1.91	0.12	0.08	0.33	0.18	2.01	2.09	1.36	0.58	0.94	1.05
HS14	编结用植物材料	2.21	2.41	0.01	0.01	0.05	0.01	2.55	2.74	0.04	0.00	0.31	0.18
HS15	动植物油脂	1.49	0.93	0.37	0.68	0.80	0.99	1.40	0.92	0.35	1.11	1.48	1.73
HS16	肉及水产品的加工品	2.17	2.31	0.03	0.02	0.04	0.01	2.60	2.73	0.14	0.15	0.21	0.18
HS17	糖类	0.63	0.57	0.74	0.92	0.25	0.11	1.25	1.14	2.76	2.73	1.07	0.94
HS18	可可及其制品	1.07	0.69	0.30	0.40	0.57	0.36	1.58	1.84	1.47	2.25	1.32	0.83
HS19	谷物或乳类的加工品	1.62	1.41	0.32	0.50	0.18	0.13	1.78	1.68	0.97	1.42	0.96	0.90
HS20	果蔬类的加工品	2.11	2.27	0.02	0.03	0.02	0.01	2.35	2.44	0.28	0.23	0.60	0.60
HS21	杂项加工食品	1.28	1.05	0.44	0.55	0.80	0.59	1.32	1.45	0.76	1.42	1.45	1.15
HS22	饮料、酒、醋等	0.93	0.30	0.29	0.38	0.28	0.41	1.99	2.09	2.14	2.80	0.69	0.48
HS23	食品工业的残渣及废料	2.10	2.27	0.04	0.04	0.13	0.08	1.81	1.83	0.13	0.14	1.38	1.55
HS24	烟草	1.44	0.88	0.39	0.69	0.22	0.33	1.59	1.49	1.26	1.99	1.13	0.84

资料来源：根据笔者计算得出。

按不同年份考察各国农产品整体的 RRCA 变化（表 A－5），可以看出中国的出口 RRCA 近几年有上升的趋势，进口 RRCA 几乎无变化。日本的出口 RRCA 虽然有微小的上升，但进口 RRCA 上升幅度更大。韩国的出口 RRCA 有所下降，进口 RRCA 反而有所上升。这表明，几年来中国农产品对日韩的比较优势处于上升的趋势。

表 A－5　　　　　　　　　中日韩农产品整体的 RRCA 变化推移

年度	中国		日本		韩国	
	出口 RRCA	进口 RRCA	出口 RRCA	进口 RRCA	出口 RRCA	进口 RRCA
2005	1.62	0.21	0.24	1.83	0.79	0.96
2006	1.71	0.19	0.22	1.84	0.73	1.01
2007	1.73	0.21	0.26	1.83	0.7	1.12
2008	1.73	0.21	0.28	1.93	0.68	1.06
2012	1.47	0.18	0.13	2.08	0.66	0.88

资料来源：根据笔者计算得出。

根据这些分析结果，可以预测：如果中日韩 FTA 全面推行农产品贸易自由化，日本农业的几乎所有部门都将受到重大冲击，韩国农业的半数以上部门也将萎缩。

结合出口 RRCA 和进口 RRCA 整理出的各国农产品的竞争与互补关系如表 A－6。中日之间在蔬菜等 20 类产品上都存在很强的互补关系，无出口竞争和进口竞争关系。中韩之间在谷物等 11 类产品上具有较强的互补关系，在肉类等 6 类产品上具有较强的出口竞争关系，无进口竞争关系。日韩之间在肉类等 8 类产品上具有较强的互补关系，在水产品等 9 类产品上都具有较强的进口竞争关系。另外，韩国在 HS17 - 19 章、HS24 章产品的出口 RRCA 和进口 RRCA 都大于 1，表明韩国该 4 类产品在区域内的产业内贸易较活跃。

表 A-6 中日韩农产品竞争互补关系

关系	中日	中韩	日韩
互补关系	中补日：HS01 - 09，HS12 - 16，HS18 - 21，HS23 - 24（共 20 个）	中补韩：HS01，HS03，HS10 - 12，HS15，HS18 - 19，HS23 - 24（共 11 个）	韩补日：HS02，HS06，HS13，HS17 - 19，HS22，HS24（共 8 个）
	日补中：无	韩补中：无	日补韩：无
出口竞争关系	无	HS02，HS06，HS13，HS18，HS19，HS24（共 6 个）	无
进口竞争关系	无	无	HS01，HS03，HS12，HS15，HS17 - 19，HS21，HS23 - 24（共 9 个）

资料来源：根据表 A-4 整理得出。

总体上，中日之间互补性最强而竞争关系最弱；中韩之间互补性较强，但同时出口竞争性也最强；日韩之间虽有一定的互补关系，但与中日、中韩贸易关系相比差距较大，而两国之间进口竞争关系最强。

这种贸易关系对中日韩 FTA 有何影响呢？一般而言，互补性越强，合作的可行性也越高。但是，中日韩之间的农产品贸易关系中的互补关系实际上是单补关系，即中国对日韩的单补及韩对日的单补，而单补关系越强意味着对对方产业的冲击越大，推进 FTA 的难度也就越大。结果，所谓的互补关系最弱的日韩之间 FTA 谈判应最为顺利，互补关系居中的中韩之间次之，而互补关系最强的中日之间最为艰难。

第二节 中日韩农产品产业内贸易分析

一、问题的提出

产业内贸易是与产业间贸易相对应的一个概念，是指一个国家既进口又出口同一类产品的贸易模式，又称双向贸易。关于产业内贸易和区域经济一体化的关系，Balassa 于 1966 年第一次提出了平滑调整的概念，认为新增的贸易中产业内贸易水平越高，生产要素的调整成本越低。虽然对该假设有些学者从劳动力市场的调整角度进行考察后提出了质疑和挑战①，但是如果从农业整体生产要素如耕地、农业机械、农业技术、自然景观等多方面考察，我们可以认为农业产业内贸易所带来的调整成本要比在部门间调整时小得多。也就是说，中日韩之间农业产业内贸易的发展可以减少三国 FTA 进程的阻碍因素，有利于 FTA 的推进。因此，深入研究三国之间的农业产业内贸易现状具有重要的意义。

然而，纵观已有的研究成果，虽然对中国整体及中国与个别国家（地区）之间农产品产业内贸易的研究较多，比如宋玉华和刘春香、王晶对中国农业产业内贸易的水平和类型的实证分析、朱允卫对中泰之间、陆文聪和梅燕对中国与欧盟之间的农业产业内贸易的分析等②③④⑤，但对中日韩之间农产品产业内贸易的研究并不多见。刘鸿雁和刘小和采用 GL 指数，测度了中日韩 1999 年和 2003 年的 14 类农产品的产业内贸易水平⑥，但该研究所采用的指数单一，时间跨度较短，也未对产业内贸易的类型进行分析，因此还不足以全面而细致地考察中日韩农产品产业内贸易情况。

基于上述认识，本节在上述有关研究成果的基础上，采用各种指数从静态和动态两个角度测度 1995 - 2008 年间中日韩农产品产业内贸易的水平及其结构特征，并提出发展三国农业产业内贸易的政策建议。

二、研究方法

（一）数据来源及农产品的统计范围

本节的数据均来源于日本贸易振兴机构和韩国贸易协会在其网页上提供的统计资料⑦。为测算的便利，本节将农产品的范畴界定为 HS01 章至 24 章的全部产品。

---

① 王福重,白雪.产业内贸易与调整成本之间关系的理论综述及评价.经济研究导刊,2006(6).
② 宋玉华,刘春香.我国农业产业内贸易的实证研究.中国农村经济,2004(2).
③ 王晶.我国农产品产业内贸易现状分析.国际贸易问题,2008(1).
④ 朱允卫.中泰农产品产业内贸易的实证研究.农业经济问题,2005(7).
⑤ 陆文聪,梅燕.中国与欧盟农产品产业内贸易实证分析.国际贸易问题,2005(12).
⑥ 刘鸿雁,刘小和.中日韩农产品产业内贸易研究.农业经济问题,2005 年增刊.
⑦ 日本贸易振兴机构.www.jetro.go.jp;韩国贸易协会.www.kita.net.

测量产业内贸易时产业的划分是一个重要的内容，过于宽泛或狭窄都会影响测度结果。一般假定 SITC3 位数或 HS4 位数分组为一个产业，但考虑到农产品的差异性和多样性远不如工业品丰富，本节将上述农产品按其属性分成 10 大类进行分析，并将其命名为 SN01 至 SN10，所包含的农产品详见表 A - 7。

表 A - 7　　　　　　　　　行业代码及所包括的产品

类别代码	类别名称	HS2 位数代码	具体商品
SN01	肉及食用杂碎	02 章	肉及食用杂碎
SN02	水产品	03 章	鱼、甲壳动物、软体动物及其他水生无脊椎动物
SN03	蔬菜水果	07 和 08 章	食用蔬菜、根及块茎；食用水果及坚果等
SN04	谷物和制粉工业产品	10 章和 11 章	谷物；制粉工业产品、麦芽等
SN05	咖啡和茶及调味香料	09 章	咖啡、茶、马黛茶及调味香料
SN06	加工食品	16 - 24 章，除 23 章	肉、鱼、甲壳动物等的产品；糖及糖食；可可及可可制品；谷物或乳的制品；果蔬类制品；杂项食品；饮料、酒及醋；烟草类产品
SN07	活动物和食用动物产品及动物饲料	01 章和 04 章及 23 章	活动物；乳品、蛋品、天然蜂蜜、其他食用动物产品；食品工业的残杂及废料、配制的动物饲料
SN08	动植物油脂及其分解产品	15 章	动植物油、脂及其分解产品；精制的食用油脂；动植物腊
SN09	其他非食用动物产品	05 章	猪毛、羽毛及不完整羽毛、骨及角柱、珊瑚及类似品、动物质天然海绵、不适合供人食用的第一章或第三章的死动物等
SN10	其他植物产品	06 章和 12 至 14 章	活树及其他活植物；含油子仁及果实、工业用或药用植物、稻草等料；虫胶、树胶、树脂及其他植物液汁；编结用植物材料

（二）产业内贸易的测量指标

1. 静态产业内贸易指数

目前尚没有公认的考察静态产业内贸易的指数，一般采用 Grubel 和 Lloyd 于 1975 年提出的 GL 指数（公式 1）。

$$B_i = 1 - \frac{|X_i - M_i|}{X_i + M_i} \qquad (1)$$

其中，B_i 表示第 i 类农产品一定时期的 Grubel—Lloyd 产业内贸易指数，X_i 和 M_i 分别为第 i 类农产品一定时期的出口值和进口值，本节中 i 为从 1 到 10 的整数，分别代表 10 类农产品。测算整个产业的 GL 指数时，将计算简单平均数和以每类产品贸易额占总进出口值的比重作为权数的加权平均数。GL 指数介于 0 到 1 之间，越接近 0 则表明产业内贸易程度越低，而越接近 1 则表明产业内贸易程度越高。

2. 动态产业内贸易指数

Bruelhart and Dublin 于 1993 年提出了动态的边际产业内贸易的概念，将 GL 指数简单变形，在公式中以增量替代总量，用以测量一定时期贸易增量的产业内贸易水平。边际产业内贸易指数的计算公式为：

$$A_i = 1 - \frac{|\Delta X_i - \Delta M_i|}{|\Delta X_i| + |\Delta M_i|} \tag{2}$$

其中，A_i 表示第 i 类农产品一定时期的边际产业内贸易指数，X_i 和 M_i 表示两个时期间第 i 类农产品的出口额和进口额的增量。测算整个产业的边际产业内贸易指数则与 GL 指数一样，既可以计算简单平均数，也可以计算加权平均数。

3. 垂直型和水平型产业内贸易指数

水平型产业内贸易是指同一产业内同一质量档次的产品因在规格、款式上的存在差异而产生的产业内贸易活动，垂直型产业内贸易是指产业内同类产品因存在质量档次的差异而引起的贸易活动。

Greenaway 于 1995 年提出了测度水平型和垂直型产业内贸易的标准。即当 $1 - A < UVx/UVm < 1 + A$ 时，把该产业内贸易划分为水平型产业内贸易；当 $UVx/UVm < 1 - A$ 或 $UVx/UVm > 1 + A$ 时，把该产业内贸易划分为垂直型产业内贸易。

本节以存在产业内贸易的产品的单位出口价值和单位进口价值表示 UVx 和 UVm，离散因子 A 取 0.25。即当 $0.75 < Px/Pm < 1.25$ 时，将其划分为水平型产业内贸易；当 $0 < Px/Pm < 0.75$ 或 $Px/Pm > 1.25$ 时，则划分为垂直型产业内贸易。

对水平型产业内贸易和垂直型产业内贸易可以做进一步细分。当 $0.75 \leqslant Px/Pm \leqslant 1$ 时，表示低水平的水平型产业内贸易方式，具有这种贸易方式的产品在规格、款式上的多样化程度较低；当 $1 < Px/Pm \leqslant 1.25$ 时，表示高水平的水平型产业内贸易方式，具有这种贸易方式的产品在规格、款式上的多样化程度较高；当 $0 < Px/Pm < 0.75$ 时，表示低水平的垂直型产业内贸易方式，具有这种贸易方式的产品质量档次相对较低；当 $Px/Pm > 1.25$ 时，表示高水平的垂直型产业内贸易方式，具有这种贸易方式的产品质量较高，具有较强的出口竞争力。

三、测度结果及分析

（一）静态产业内贸易指数的测度结果及分析

由表 A-8 的 GL 指数-B 值可以看出，中日韩之间农产品静态产业内贸易具有如下特征。

表 A-8   中日韩 GL 指数一览表

双边	年度	B_i										B	
		NS01	NS02	NS03	NS04	NS05	NS06	NS07	NS08	NS09	NS10	简单平均	加权平均
中日	1995	0.00	0.06	0.00	0.09	0.00	0.05	0.16	0.43	0.01	0.03	0.08	0.04
	1996	0.00	0.11	0.00	0.04	0.01	0.05	0.17	0.43	0.02	0.03	0.08	0.05
	1997	0.00	0.08	0.00	0.03	0.00	0.05	0.20	0.28	0.02	0.03	0.07	0.04
	1998	0.00	0.08	0.00	0.02	0.01	0.06	0.09	0.34	0.02	0.04	0.07	0.04
	1999	0.00	0.06	0.00	0.03	0.01	0.05	0.09	0.66	0.02	0.06	0.10	0.04
	2000	0.00	0.09	0.00	0.07	0.01	0.06	0.10	0.04	0.00	0.00	0.04	0.04
	2001	0.00	0.14	0.00	0.05	0.01	0.05	0.07	0.04	0.00	0.00	0.04	0.05
	2002	0.00	0.12	0.00	0.06	0.02	0.05	0.05	0.70	0.02	0.05	0.11	0.05
	2003	0.01	0.14	0.01	0.03	0.02	0.05	0.05	0.87	0.02	0.06	0.13	0.06
	2004	0.01	0.21	0.00	0.04	0.02	0.06	0.02	0.89	0.01	0.08	0.13	0.08
	2005	0.01	0.24	0.01	0.04	0.03	0.05	0.04	0.42	0.03	0.09	0.10	0.09
	2006	0.00	0.31	0.01	0.05	0.04	0.05	0.04	0.24	0.04	0.12	0.09	0.10
	2007	0.02	0.36	0.01	0.03	0.04	0.05	0.05	0.35	0.06	0.13	0.11	0.10
	2008	0.00	0.29	0.01	0.07	0.03	0.06	0.04	0.27	0.07	0.12	0.10	0.10
	平均	0.00	0.16	0.00	0.05	0.02	0.05	0.08	0.43	0.02	0.06	0.09	0.06
中韩	1995	0.04	0.73	0.05	0.05	0.01	0.61	0.00	0.08	0.48	0.10	0.22	0.34
	1996	0.02	0.51	0.09	0.04	0.02	0.30	0.01	0.15	0.64	0.05	0.18	0.24
	1997	0.01	0.62	0.04	0.00	0.02	0.40	0.02	0.19	0.52	0.08	0.19	0.23
	1998	0.15	0.66	0.03	0.01	0.01	0.42	0.10	0.86	0.53	0.19	0.30	0.28
	1999	0.97	0.25	0.04	0.02	0.04	0.34	0.06	0.62	0.37	0.12	0.28	0.18

续表

双边	年度	B_i										B	
		NS01	NS02	NS03	NS04	NS05	NS06	NS07	NS08	NS09	NS10	简单平均	加权平均
中韩	2000	0.09	0.30	0.05	0.01	0.11	0.38	0.05	0.73	0.38	0.15	0.22	0.16
	2001	0.05	0.16	0.08	0.01	0.08	0.38	0.02	0.79	0.54	0.21	0.23	0.16
	2002	0.24	0.12	0.13	0.00	0.43	0.47	0.02	0.62	0.51	0.20	0.27	0.14
	2003	0.10	0.18	0.22	0.00	0.13	0.47	0.04	0.56	0.57	0.22	0.25	0.16
	2004	0.00	0.25	0.18	0.01	0.05	0.50	0.08	0.51	0.47	0.24	0.23	0.25
	2005	0.15	0.21	0.18	0.01	0.13	0.46	0.07	0.31	0.46	0.32	0.23	0.21
	2006	0.07	0.12	0.13	0.01	0.14	0.44	0.07	0.54	0.45	0.25	0.22	0.21
	2007	0.20	0.26	0.11	0.00	0.13	0.45	0.03	0.62	0.40	0.23	0.24	0.22
	2008	1.00	0.32	0.12	0.03	0.15	0.51	0.03	0.50	0.44	0.18	0.33	0.29
	平均	0.22	0.34	0.10	0.02	0.10	0.44	0.04	0.51	0.48	0.18	0.24	0.22
日韩	1995	0.00	0.07	0.00	0.82	0.45	0.55	0.70	0.24	0.85	0.20	0.39	0.25
	1996	0.00	0.09	0.02	0.95	0.36	0.39	0.95	0.20	0.69	0.23	0.39	0.20
	1997	0.00	0.12	0.01	0.52	0.37	0.42	0.93	0.26	0.68	0.23	0.35	0.23
	1998	0.00	0.06	0.00	0.59	0.33	0.21	0.45	0.27	0.49	0.16	0.26	0.11
	1999	0.01	0.17	0.01	0.81	0.37	0.31	0.96	0.38	0.56	0.21	0.38	0.19
	2000	0.03	0.25	0.01	1.00	0.24	0.31	0.91	0.25	0.99	0.28	0.42	0.26
	2001	0.65	0.28	0.01	0.91	0.15	0.36	0.97	0.39	0.79	0.26	0.48	0.31
	2002	0.11	0.34	0.01	0.71	0.26	0.37	0.92	0.24	0.79	0.33	0.41	0.35
	2003	0.08	0.38	0.01	0.76	0.25	0.36	0.76	0.33	0.56	0.24	0.37	0.36
	2004	0.03	0.45	0.01	0.76	0.35	0.34	0.62	0.37	0.47	0.27	0.37	0.38
	2005	0.05	0.44	0.01	0.38	0.42	0.35	0.79	0.31	0.30	0.31	0.34	0.39
	2006	0.09	0.61	0.01	0.74	0.60	0.40	0.72	0.19	0.13	0.33	0.38	0.49
	2007	0.28	0.70	0.01	0.50	0.58	0.50	0.73	0.29	0.18	0.46	0.42	0.58
	2008	0.63	0.53	0.01	0.36	0.63	0.49	0.94	0.42	0.12	0.40	0.45	0.49
	平均	0.14	0.32	0.01	0.70	0.38	0.38	0.81	0.30	0.54	0.28	0.39	0.33

资料来源:经笔者计算得出。

1. 中日之间:从各类农产品 B_i 值的平均来看,中日之间 14 年来 10 大类农产

品中没有一类的 B_i 值大于 0.5，最大的 SN08 也仅为 0.43，其余 9 类都小于 0.2。这表明 10 类产品基本不存在产业内贸易。在 2002 - 2004 年间，SN08 一度达到过 0.7 - 0.9，原因在于这期间该类产品上中国对日本出口减少了往年平均的一半，而日本对中国的出口却是缓慢上升引起的；但 2005 年以后，中国对日出口每年更新历届最高水平，增幅明显超出日本对中国的出口增长速度，所以其 B_i 值又明显下降。

从整体产业的 B 值来看，14 年来无论是简单平均还是加权平均都一直低位徘徊，最大值为 0.13，最小值为 0.04，大部分年份都在 0.1 以下。这说明中日之间的农产品贸易整体上未发生过产业内贸易，仅有产业间贸易。加权平均小于简单平均的原因是 B_i 值较大的 SN08 只占总贸易额的 3%。

2. 中韩之间：从各类农产品 B_i 值的平均来看，SN08、SN09 的 B_i 值为 0.5（四舍五入后的值），说明这两类产品存在微弱的产业内贸易；但其他 8 类产品的 B_i 值均低于 0.4，表明中韩之间产业内贸易比重较小，产业间贸易处于绝对主导地位。

从整体产业的 B 值来看，14 年来基本维持在 0.2 - 0.3 之间，虽然比中日产业内贸易水平高出 2 倍以上，但同样可以认为整体上几乎不存在产业内贸易。

3. 日韩之间：从各类农产品 B_i 值的平均来看，SN04 和 SN07 的 B_i 值大于 0.5，说明这两类产品产业内贸易占主导地位。SN09 虽然平均值大于 0.5，但从 2005 年开始，产业间贸易已逐步取代产业内贸易，获得了主体地位。而 SN02 和 SN05 在 2006 年之前以产业间贸易为主，之后变为以产业内贸易为主的形式。其他产品的 B_i 值都在 0.4 以下，表明均不存在产业内贸易。

从整体产业的 B 值来看，其值 14 年来基本维持在 0.4 - 0.5 之间。虽然产业内贸易水平在该区域内最高，但其加权平均值仅为 0.3，同样可以认为整体农产品产业内贸易水平较低，是以产业间贸易为主的。

综上所述，中日韩之间的农产品贸易总体上是以传统的产业间贸易为主的。特别是中日之间，可以说 14 年来未存在过产业内贸易。日韩之间在 5 类产品上发生过产业内贸易，相对而言，在该区域内产业内贸易水平最高。

（二）动态产业内贸易指数的测度结果及分析

由表 A - 9 的边际产业内贸易指数—A 值可以看出，中日韩之间农产品产业内贸易的动态变化具有如下特征。

表 A - 9　　　　　　　　　中日韩边际产业内贸易指数一览表

| 双边 | 年度 | Aᵢ | | | | | | | | | | A | |
		SN01	SN02	SN03	SN04	SN05	SN06	SN07	SN08	SN09	SN10	简单平均	加权平均
中日	1995 – 96	0.00	0.00	0.00	0.00	0.01	0.07	0.09	0.42	0.04	0.02	0.07	0.03
	1996 – 97	0.01	0.00	0.00	0.01	0.02	0.13	0.00	0.09	0.10	0.05	0.04	0.05
	1997 – 98	0.00	0.07	0.00	0.00	0.00	0.01	0.60	0.14	0.00	0.00	0.08	0.03
	1998 – 99	0.09	0.00	0.00	0.00	0.00	0.04	0.06	0.00	0.03	0.45	0.07	0.05
	1999 – 00	0.00	0.21	0.04	0.00	0.00	0.08	0.18	0.00	0.00	0.00	0.05	0.08
	2000 – 01	0.00	0.00	0.00	0.00	0.02	0.00	0.02	0.06	0.01	0.00	0.01	0.00
	2001 – 02	0.00	0.00	0.00	0.00	0.00	0.07	0.00	0.00	0.00	0.00	0.01	0.03
	2002 – 03	0.00	0.59	0.08	0.01	0.00	0.10	0.01	0.71	0.16	0.09	0.18	0.18
	2003 – 04	0.01	0.46	0.00	0.23	0.02	0.07	0.00	0.91	0.00	0.19	0.19	0.14
	2004 – 05	0.01	0.66	0.18	0.00	0.00	0.01	0.00	0.00	0.00	0.00	0.09	0.16
	2005 – 06	0.02	0.00	0.00	0.01	0.00	0.06	0.06	0.00	0.26	0.00	0.04	0.04
	2006 – 07	0.00	0.13	0.00	0.00	0.00	0.28	0.07	0.00	0.00	0.64	0.11	0.20
	2007 – 08	0.06	0.64	0.00	0.00	0.00	0.01	0.00	0.11	0.00	0.05	0.09	0.11
	平均	0.02	0.21	0.02	0.02	0.01	0.07	0.08	0.19	0.04	0.11	0.08	0.09
中韩	1995 – 96	0.00	0.08	0.34	0.03	0.04	0.00	0.12	0.00	0.88	0.00	0.15	0.15
	1996 – 97	0.00	0.94	0.00	0.00	0.02	0.77	0.00	0.23	0.94	0.00	0.29	0.29
	1997 – 98	0.00	0.48	0.08	0.00	0.00	0.37	0.00	0.49	0.00	0.49	0.14	0.14
	1998 – 99	0.00	0.00	0.06	0.00	0.00	0.00	0.00	0.18	0.00	0.02	0.03	0.03
	1999 – 00	0.01	0.50	0.21	0.00	0.73	0.45	0.01	0.91	0.39	0.71	0.39	0.39
	2000 – 01	0.00	0.00	0.45	0.00	0.01	0.42	0.00	0.57	0.00	0.00	0.14	0.14
	2001 – 02	0.00	0.00	0.56	0.00	0.00	0.91	0.00	0.41	0.00	0.20	0.21	0.21
	2002 – 03	0.00	0.00	0.37	0.00	0.00	0.49	0.00	0.36	0.00	0.31	0.15	0.15
	2003 – 04	0.13	0.53	0.00	0.00	0.00	0.57	0.45	0.00	0.62	0.00	0.23	0.23
	2004 – 05	0.00	0.00	0.00	0.00	0.00	0.33	0.05	0.00	0.42	0.95	0.18	0.18
	2005 – 06	0.00	0.00	0.00	0.00	0.09	0.39	0.02	0.00	0.35	0.00	0.08	0.08
	2006 – 07	0.00	0.63	0.00	0.00	0.10	0.49	0.00	0.80	0.00	0.19	0.22	0.22
	2007 – 08	0.17	0.00	0.49	0.00	0.08	0.00	0.03	0.79	0.00	0.07	0.16	0.16
	平均	0.02	0.24	0.20	0.00	0.08	0.40	0.05	0.33	0.32	0.19	0.18	0.18

续表

双边	年度	A_i										A	
		SN01	SN02	SN03	SN04	SN05	SN06	SN07	SN08	SN09	SN10	简单平均	加权平均
日韩	1995－96	0.00	0.00	0.00	0.54	0.00	0.00	0.00	0.34	0.00	0.00	0.09	0.00
	1996－97	0.01	0.00	0.04	0.00	0.32	0.00	0.63	0.00	0.76	0.18	0.19	0.04
	1997－98	0.00	0.33	0.00	0.18	0.49	0.97	0.00	0.14	1.00	0.78	0.39	0.49
	1998－99	0.78	0.72	0.01	0.94	0.88	0.52	0.00	0.99	0.95	0.40	0.62	0.60
	1999－00	0.00	0.96	0.00	0.42	0.11	0.28	0.57	0.31	0.00	0.00	0.27	0.45
	2000－01	0.01	0.04	0.01	0.00	0.00	0.00	0.00	0.00	0.00	0.38	0.04	0.05
	2001－02	0.00	0.00	0.00	0.74	0.00	0.00	0.57	0.00	0.00	0.00	0.13	0.01
	2002－03	0.16	0.05	0.00	0.79	0.35	0.31	0.00	0.00	0.00	0.00	0.16	0.13
	2003－04	0.00	0.87	0.01	0.75	0.74	0.18	0.00	0.54	0.98	0.44	0.45	0.47
	2004－05	0.00	0.49	0.05	0.00	0.00	0.12	0.00	0.00	0.13	0.00	0.08	0.25
	2005－06	0.00	0.00	0.00	0.51	0.00	0.00	0.33	0.47	0.00	0.20	0.15	0.03
	2006－07	0.05	0.00	0.05	0.00	0.71	0.00	0.00	0.85	0.35	0.00	0.20	0.02
	2007－08	0.00	0.00	0.00	0.11	0.96	0.42	0.31	0.98	0.00	0.00	0.28	0.19
	平均	0.08	0.27	0.01	0.38	0.35	0.22	0.19	0.36	0.32	0.18	0.24	0.21

资料来源：经笔者计算得出。

1. 中日之间：从各类农产品 A_i 值的变化来看，10 大类农产品的 A_i 值 13 年间至少一次大过 0.5 的有 SN02、SN08、SN10 等 3 类，但由于不同年份波动极大，该 3 类产品的平均 A_i 值未超过 0.2。而其余 7 类产品的 A_i 值 13 年来都在 0.1 以下。这表明，尽管上述 3 类产品上某些年份以产业内贸易增长为主过，但总体上是以产业间贸易增长为主。

从整体产业的 A 值来看，13 年来其值都在 0.2 以下，均值也不足 0.1，说明中日之间的农产品贸易的变化绝对是以产业间贸易增长方式引起的。

2. 中韩之间：从各类农产品 A_i 值的变化来看，13 年间 A_i 值大过 0.5 的有 SN02、SN03、SN06、SN08、SN09、SN10 等 6 类，但由于这些产品的 A_i 值每隔几年动态变化比较剧烈，均值都小于 0.4，表明这些产品在个别年份上以产业内贸易增长为主过，但总体上是以产业间贸易增长为主。其他 4 类产品的 A_i 值从未大过 0.1，产业间贸易增长方式占绝对优势。

从整体产业的 A 值来看，13 年来动态变化比较激烈，但没有一年超过 0.4，均值为 0.2，说明中韩之间农产品贸易的变化大部分是以产业间贸易增长方式引起的。

3. 韩日之间：从各类农产品 A_i 值的变化来看，除 SN02 以外，其他类产品或多或少 A_i 值大过 0.5。但由于稳定性极差，这些产品 13 年的均值都小于 0.4，表明韩日之间各类农产品贸易的变化也是产业间贸易增长方式为主的。

从整体产业的 A 值来看，虽然 1998 - 1999 年间达到过 0.62，但其余年份基本都在 0.2 左右波动。这说明日韩之间农产品贸易的增长方式在整体上仍然是产业间贸易占优势地位。

综上所述，中日韩之间的农产品贸易增长是以产业间贸易增长为主的。相对而言，中日之间最低，日韩之间最高，中韩之间居中。这个结论与 GL 指数分析的结论一致。

结合 B 指数和 A 指数可以认为：中日韩之间农产品产业内贸易水平整体上较低，各国农产品贸易以产业间贸易方式为主。相对而言，日韩之间的农业产业内贸易比中日、中韩活跃，无论是静态指数还是动态指数都较高。其原因在于：中国与日韩之间资源禀赋差异较大，中国是按照传统的比较优势理论参与国际贸易的，所以主要以产业间贸易为主。而日韩之间经济发展水平较接近，要素禀赋差异不大，所以产业内贸易相对而言比较活跃。

（三）垂直型和水平型产业内贸易指数的测度结果及分析

表 A - 10 是根据上述分析结果，对存在过产业内贸易方式的农产品计算出的各年的 Px/Pm 值。

表 A - 10　　　　　　　　中日韩农产品产业内贸易类型

双边	类别	HS 代码	1999	2000	2001	2002	2003	2004	2005	2006	2007	2008
中韩	SN08	HS15 章	0.95	1.05	1.03	1.04	1.42	1.31	0.89	1.02	1.92	2.19
	SN09	H05 章	–	–	0.38	0.65	1.00	0.69	1.33	0.40	–	–
韩日	SN04	HS11 章	1.29	0.87	0.83	0.24	0.44	0.51	0.09	0.66	0.53	–
	SN07	HS01 章	0.35	0.51	0.39	0.78	0.81	0.51	0.65	0.64	0.60	0.49
		HS04 章	0.47	5.05	3.34	0.82	2.50	0.06	0.40	0.10	0.13	0.20
		HS23 章	1.92	0.68	0.68	0.66	0.66	1.32	0.62	0.85	0.71	0.82
	SN09	HS05 章	1.29	3.54	4.58	3.54	1.73	2.39	–	–	–	–

资料来源：经笔者计算得出。

可以看出：中韩之间在 SN08 上经历了由高水平的水平型贸易转变为高水平的垂直型贸易的过程，表明中国该类产品不仅在规格、款式等方面差异性较大，品种结构丰富，而且具有高质量的特点，国际竞争力很强。而 SN09 大部分年份是以低水平的垂直型贸易形式存在，表明韩国的该类产品具有高质量的特点，国际竞争力很强。

韩日之间，SN04 由水平型产业内贸易转变为低水平的垂直型贸易，表明韩国该类产品原来在规格、款式、种类等方面能满足日本消费者多样化的需求，但最近几年其质量档次日趋走低。属于 SN07 的 3 种产品，尽管某些年份大过 1.25，但大多年份低于 0.75，即主要以低水平的垂直型贸易形式出现。这说明，韩国的 SN07 与 SN04 一样，质量档次相对较低，韩国在这两类产品上以低档次的产品换取日本高档次的同类产品。韩国对日本的这种低水平的垂直型产业内贸易，也验证了 Falvery（1981）的新 H－O 模型，即资本相对充裕的国家出口质量高的物品，劳动力相对充裕的国家出口质量低的物品。SN09 表现出了高水平的垂直型贸易，表明韩国的该类产品具有质量高、国际竞争力强的特点，与中韩时的分析结论一致。

四、政策建议

由于中国的农业资源总量大，农业生物资源丰富，气候条件多样化，农业生产能力远高于日本和韩国，所以中国与日韩之间产业内贸易水平低也不足为怪。问题是，过低的产业内贸易水平会给中日韩 FTA 的推进带来较高的调整成本。以目前的农产品产业内贸易情况来推测，短期内达成中日韩 FTA 的可能性不大。即使是三国之间调整成本相对最低的日韩之间，也因农产品开放问题导致两国 FTA 谈判步履维艰，中日之间 FTA 谈判的难度可想而知。

要大力推进三国之间的农产品产业内贸易、降低调整成本，关键在于日韩的农业改革。日韩应顺应贸易自由化的大趋势，加快调整农业生产与经营结构，与中国发展以垂直型贸易为主的多种产业内贸易形式。日韩扩大农产品出口并非空谈。比如日本苹果素有"高质量、安全、健康、美观，高价"的形象，在中国高收入阶层有一定的市场需求。对中国而言，有必要与日韩在食品安全、适当调整出口结构、控制出口的无序剧增等方面加强合作，同时共同探讨三国农业和谐发展的有效路径，逐渐发展与日韩的农业产业内贸易。

第三节 中韩农产品在日本市场上的竞争力比较及其启示

一、问题的提出

东北亚地区农产品贸易地理结构上的一个突出特征是，日本作为区域内最大的农产品净进口国，成为中国和韩国共同的出口市场，而中韩都将日本作为各自的第一大农产品出口市场。以 2007 年为例①，中韩两国农产品对日出口总额分别为 121 亿美元和 14 亿美元，占各自农产品出口总额的 20% 和 37%，这一比例高于各自整体产品对日出口的比重，比如中国整体产品的对日出口总额为 1020.7 亿美元，仅占全国出口总额的 8%，而韩国分别为 264 亿美元和 7%②。不仅如此，中韩两国在整体产品的对日贸易上都是逆差，但在农产品贸易上都保持顺差，可见日本市场对中韩两国农产品出口的重要性。

由于日本市场对中韩两国农产品的出口具有极其重要的意义，两国不可避免地在日本市场展开激烈的竞争。从中韩两国在日本农产品总进口中所占的比重来看，中国占 14.1%，继美国（23%）之后居第 2 位，而韩国仅占 1.7%，居第 14 位③，似乎韩国不会对中国构成威胁。但是我们应看到，相对于各自的农业资源总量而言，双方的日本市场占有率并无多大差距。

那么，韩国农产品为何能够与物美价廉的中国农产品相抗衡、占据日本市场的一席之地？是中韩两国农产品对日出口相似度低，进而没有形成直接的竞争关系，还是韩国农产品也同中国农产品一样物美价廉？如果答案都是否定的，那么中国农产品竞争力低下的原因是什么？探明其原因，对促进中国农产品的出口具有重要的现实意义。

纵观已有的研究成果，尽管对中日韩三国或两国间农产品贸易的研究成果较

---

① 2008 年在金融危机、"毒饺子"事件、"三鹿奶粉"事件等的影响下，中国对日农产品出口较前几年大幅度下滑，而其具有一定的特殊性，所以本书以 2007 年为例说明贸易情况。

② 中韩农产品对日出口额根据日本农林水产省. 农林水产品进出口概况（2007 年）. http://www. maff. go. jp；中国的其他数据根据中国海关总署. 统计快讯. http://www. customs. gov. cn；韩国的其他数据根据韩国农林水产食品部. 韩国农林水产食品主要统计（2008 年）. http://www. mifaff. go. kr. 由于各国统计口径不同，计算结果并不与官方发表的数据完全一致。

③ 日本农林水产省. 农林水产品进出口概况（2007 年）. http://www. maff. go. jp.

多，如姚海华（2006）、田维明（2007）、谭晶荣等（2008）、肖雪等（2006），但就中韩农产品在日本市场上的竞争关系与竞争程度进行分析的研究尚未检索到①。本节尝试对上述问题进行实证分析，并试图寻求答案，以期为扩大中国农产品的出口提供一些有益的线索。

本节结构如下：首先，采用 SPEARMAN 相关系数和出口产品相似性指数考察中韩两国农产品对日出口的相似程度；其次，采用国别比较优势（Comparative Advantage by Country，CAC）指数，考察两国农产品的竞争力；再次，从日本消费市场的特征角度，分析中韩农产品竞争力差距的原因所在；最后，提出若干政策建议。

本节中的贸易数据均来源于日本财务省贸易统计所提供的数据②。该数据库采用的是 HS 分类方法，为测算的简便性，本节将农产品的范围界定为 HS 编码第 01 章至第 24 章的全部产品。

二、中韩农产品对日出口相似性分析

考察一组国家对某一市场的出口相似性，可以利用多种方法。本节采用 SPEARMAN 相关系数和出口产品相似性指数③，考察中韩两国农产品对日出口的相似性。

表 A - 11　　　　　　　　　　　中韩农产品对日出口相似性

	2005				2006				2007				2008			
	中国		韩国		中国		韩国		中国		韩国		中国		韩国	
每类产品出口顺次及占出口总额中的比重	HS16	28.6%	HS03	38.1%	HS16	30.0%	HS03	37.9%	HS16	30.8%	HS03	38.3%	HS16	27.4%	HS03	39.0%
	HS03	18.5%	HS22	9.9%	HS03	17.8%	HS22	10.8%	HS20	14.3%	HS22	11.4%	HS20	15.2%	HS22	11.4%
	HS07	13.0%	HS20	8.0%	HS20	13.4%	HS21	7.5%	HS03	13.8%	HS21	8.1%	HS03	15.1%	HS21	8.0%
	HS20	12.9%	HS16	7.9%	HS07	13.3%	HS20	7.4%	HS07	12.2%	HS20	7.8%	HS07	12.2%	HS20	7.2%
	HS12	4.3%	HS07	6.3%	HS12	3.6%	HS16	7.0%	HS23	4.8%	HS19	6.4%	HS23	5.9%	HS19	6.9%
	HS23	3.5%	HS19	6.2%	HS19	3.2%	HS19	6.4%	HS12	3.7%	HS07	5.8%	HS12	5.0%	HS16	5.3%
	HS19	3.1%	HS21	6.2%	HS23	2.9%	HS12	5.5%	HS19	3.3%	HS16	5.0%	HS19	2.8%	HS12	5.2%
	HS05	2.6%	HS12	5.5%	HS05	2.7%	HS07	5.0%	HS10	3.2%	HS12	5.0%	HS09	2.8%	HS07	4.8%
	HS09	2.5%	HS13	2.8%	HS21	2.3%	HS13	3.0%	HS05	2.4%	HS08	2.6%	HS05	2.7%	HS08	2.5%

---

① 谭晶荣,王真千.中日韩3国农产品在美国市场的竞争关系分析.国际贸易题,2008(9)；肖雪,翟印礼,谢海军.中韩农产品贸易发展现状及影响因素分析.世界农业,2006(12).

② 日本财务省贸易统计.www.customs.go.jp.

③ 关于 SPEARMAN 相关系数和出口产品相似性指数的介绍详见第五章。

续表

	2005		2006		2007		2008	
	中国	韩国	中国	韩国	中国	韩国	中国	韩国
每类产品出口顺次及占出口总额中的比重	HS10 2.4%	HS08 2.8%	HS09 2.0%	HS08 2.7%	HS21 2.3%	HS13 2.2%	HS21 2.3%	HS23 1.9%
	HS21 2.3%	HS06 1.6%	HS10 1.8%	HS18 1.5%	HS09 2.3%	HS18 1.6%	HS08 1.6%	HS13 1.9%
	HS08 1.6%	HS18 1.6%	HS08 1.6%	HS06 1.2%	HS08 1.7%	HS05 1.2%	HS10 1.4%	HS18 1.4%
	HS22 1.1%	HS23 0.8%	HS22 1.4%	HS24 0.9%	HS22 1.0%	HS06 1.1%	HS04 1.0%	HS06 1.1%
	HS04 0.6%	HS05 0.6%	HS04 0.7%	HS05 0.9%	HS06 0.8%	HS24 1.1%	HS06 1.0%	HS05 1.0%
	HS13 0.6%	HS09 0.5%	HS06 0.6%	HS23 0.8%	HS04 0.8%	HS23 0.9%	HS15 0.8%	HS24 1.0%
	HS06 0.6%	HS02 0.3%	HS15 0.5%	HS09 0.5%	HS13 0.5%	HS09 0.5%	HS22 0.7%	HS09 0.4%
	HS15 0.4%	HS24 0.3%	HS24 0.5%	HS04 0.3%	HS24 0.4%	HS17 0.3%	HS13 0.6%	HS15 0.3%
	HS14 0.3%	HS17 0.2%	HS13 0.5%	HS17 0.3%	HS15 0.4%	HS04 0.3%	HS24 0.5%	HS17 0.2%
	HS24 0.3%	HS15 0.2%	HS14 0.4%	HS02 0.2%	HS14 0.3%	HS15 0.2%	HS14 0.4%	HS04 0.2%
	HS17 0.2%	HS04 0.1%	HS17 0.2%	HS11 0.1%	HS17 0.2%	HS11 0.1%	HS11 0.3%	HS11 0.2%
	HS11 0.2%	HS11 0.1%	HS11 0.2%	HS15 0.1%	HS11 0.2%	HS02 0.0%	HS18 0.2%	HS01 0.0%
	HS18 0.2%	HS14 0.0%	HS18 0.2%	HS14 0.0%	HS18 0.2%	HS01 0.0%	HS17 0.2%	HS14 0.0%
	HS01 0.1%	HS01 0.0%	HS01 0.1%	HS01 0.0%	HS01 0.1%	HS14 0.0%	HS01 0.1%	HS02 0.0%
	HS02 0.1%	HS10 0.0%	HS02 0.0%	HS10 0.0%	HS02 0.0%	HS10 0.0%	HS02 0.0%	HS10 0.0%
SPERA-MAN 相关系数	0.664***		0.650***		0.636***		0.670***	
相似性指数	57		54		50		51	

注:SPEARMAN 相关系数根据 SPSS 软件计算得出, * * * 表示1%水平下显著,该水平的双侧临界值为 0.537。

资料来源:经笔者计算得出。

从表 A-11 可以看出,中韩两国 2005-2008 年间对日出口的前 10 位农产品中,一直有 6 类产品是相同的,且整体 24 类农产品的 SPEARMAN 相关系数也一直都在 0.6 以上,表明中韩农产品对日出口结构的相似度较高。从双方对日出口的产品相似性指数来看,尽管近年来有小幅下降,但也一直维持在 50 以上,这进一步表明中国与韩国农产品对日本出口具有较高的相似性。中韩两国不仅地理位置相近,而且气候条件和消费习惯等因素也较相似,所以两国农产品对日出口的相似度较高应是预料之中的结果。

三、中韩农产品在日本市场上的竞争力比较

中韩两国农产品对日出口具有较高的相似性,意味着两国农产品在日本市场必然展开较激烈的竞争。本节采用国别比较优势（CAC, Comparative Advantage by

Country）指数，考察两国农产品在日本市场上的竞争力①。

按 HS 编码 9 位数计算，2005 - 2008 年间，日本从中国进口的农产品有 872 个（4 年平均），从韩国进口的有 408 个（表 A - 12）。其中，CAC 大于 1 的品种数量中国有 523 个，韩国有 220 个，即中国输日农产品中具有竞争力的品种数是韩国的 2.4 倍。但 CAC 大于 1 的数量占各自总数量的比重中国为 60%，韩国为 54%，中国仅高出 6 个百分点。这说明，如果抛开中国的农产品多样性等因素，两国农产品竞争力不相上下。

表 A - 12　　　　中韩出口日本的各类农产品中 CAC 大于 1 的数量的比较

（单位：个）

		中国					韩国				
		2005	2006	2007	2008	平均	2005	2006	2007	2008	平均
各类农产品中 CAC 大于 1 的数量	HS01	5	5	5	6	5	2	2	1	2	2
	HS02	5	3	3	1	3	4	4	0	1	2
	HS03	76	75	73	63	72	44	39	50	50	46
	HS04	7	6	5	7	6	2	2	3	4	3
	HS05	14	12	14	16	14	6	6	4	6	6
	HS06	8	8	9	11	9	4	3	4	5	4
	HS07	68	65	66	69	67	12	12	9	17	13
	HS08	19	20	18	20	19	11	9	9	10	10
	HS09	25	25	26	25	25	3	4	4	4	4
	HS10	7	7	5	4	6	0	0	1	1	1
	HS11	7	7	7	6	7	5	4	5	5	5
	HS12	30	26	26	28	28	14	16	17	16	16
	HS13	5	5	5	5	5	3	3	4	3	3
	HS14	12	10	11	11	11	0	0	0	1	0
	HS15	13	13	15	14	14	3	2	7	6	5
	HS16	61	59	56	50	57	12	10	11	11	11
	HS17	4	4	5	5	5	4	5	6	6	5
	HS18	2	2	2	1	2	3	3	4	4	4

_____

① 关于国别比较优势（CAC）指数的介绍详见第五章。

续表

		中国					韩国				
		2005	2006	2007	2008	平均	2005	2006	2007	2008	平均
各类农产品中 CAC 大于 1 的数量	HS19	32	31	33	27	31	25	27	25	23	25
	HS20	92	85	89	84	88	24	27	22	19	23
	HS21	24	22	23	21	23	18	19	19	21	19
	HS22	10	10	5	6	8	11	11	11	13	12
	HS23	17	19	22	22	20	4	3	3	4	4
	HS24	1	1	1	0	1	1	1	1	2	1
合计(A)		544	520	524	502	522.5	215	212	220	234	220.25
总数量(B)		891	895	885	815	872	428	406	394	404	408
CAC 大于 1 的数量占总数的比重(A/B)		61%	58%	59%	62%	60%	50%	52%	56%	58%	54%

资料来源:经笔者计算得出。

那么,韩国农产品的竞争力是否来自于其价格?为比较中韩农产品对日出口的价格,笔者抽取了双方出口相似性较高而竞争也激烈的 HS07、HS16、HS20 等 3 类产品。该 3 类产品中,两国都出口的有 64 个 HS9 位数产品,笔者根据日本进口的数量和金额测算了其价格。

从表 A - 13 中可以看出,中国除 16 个税号产品（25%）的价格高于韩国,4 个税号产品（6%）的价格与韩国相等以外,其他 44 个税号产品（69%）的价格均低于韩国。非参数检验结果表明,在 1% 的显著性水平下,可以认为韩国大多数农产品的价格与中国相比明显处于劣势。

表 A - 13　　　　　　中韩部分农产品输日价格对比(2007 年)

(单位:万日元/公斤)

HS 编码	中国 (A)	韩国 (B)	倍数 (A/B)	HS 编码	中国 (A)	韩国 (B)	倍数 (A/B)	HS 编码	中国 (A)	韩国 (B)	倍数 (A/B)	
0703.10 - 011	0.3	0.2	1.6	1604.19 - 090	4.6	14.9	0.3	2008.19 - 193	4.5	9.3	0.5	非参数检验(Fried-man)检验结果:$X^2 = 12.645$(p 值 <0.01)
0703.10 - 013	0.8	10.1	0.1	1604.20 - 014	14.9	16.0	0.9	2008.19 - 199	3.3	3.4	1.0	
0703.20 - 000	1.3	18.2	0.1	1604.20 - 020	5.8	5.7	1.0	2008.19 - 229	2.4	72.0	0.0	
0703.90 - 090	1.6	10.5	0.2	1605.10 - 029	17.6	10.5	1.7	2008.30 - 190	1.0	4.2	0.2	

续表

HS 编码	中国(A)	韩国(B)	倍数(A/B)	HS 编码	中国(A)	韩国(B)	倍数(A/B)	HS 编码	中国(A)	韩国(B)	倍数(A/B)	
0704.90-090	0.4	0.6	0.8	1605.20-029	7.6	17.2	0.4	2008.30-290	1.3	3.4	0.4	
0708.90-000	1.0	3.5	0.3	1605.90-190	7.5	10.3	0.7	2008.60-190	2.1	3.1	0.7	
0709.59-011	48.3	152.9	0.3	1605.90-213	6.4	11.1	0.6	2008.70-191	1.2	1.2	1.0	
0709.59-090	10.0	3.7	2.7	1605.90-219	4.4	7.6	0.6	2008.80-190	5.1	2.6	2.0	
0710.80-090	1.4	15.1	0.1	1605.90-220	14.9	88.2	0.2	2008.92-219	1.7	5.9	0.3	
0711.90-099	0.8	1.1	0.7	1605.90-290	57.6	53.6	1.1	2008.99-100	4.4	7.0	0.6	
0712.39-010	11.2	17.3	0.7	1605.90-293	5.6	5.3	1.1	2008.99-214	6.0	4.3	1.4	
0712.90-090	4.3	8.3	0.5	1605.90-294	5.3	15.4	0.3	2008.99-219	1.5	5.8	0.3	非参数检验（Friedman）检验结果：
0714.90-290	1.5	2.6	0.6	1605.90-299	10.5	7.2	1.5	2008.99-259	1.1	272.7	0.0	$X^2 = 12.645$ （p 值<0.01）
1602.32-210	4.5	6.5	0.7	2001.90-250	1.5	7.9	0.2	2009.39-290	2.2	3.4	0.6	
1602.32-290	4.0	5.2	0.8	2001.90-290	1.6	3.6	0.5	2009.41-210	1.5	0.7	2.2	
1602.49-290	4.1	3.4	1.2	2003.90-210	3.3	30.0	0.1	2009.71-210	1.1	1.1	0.9	
1602.50-999	6.3	17.9	0.4	2004.90-299	2.8	3.2	0.9	2009.80-221	3.8	0.7	5.8	
1603.00-090	3.3	5.6	0.6	2005.51-190	0.9	1.0	1.0	2009.90-121	4.6	1.2	3.8	
1604.11-010	7.1	5.6	1.3	2005.80-200	1.5	4.7	0.3	2009.90-220	3.3	1.3	2.6	
1604.14-092	4.3	6.3	0.7	2005.99-190	1.6	3.0	0.6	2005.99-999	5.6	3.4	1.6	
1604.15-000	6.2	5.5	1.1	2005.99-911	3.2	12.2	0.3					
1604.16-000	7.6	11.6	0.7	2005.99-919	2.6	3.8	0.7					

注：价格为根据日本进口金额与数量计算得出的 CIF 日本价格。

资料来源：经笔者计算整理。

结合前小节的结论，可以断定：中韩农产品对日出口相似性较高进而竞争也较激烈，尽管中国农产品的价格优势也很明显，但相对于出口规模的竞争力上双方旗鼓相当，其原因在于进口市场——日本的消费特征。

四、日本消费市场的特征与中韩农产品竞争力

表 A－14 是根据日本农林渔业金融公库于 2008 年 5 月对日本 20－60 岁的男女 2000 人进行的消费调查整理出的购买农产品的判断基准①。

表 A－14   **日本消费者购买农产品的判断基准**

	第一位	第二位	第三位
大米	安全	味道	价格
蔬菜	新鲜	安全	价格
蘑菇	新鲜	安全	价格
水果	新鲜	味道	安全
牛肉	安全	新鲜	价格
猪肉	新鲜	安全	价格
鸡蛋	新鲜	安全	价格
乳制品	新鲜	味道	安全
鱼类	新鲜	味道	安全

资料来源：日本农林渔业金融公库. 国产的时代，2008.

可以看出，日本消费者购买农产品时最重视的是新鲜（蔬果和蛋乳类）和安全（大米和牛肉），其次是味道和安全，而价格排在第三位以后。也就是说，日本消费者最重视的是新鲜度和安全及味道，对价格因素固然重视，但不是最重要的。

而中国农产品在非价格竞争方面远落后于他国。从图 A－2 可以看出：在日本消费者心目中日本农产品是最安全又最贵的；澳洲的农产品既便宜又安全，具有很高的竞争力；EU 的农产品安全度较高，但价格也较高；美国和韩国等亚洲国家的农产品价格较便宜，但安全度较差；中国农产品价格最便宜，但最不安全，回答者的 90.3% 认为中国农产品存在安全问题，对中国农产品印象极差。由于韩国农产品比中国农产品价格上贵得不多，而安全方面比中国好一些，所以韩国农产

① 日本农林渔业金融公库. 国产的时代（2008 年）. http://www.jfc.go.jp.

品在日本市场能够与中国形成竞争关系。

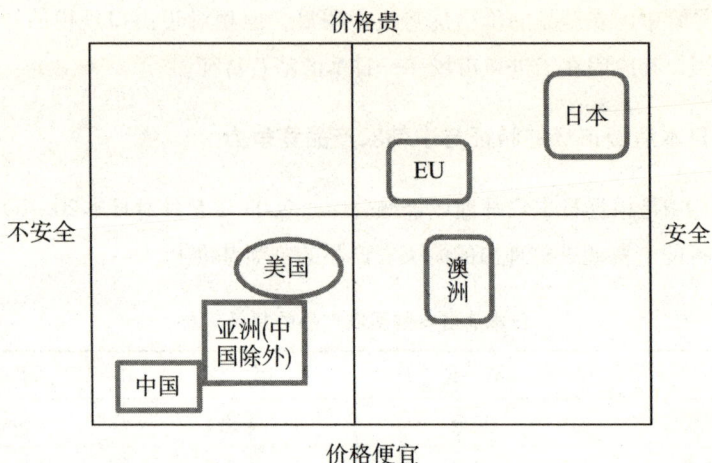

资料来源：日本农林渔业金融公库. 国产的时代，2008.

图 A-2　日本消费者对进口农产品的印象

为什么会出现这种局面？笔者认为有两个方面的原因。

第一，中国方面：中国输日农产品自身确实存在安全隐患。自 2002 年中国产冷冻菠菜农药含量被检出超标以来，中国农产品在 2004 - 2007 年间因农兽药残留超标被扣次数达到 87 次、55 次、179 次和 195 次，为所有进口国之最①。"民以食为天，食以安为先"，日本消费者当然也不例外，自然对中国农产品的安全问题存有戒心。

第二，日本方面：2001 年和 2002 年日本相继发生 BSE（疯牛病）事件和牛肉原产地错误标签等多起事故后，日本消费者对食品安全的关注空前高涨，尤其是对无法直接监控的进口食品的安全非常关心。而日本政府有意识地将国民对食品安全的关注作为其进行农业保护、扩大国产品销售的一种手段，在进口环节上 2006 年起实施了被视为世界上最苛刻的"肯定列表"制度，加大进口食品超标事故的宣传报道，对"中国农产品价廉物危"意识的蔓延起着推波助澜的作用。

五、对策建议

在日本市场，价格不是唯一的取胜筹码，优质、健康、安全问题显得越来越

---

① 刘璇,应珊婷,章强华,董国望. 我国输日农产品农残超标的分析探讨. 农业质量标准,2008(3).

重要。为此，中国应加大《食品安全法》的执行力度，不断完善适合国情的食品安全风险分析体系，加强食品安全监管。

随着对国际粮食安全保障问题和环境保护问题的关注不断高涨，日本的农业保护政策还会有所加强，而作为农业保护的一个手段，强化对进口食品的检验检疫、夸大进口食品不安全（特别是中国农产品危险论）的诱导政策也将进一步得到加强。中国应进一步加强对日本"肯定列表"制度等国外农残限量标准的跟踪研究，了解有关农残限量标准研究和制定的动态及趋向，并尽快制定出具有中国特色的农产品农药残留新标准和检测标准，为农产品出口提供强有力的技术支持。

附录 B　日本的 FTA 进程为何远不如韩国？

——基于农产品保护贸易政策的政治经济学视角的分析

一、问题的提出

本书第二章阐述过，虽然就 FTA 数量而言，日本和韩国不相上下，但就 FTA 对象国的经济规模与国际影响力而言，韩国遥遥领先于日本。我们不禁要问，日本和韩国在推进贸易自由化过程中都会遇到一个共同的绊脚石——农业开放问题，可为何日韩两国的 FTA 进程大不相同呢？

难道韩国已签署的 FTA 都对农业高度保护？不然。本书第四章已阐述过，韩国在韩美 FTA 承诺 10 年内对近 90% 的农产品取消关税，20 年内对 97% 以上的农产品取消关税，未列入自由化进程的农产品仅占 1%。而日本已签署的 EPA 无一例外地将 40% 以上的农产品列为自由化范畴之外。可以说，韩国已签署的 FTA 农产品开放程度比日本大许多。

难道韩国农民比日本农民安分守己，不会向政府施加压力？也不然。韩国农民反对贸易自由化的过激行为——比如切腹、服毒药、"三步一叩"示威等都是令日本农民自叹不如的[①]。

那么，如何理解日韩的这种不同的 FTA 进程呢？本附录试图从农产品保护贸易政策的政治经济学的视角对该问题作一分析，以期对现进行中的中韩 FTA 谈判

---

① 韩国农民抗议贸易自由化的过激行为举不胜举。比如 2003 年 9 月，在墨西哥坎昆召开的世贸组织会议期间，1500 多名韩国农民专程赶去反对开放大米市场，其中一个负责人切腹自杀。2005 年 11 月，有农民以服毒自杀方式反对开放大米。2005 年 12 月，在香港召开的 WTO 会议期间，数千韩国农民来到香港举行"三步一叩"示威游行，表明坚决抵制农业开放。

及中韩日 FTA 谈判有所参考。

二、农产品保护贸易政策的政治经济学分析思路

20 世纪 80 年代以来，国际贸易政策制定中的政治和社会因素越来越被经济学家重视，在国际经济学领域中建立起一些政治经济学模型，包括梅耶（Mayer）的"中点选民"模型、"集体行动有效游说"模型、麦基（Magee）和布罗克（Brock）以及杨（Young）的"竞选贡献"模型、格鲁斯曼（Grossman）和海尔普曼（Helpman）的"政治贡献"模型等。在这些模型中，经济学家们明确地提出，政府的目标是成功地掌握政权和维护政权稳定而非社会福利最大化①。

本附录借鉴日本学者速水佑次郎（1986）的"农业政策转变过程"模型进行分析。速水佑次郎在其著作《农业经济论》中，就一国的农业政策随着经济发展从剥削农业政策向保护农业政策的转变过程做过精辟的政治经济学分析②。

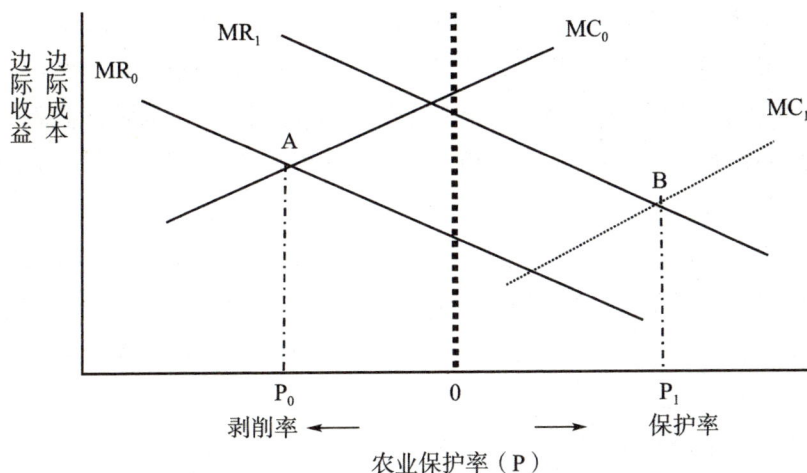

资料来源：［日］速水佑次郎. 农业经济论. 岩波书店，1986（67）.

图 B-1　伴随经济发展而发生的农业保护政策的转变过程

图 B-1 中横轴表示农业保护率，以 0 点界，向右表示保护率为正，向左表示保护率为负（即剥削农业）。纵轴表示边际收益（MR）和边际成本（MC）。所谓的 MR 就是政治家提高一单位保护率时可以从被保护集团那里获得的预期选票增

---

① 参见海闻. P. 林德特，王新奎. 国际贸易. 上海人民出版社，2003.

② ［日］速水佑次郎. 农业经济论. 岩波书店，1986.

加数，MC 就是由此可能失去的保护反对派的预期票数。由于随着保护率的提高，赞成派从农业保护中获得的利益将递减，而反对派的反对强度会递增，所以对政治家而言，保护的 MR 表现为向右下方倾斜的曲线，而 MC 则表现为向右上方倾斜的曲线。根据利润最大化原则可知，政治家能够获得最大利益的保护率，就是 MR 等于 MC 时的保护率。

在经济发展初期阶段，因农业人口比重大、教育水平低、民主意识差、信息闭塞、远离首都，所以农民很难自己组织起来动摇现行政权，导致该阶段的 MR_0 处在较低的水平。而另一方面，因恩格尔系数高、产业结构以劳动密集型为主，粮食等农产品价格的提高会引发城市暴动、降低工业利润，所以市民和产业资本家会极力反对农业保护，导致该阶段的 MC_0 保持在较高的水平。此时，政治家们的最优选择是 MR_0 和 MC_0 的相交时（A 点）的 P_0 保护率水平，即对农业实行剥削性政策。

然而，随着经济发展，农业人口减少，农民教育水平提高，农民行驶政治权利的条件逐步形成，导致 MR_0 上升至 MR_1。另一方面，随着恩格尔系数下降，产业结构由劳动密集型向资本技术密集型转变，一般市民和资本家对农业保护的反对强度不断降低，导致 MC_0 下降到 MC_1。此时，MR_1 和 MC_1 交叉（B 点）决定的 P_1 就是这个阶段能给政治家带来最大利益的保护率。最终，执政者们对农业保护问题的最佳政治均衡点将从 A 点移到 B 点，即农业政策从剥削农业向保护农业转移。

现如今，韩国和日本都是 OECD 国家，已走出了农业剥削政策阶段，都实行农业保护政策。所以将上述的速水模型原封不动地拿过来分析两国 FTA 进程不同的原因，显然不合适。

本附录将上述模型做简单变动（图 B - 2），横轴表示 FTA 农业开放程度，其数值越大，表明 FTA 进程快且农业开放程度越高，即农业保护率越低①。需要说明的是，由于 FTA 农产品贸易规则侧重于关税与非关税壁垒的撤销，而对农产品价格支持、出口补贴等只做原则性的描述，所以本附录中所讲的农业保护也只指对农业的国境保护。

---

① 严格地讲，FTA 进程快不一定表示农业开放程度高。因为有些 FTA 将大部分农产品都列为例外产品清单。

边际收益 边际成本

MR_K   MC_J

MR_J

MC_K

A

B

0   P_0   P_1

FTA农业开放程度（农业国境保护率）(P)

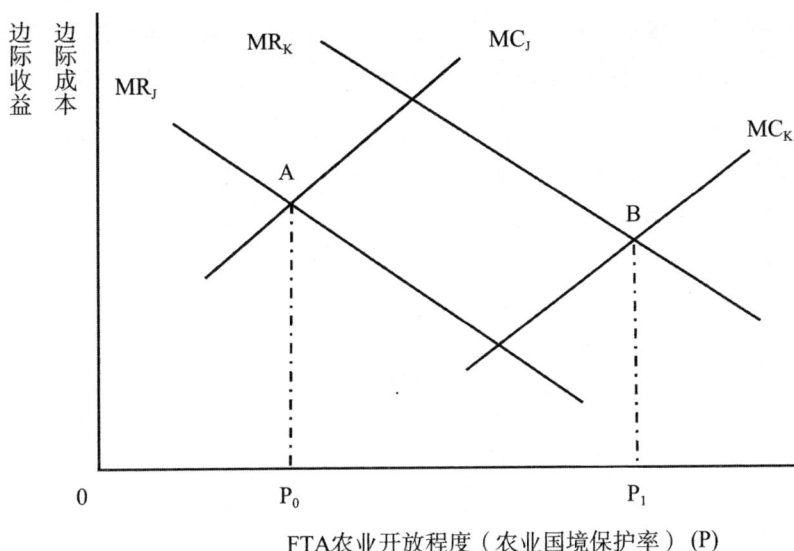

注：下标的 J 和 K 分别表示日本和韩国。

资料来源：笔者制作。

图 B-2 日韩的 FTA 政策最优政治均衡点比较

纵轴表示推进 FTA 可以为政治家带来的边际收益（MR）和边际成本（MC）。具体而言，MR 指政治家使 FTA 农业开放度提高一单位时可以从受惠集团那里获得的预期选票增加数，而 MC 指由此可能失去的预期票数。考虑到从 FTA 谈判到生效需要一定的时间，将这期间所发生的政治交易费用也包含在了 MC。由于随着 FTA 开放程度的提高，赞成派从贸易自由化中获得的利益将递减，而反对派的反对强度会递增，所以对政治家而言，推进 FTA 的 MR 表现为向右下方倾斜的曲线，而 MC 则表现为向右上方倾斜的曲线。另外，为分析的简便化，假设两国 MR 和 MC 曲线的斜率相同。

从图 B-2 可以看出，日本的边际收益曲线（MR_J）位于韩国边际收益曲线（MR_K）的下方，而日本的边际成本曲线（MC_J）位于韩国边际成本曲线（MC_K）的上方。而由此决定的日本的 FTA 政策最佳政治均衡点 A 位于韩国最佳政治均衡点 B 的左侧，即日本的 FTA 农业开放程度 P_0 低于韩国的 P_1。下文就该模型进行详细剖析。

三、推进 FTA 的边际收益：日本为何低于韩国？

（一）出口依存度：日本低，韩国高

长期以来，国内很多人认为，日本自然资源匮乏、国内市场狭小，是依靠

"贸易立国"取得经济增长的。其实，在日本国内的相关报道和义务教育中也经常提到"日本是贸易立国型国家"。但这种观点可能存在认知误区。因为近几十年来，日本出口依存度大部分年份仅为 10% 左右（只有 2007 年上升到 17.6%），远低于世界平均水平①。2011 年，日本出口依存度达到 15.1%，在世界银行统计的 163 个国家中仅排第 153 位（表 B - 1）。据此，不少日本经济学家比如庆应义塾大学的副教授小幡绩认为，无论从过去的任何时期来看，日本经济一直是以内需为中心，没有依赖于出口，出口起到的是辅助作用②。

表 B - 1 日韩各项经济指标比较

国家	面积	人口	人均国民收入	出口依存度（出口额/GDP）						
				1961	1971	1981	1991	2001	2011	2011 年世界排名
日本	37.8 万平方公里	1.3 亿	3.8 万美元	9.3	11.5	14.4	9.9	10.4	15.1	153 位
韩国	10 万平方公里	5 千万	2.3 万美元	5.3	15.0	34.3	26.3	35.7	56.2	42 位

资料来源：日本统计厅、韩国统计厅、世界银行（World Development Indicators：exports of goods and services）。

日本是贸易立国型国家还是内需主导型国家的问题，不是本附录的探讨主题，暂且不论。本文的关心事项是世界市场对日本与韩国的吸引力是否相同的问题。从表 B - 1 可以看出，无论是国土面积还是人口数量，日本是韩国的 3 倍多，而且人均国民收入也明显高于韩国。这些数据表明，在发展扩大内需型经济道路上，日本比韩国宽广许多，自然地世界市场对日本的吸引力比韩国逊色许多。

在韩国经济发展过程中对外贸易曾起过发动机的作用，且这种倾向近年来更加严重。1961 年韩国的出口依存度只有 5.3%，2011 年高达 56.2%，世界排名第 42 位。可以说，韩国是典型的出口立国型国家，世界市场是韩国经济可持续发展的必不可缺的条件。在多哈回合举步维艰而其他主要竞争对手都争先恐后地推进 FTA 的背景下，韩国只有通过积极的 FTA 实践才能扩大贸易创造效应、减少贸易转移效应。

而政府的这种战略得到了大多韩国国民的支持。很多百姓认为，若不积极参

① 蔡成平. 日本经济真的严重依赖中国吗？FT 中文网，2012 年 11 月 08 日. http://www.ftchinese.com/story/001047368%20.

② 货币贬值竞争"百弊而无一利". 人民网 - 财经频道，2013 年 06 月 17 日. http://finance.people.com.cn/n/2013/0617/c348883 - 21862733.html.

与到 FTA 行列之中，韩国不仅无法开拓新市场，还有可能失去原有的市场。韩国对外经济政策研究院的相关调研结果表明（表 B-2），韩国的大多数国民支持政府的 FTA 战略。

表 B-2   韩国国民对 FTA 的认知

	韩智 FTA	韩美 FTA	韩欧盟 FTA
赞成	70.30%	47.80%	69.70%
反对	29.70%	52.20%	30.30%

资料来源:韩国 RECEARCH 调研成果.转引[韩]李时荣等.韩中 FTA 及韩日 FTA 国民意识调查及其启示.韩国对外经济政策研究院.研究报告,2012.

（二）FTA 农业补救措施：日本没有，韩国有

所谓的 FTA 农业补救措施是指因实施 FTA 战略，对农业部门造成损失时政府给予补偿的政策。因日本签署的 FTA 对农业开放较为保守，所以日本也就没有系统化的 FTA 农业补救措施。而韩国为顺利推进其 FTA 战略，采取"先补救、后批准"策略，即在国会批准某一 FTA 之前，政府先出台一系列农业补救措施，一方面补偿因履行 FTA 而遭受损失的农户收入，另一方面通过财政及税收支援提高农业竞争力（详见本书第六章）。

韩国推进 FTA，农户应是受害集团，但正因为韩国的这种 FTA 农业补救措施的存在，政府的 FTA 战略还赢得了部分农户的支持和拥护。这需要从如下两个方面进行解释。

首先，韩国的 FTA 农业补救措施使大量资金注入到了农村。韩国首个 FTA——韩智 FTA 签署以后，韩国政府决定投入 1.2 兆韩元（2004-2010 年）的 FTA 补救基金，而这笔补救金额远远超出研究机构所估计的损失额[1]。而韩美 FTA 农业补救金比韩智 FTA 补救金超出了几十倍，计划 2017 年为止将投入 54 兆韩元[2]。不仅如此，所涵盖的支援内容也扩充了许多。

---

[1] 韩国农村经济研究院的估算结果表明,韩智 FTA 生效 10 年间,韩国果农纯收入损失额约为 3000 亿韩元(约合 20 亿元人民币)。而汉阳大学的估算结果表明,该 10 年间果农总收入将减少 5800 亿韩元。农业损失主要发生在葡萄、猕猴桃及桃子为中心的果树部门。参见[韩]文春杰.韩智 FTA 国内对策的经济效果分析.汉阳大学研究报告,2012(13).

[2] [韩]韩国农林食品部.2013 年韩美 FTA 补救措施事业财政投融资计划,2012 年 10 月.韩国农林食品部网 http://www.mifaff.go.kr/main.jsp.

表 B - 3　　　　　　　　　　　韩国农业人口及年龄

	农户数（万户）	比重（%）	农业人口（万人）	比重（%）	农业渔业生产额（千亿韩元）	占GDP的比重（%）	农业就业人员年龄				
							50-59岁（千人）	比重（%）	60岁以上（千人）	比重（%）	50岁以上的比重合计（%）
2000	138.3	9.6	403.2	8.5							
2001	135.4	9.1	359.1	8.3							
2002	128.0	8.5	359.1	7.5	254.1	3.5					
2003	126.4	8.3	353.0	7.4	253.1	3.3					
2004	124.0	8.0	341.5	7.1	276.8	3.3					
2005	127.3	8.0	343.4	7.1	258.5	3.0	421	23.2	995	54.8	78.0
2006	124.5	7.7	330.4	6.8	257.5	2.8	411	23.0	992	55.6	78.6
2007	123.1	7.5	327.4	6.8	252.1	2.6	403	23.3	958	55.5	78.9
2008	121.2	7.3	318.7	6.6	246.9	2.4	404	24.0	947	56.2	80.1
2009	119.5	7.1	311.7	6.4	266.2	2.5	404	24.5	918	55.7	80.2
2010	117.7	6.8	306.3	6.3	278.3	2.4	390	24.9	875	55.9	80.8
2011	116.3	6.6	296.2	6.0	301.0	2.4	379	24.6	883	57.3	81.8

资料来源：韩国农林水产食品统计年报,2012.

其次，对韩国农民的高龄化现象做一说明。从表 B - 3 中可以看出，近几年来韩国农民中 50 - 59 岁的占农民总数的 24% 左右，而 60 岁以上的占 55% 左右，两者合计 50 岁以上农民共占 80%。对这些即将"入土"或退休的农民而言，奋发图强、提高农业竞争力已力不从心，安安稳稳地度过晚年才是他们最希望的。而政府的 FTA 农业补救措施正好能满足他们的这种需求。他们可以直接申请停业补贴，也可以申请提高农业竞争力项目（当然，真正目的是拿钱走人）。"会哭的孩子有奶吃"，为争取更多的补救基金这些农民会参加反对 FTA 的示威游行，但竞选时不少人会将选票投给 FTA 积极派的政党或总统候选人。

综上所述，日本的出口依存度低于韩国导致日本国民对 FTA 的需求强度不如韩国。不仅如此，韩国的 FTA 农业补救措甚至还赢取了部分韩国高龄农户对 FTA 的支持，决定了日本推进 FTA 的边际收益低于韩国。

四、推进 FTA 的边际成本：日本为何远高于韩国?

（一）农民选票：日本重要，韩国不重要

无论是日本还是韩国，其政府签署的 FTA 最后要得到各国国会批准方能生效①。那么，两国国会议员们对 FTA 的态度如何呢？这就要看农民选票对其的重要性。

　　两国的国会议员均从国民中选举产生，但在这选举中日韩两国农民票的重要性截然不同。在日本，仅占就业人口 3.8% 的农业人口掌握着相当于其 2－5 倍的选票②，农村与城市相比以较少的人口就可以产生一位议员③。以 2010 年参议院选举为例，在人口多（城市多）的神奈川县至少要得到 122 万张选票才能当选，而在人口少（农村多）的鸟取县只要得到 24 万张选票即可。这说明，鸟取县民一个人的选票可顶上神奈川县民 5 个人的选票，可见日本农村地区选票的重要性。原来日本也是按人口比例分配议员名额的，但在高速增长时期，日本人口大量从乡村流向城市，而议员名额却因各种原因未能及时作出调整导致如今的城市地区和农村地区的一张选票的效果不一致。

　　另外，因城市居民成分繁杂、意识形态各异，他们的选票会分散到各个政党，所以仅靠城市选票很难保证成为执政党。而农村地区的居民相互之间更为熟悉等原因易于统一立场，选票会集中到一处。可以说，日本的农村地区不仅是个大票仓，而且还是决定胜负的要害票田④。在这种背景下，为争取这些农民选票，政治家们会肝脑涂地地为农民争取各种好处。难怪有些日本学者感叹"日本是农村说

---

　　①　日本国会由众议院和参议院构成。众议院议员任期 4 年(每届，以下同)，参议院议员任期 6 年，每 3 年改选半数议员。日本众议院选举由小选区和比例代表选区选举两部分组成。小选区选举，是指从根据各都道府县的人口数量来划分的 300 个选区中来选举议员。选民将在选票上直接填写参选的"候选人姓名"进行投票。每个选区只有得票最多的一位能够当选，但必须获得总票数的六分之一以上。比例代表选区由选民对各政党投票，并根据得票数比例在政党间分配议席。日本全国共有 11 个"比例代表选区"，各家政党将会根据最后的得票多少分配剩下的 180 个议席。通常，获得上述议席的政党将会把名额分配给那些在"小选区"落选的本党众议员候选人。韩国国会是单一制，议员任期 4 年。两国的选举都实行"小选区制与比例代表制并立"的制度。比如韩国国会共有 300 个议席组成，其中的 246 个席位通过小选举区简单多数制选举产生，其余的 54 席通过比例代表制产生。
　　②　TPP 与农业问题的本质. 商务媒体—诚网. 2012 年 1 月 18 日. http://blogs. bizmakoto. jp/taka_taka_hello/entry/4095. html.
　　③　[日]升永英俊(律师)与田原总一郎(经济评论家)对话：日本为何无一人一票之权利？现代商务网. 2011 年 12 月 3 日. http://gendai. ismedia. jp/articles/－/23375.
　　④　早在 2007 年参议院选举时，日本民主党提出保护主义色彩浓厚的"农户收入补偿"制度，而当时部分自民党议员主张要大力实施农业改革，结果该选举中民主党从自民党手中抢到了农村选票。然而 2010 年选举时，农民觉得"农户收入补偿"制度对其没有多大魅力，将选票又投给了自民党。于是自民党打败了民主党。关于"农户收入补偿"制度，参见李明权. 民主党政府的"农户收入补偿制度"评析——以大米政策为例. 日本学刊, 2010(1).

了算的国家"①。

但在韩国，每个公民的选票效果是一样的。虽然韩国也出现过农村人口向城市移动的潮流，但韩国及时地将选区根据人口进行了重新划分，没有出现像日本那样偏重于农村的问题②。韩国人口的近半数都居住在首都圈（首尔及京畿道），若加上釜山、大邱、蔚山、大田等大城市的人口，城市人口占全体人口的约70%，农村及地方人口仅为30%。仅农业人口而言，不足7%（表 B-3）。在这种选举制度下，无论是总统选举还是议员选举，农民选票就显得不那么重要了，韩国政治家对农民的利益诉求（如反对 FTA）的态度也不会像日本那样"干劲冲天"而是"尽力而为"。

（二）农林族：日本有，韩国没有

所谓的"族议员"是日本政坛一道独特的风景线，具体有"建设族""邮政族""国防族""文教族""农林族"等。顾名思义，这些"族议员"都是某一利益集团的代言人，但远没有那么简单。要成为"族议员"，至少当选四次以上才够资格。由于当选次数多、参政议政时间长（按众议员每届任期两年半计算，为十年以上），所以"族议员"对某一领域的政策了如指掌，而且对某一政策的出台实施具有很强的影响力。

表 B-4   韩国各政党在第 19 届国会中的席位及当选次数

政党	当选次数							合计
	1 次	2 次	3 次	4 次	5 次	6 次	7 次	
新世界党 （现执政党,席位）	80	37	22	9	5	1	2	156
新政治民主联合 （现最大在野党,席位）	54	29	28	10	4	1	0	126
其他在野党(席位)	12	2	1	0	0	1	0	16
合计（比重）	146 （49%）	68 （23%）	51 （17%）	19 （6%）	9 （3%）	3 （1%）	2 （1%）	298

① ［日］川岛博之. 日本是农村说了算的国家. 日本商务新闻报道（JBPRESS）,2010 年 11 月 24 日. http://jbpress. ismedia. jp/articles/-/4874.

② 在韩国，一个选区的人口下限是 10.5 万人，上限是 31.5 万人。若某个行政区人口选举时不够 10.5 万人，则合并几个行政区使之合计人口超过 10.5 万人。相反，若某个行政区人口超过 31.5 万人，则将它分成甲、乙、丙等几个选区。

注:(1)上述席位是 2014 年 3 月在国会登记在册的人数。

　　(2)第 19 届国会议员的任期是 2012 年 5 月 30 日至 2016 年 5 月 29 日。

　　(3)括号内当选次数合计的比重。

资料来源:根据韩国国会网页笔者整理。

　　"农林族"议员是维护农民集团利益的政治家,是跨党派的集团。这些"农林族"议员是从农村地区选出来的,他们为了报恩他们的"再生父母"同时也为了自身的政治前途(再次当选)对贸易自由化持坚决反对的立场。无论是政府层面(FTA 的研究及谈判阶段)还是国会层面(批准 FTA 案),这些"农林族"议员成为了推进 FTA 之际最直接的障碍物,使得日本的 MC 曲线居高不下。

　　而在韩国没有"族议员"。从表 B - 4 可以看出,韩国近 70% 的议员都是当选 1 - 2 次而已,当选 4 次以上的议员仅占 5%。至今为止,当选次数最多是 7 次,有 2 人,当选 6 次的有 3 人,当选 5 次的有 9 人,其他人都在 5 次以下。这与日本形成鲜明的对照。从表 B - 5 可以看出,日本众议院议员中当选 4 次以上的议员占 33%,而次数最多的是 15 次。当然,这与韩国的民主选举历史比日本尚浅不无关系。但即使再过几十年,估计韩国也不会出现日本式的多选议员占大比重的情况,因为两国国民的选举取向不同。

表 B - 5　　　　　　　　　　日本众议院议员当选次数

次数	1 次	2 次	3 次	4 次	5 次	6 次	7 次
人数(人)	184	56	37	45	41	47	24
比重(%)	38	12	8	9	9	10	5
次数	8 次	9 次	10 次	11 次	12 次	14 次	15 次
人数(人)	15	6	8	8	5	1	1
比重(%)	3	1	2	2	1	0	0

　　资料来源:根据日本众议院网页整理(http://www.shugiin.go.jp)。

　　在日本,老百姓在选举时似乎存在着"忠贞不渝"的习性,倾向于选出现职议员,而日本各政党在选派候选人时也以优先现职议员为原则。而且,日本国民选举时还有个"爱屋及乌"的偏好,喜欢选出前任议员的兄妹或子女,于是出现了"当选次数越多,其三寸内亲戚中元老级议员越多"的规律①。比如当选 15 次

---

①　在日本和韩国用"寸"作为基本单位来表示家族之内的关系。父母与子女之间是"一寸",祖孙之间和亲兄弟姐妹之间是"二寸",叔侄之间是"三寸"。

的小泽一郎是自民党资深议员小泽佐重喜的儿子，1969 年起小泽一郎继承了父亲的竞选地盘直到现在。当选 14 次的野田毅是自民党资深议员野田武夫的入赘女婿，1972 年起野田毅继承了岳父的竞选地盘至今。另外，根据统计，当选 12 次的 5 人中的 3 人、当选 11 次的 8 人中的 6 人都有过三寸以内亲属关系的原国会议员。

然而在韩国，老百姓担心多次当选必然导致权力的集中和腐败等问题，选举时倾向于"喜新厌旧"。基于此，韩国各政党推举各地区候选人时也非常看重新鲜血液的更换。比如 2012 年 4 月的大选举时，现执政党新世界党就提出"交替 25% 的现役议员"的方针，将有意出马的现役议员根据若干指标（当选可行性等）进行排序后，自动剔除排位靠后 25% 的议员不予推荐当候选人。

在这种环境下，韩国不会出现日本那样被农民反复地选出来、之后"全心全意为农民服务"的具有强大影响力的"农林族"议员。没有了这层强有力的保护伞，使韩国推进 FTA 之际所受的阻力比日本小许多。

当然，韩国也有为农民利益挺身而出的议员，这些人被称为"农村党"议员。这些议员不限于哪个党派，凡是从农村地区选出来的都可称为该党议员。早在 2003 年，韩国国会准备批准韩智 FTA 议案的时候，正是因为这些"农村党"议员的阻挠，致使韩智 FTA 批准案在国会延期 3 次，直到 2004 年 2 月才被韩国国会批准。2011 年 11 月，在国会表决韩美 FTA 批准案时，有一"农村党"议员投掷催泪弹抗议，导致国会在一片慌乱中批准该 FTA。

但是，我们不能把日本的"农林族"议员和韩国的"农村党"议员等同化。首先，日本"农林族"议员拼命守护农民利益的报酬是再次当选，而韩国"农村党"议员很难享受这种"高级待遇"，其工作原动力没日本那么强大；其次，韩国政党的家长式统治色彩浓厚，个别"农村党"议员很难改变整个政党的主张。如果坚持己见，轻者不会被党组织推荐为某选举区的候选人，重者会面临被开除党籍的危险。从韩智 FTA、韩美 FTA 最终被国会批准的案例可以看出，这些"农村党"议员只能拖延批准的时间，却无法改变批准的结果。

如前所述，韩国农民经常以一些极端方式来表达自己的不满，而这恰恰反映韩国农民政治权利薄弱、话语权微薄的问题。因为当韩国农民没法通过正常渠道向政府和国会反映自己的意愿时，只能采取非正常渠道。

（三）农民组织：日本强大，韩国松散

集体行动（collective action）理论认为，在影响政府政策的游说中并不一定

"人多力量大"，而在于利益集团的集体行动是否有效。日韩农民占各国人口的比重不足 7%，但他们可以采取有效的集体行动，使政府选择大多数人利益受损而少数人受益的贸易政策。问题在于，在这集体行动中，日韩两国农民组织集体行动的有效性存在较大的差别。

在日本，农业领域存在着各种各样的团体，其中农协（日本农业协同组合，JA—Japan Agricultural Cooperatives）是最大的农业和农民团体。为保护农民利益，同时也为保护自己的既得利益，JA 对贸易自由化持坚决抵制的立场，经常举办游行示威、签名活动等向政府施压。

在韩国，也有农协，全称为韩国农业协同组合，英文缩写 NH（农协的韩文发音为 NONG-HYUP，NH 由此而来），是韩国最大规模的农民组织（2011 年社员达到约 245 万人）。但对贸易自由化，NH 不像 JA 那样坚决反对，而经常表现出模棱两可的态度。比如，2006 年 8 月，正值韩国国内反韩美 FTA 的示威不断的时期，NH 中央会发给全国各地农协组织的公文《关于韩美 FTA 的 NH 之立场》中提到：韩美 FTA 是大势所趋，盲目反对无济于事；并告诫各地方农协，若其他农民组织要求 NH 参加反韩美 FTA 示威的行列时可灵活应对。

同样是各国最大的农民组织，为何 JA 和 NH 对待贸易自由化的立场反差这么大呢？关键在于两者的政治影响力不同。在日本，无论是会员规模还是经济实力[1]，JA 的影响力巨大，所以在农村地区当选议员必须依靠 JA。而 JA 当然将支持 JA 利益的候选人选进国会。在这种背景下，各政党对 JA 的反自由化主张不能视而不见，JA 的集体行动的有效性大幅提高。

然而在韩国，由于农民选票对各政党而言分量较少，NH 的主张自然地很难左右政治家的立场。不仅如此，在几十年的发展过程中，NH 已丧失了农民自主组织的本质，沦为"上意下达"的准政府机构[2]，不会公然反对政府。但又碍于面子，不会贸然反对其他农民组织的反自由化活动，结果只能采取装聋作哑的策略。其实，经历了多年来的实践教训后，韩国农民似乎也不指望这些"穿西装、扎领带"的 NH 人员能为农民决死反对自由化。

---

　　[1]　其实，近几十年来，随着日本农业的萎缩，包括兼业农业在内总农户数也不断减少。但由于"只要居住在农协管辖区域并出资就可以成为农协准会员"的规定，参加农协的户数占日本总户数的 20%。另外，农协并不单纯从事涉农业务，还经营金融信用等业务，已成为地方经济的核心力量之一。

　　[2]　其实，JA 也面临相似的问题。不同点在于，JA 能影响政府的贸易决策，而 NH 做不到。

除 NH 以外，韩国还有很多农民组织。其中，规模和影响力较大的当属韩国农业经营人中央联合会（简称：韩农联）和全国农民会总联盟（简称：全农）。他们经常与其他小规模农民组织联手，开展声势浩大的反自由化活动。但这些农民组织往往到最后不能抱团取暖，使韩国农民的集体行动有效性大打折扣。而瓦解农民组织统一战线的武器正是第六章里阐述过的 FTA 农业补救措施。

比如，2003 年 5 月，韩农联和全农联手组成了"全国农民联盟"，旨在反对国会批准韩智 FTA。刚开始，参加该统一战线的农民组织多达 27 个，但后来政府承诺对葡萄等果树农户支付巨额补偿后，反对的组织最后只剩了 7 个。甚至出现了这样一幕。同年 11 月，韩国葡萄会等 19 个小规模农民组织负责人联合发表声明，敦促国会加紧批准韩智 FTA①。在反对韩美 FTA 的集体行动中，最后也出现了类似的情况。

其实，韩农联和全农虽然都是农民组织，但对 FTA 的态度有所不同。由养牛户或果树经营者等较大规模农户组成的韩农联虽然对威胁其农业经营的 FTA 持反对意见，但同时主张"只要政府的 FTA 农业补救措施得当（有助于提高竞争力），就不再反对 FTA"。而由众多小规模农户组成的全农迟迟不买政府的账，扬言誓死将反对活动进行到底，但无奈力量过于单薄，他们的集体行动很难取得效果。

应该说，韩国政府的 FTA 农业补救措施不仅使韩国推进 FTA 的边际收益提高（对高龄农户而言），而且还起到了降低边际成本的作用（对中青年农业经营人而言）。

（四）推进 FTA 的行政体系：日本繁杂低效，韩国简约高效

日本实行议会内阁制，即内阁为最高行政机关。根据惯例，内阁首相由议会中多数党的党首来担任。因为党的领导人是被部分政治家选出来的，这使得日本的首相权威不具有广泛的民意基础。另外，因日本内阁成员大部分是国会议员，所以行政运营很容易受到国会方面的干涉。这些都导致了即使日本首相具有大力推进 FTA 的想法，往往也是"心有余而力不足"。

而韩国实行总统制，由全民直选，其权威具有较广的群众基础。总统集国家元首、政府首脑和武装部队最高司令于一身，有任命和罢免国务总理和内阁各部门长官的权力。在这种总统掌握生杀大权的体制下，只要总统一声令下，各行政

---

① ［韩］农民团体. 敦促批准韩智 FTA. NABER 新闻，2003 年 11 月 13 日. http://news. naver. com/main/read. nhn？ mode = LSD&mid = sec&sid1 = 101&oid = 018&aid = 0000094000.

部门只能照办而不会表达反对意见。

韩国政府负责处理国家政策和重大事项的机构是国务会议。该会议由总统、国务总理和 15 - 30 名国务委员组成。与日本不同，韩国国会议员身兼国务委员的人数并不多。这样，执政党的国会议员干涉行政事务的余地就很小，政府推进 FTA 之际所受到的阻力比日本小很多。

从推进 FTA 的机构体系来看，日本的 FTA 谈判的领导机构是外务省、经济产业省、农林水产省和财务省。在这种联合领导体制下，FTA 谈判首先由 4 个省进行协商并达成妥协后才能进行。若 4 个省之间出现彼此意见不统一的时候，FTA 谈判不得不拖延。特别是 FTA 推进派的经济产业省和反对派的农林水产省之间时常需要进行协调，不仅费时费力，其结果也难尽如人意，从而大大降低了 FTA 谈判的效率和水准。

而韩国早在 1998 年，金大中政府时期新设立了外交通商部所属的通商谈判本部，由该本部统一管理 FTA 推进事宜。之后的卢武铉总统进一步强化了通商谈判本部的功能，统筹管辖 FTA 推进路线图、各部委意见的调整等，起着司令官的作用。这种单一领导体制显然比日本的 4 省集体领导体制高效许多。而且，韩国参加谈判的人员具有较大的权限，需要做出大胆决策时可以做到该出手时就出手，加快了 FTA 速度①。

另外，韩国宪法规定总统不能连任，所以每个总统都希望在任职的 5 年内留下一些政绩。无论是金大中，还是之后的卢武铉、李明博等总统都大力推进 FTA，且希望自己的任期内完成，这也促成了韩国推进 FTA 的高效率。

那么，韩国国会不执行对政府的监督职能吗? 其实，韩国的对外贸易政策制定过程中"政高党低"现象较为突出，整个对外谈判过程是政府主导型的，国会的权限只限于事后听取报告、提出修改建议和批准与否上。但国会的修改建议也基本上不会被政府采纳②。

(五) 农产品关税水平: 日本低，韩国高

FTA 谈判是漫长而复杂的讨价还价的过程，在这一过程中谈判筹码越多，越易于取得成功，而谈判前的关税水平的高低是重要的谈判筹码。

---

① [日]苅込俊二.韩国的 FTA 战略.MIZUHO 总研论集,2012 年 Ⅱ 号.
② [韩]孙基允.我国的贸易政策决定过程分析.以 FTA 政策为中心.议政论丛,2011,6(2).

表 B-6　　　　　　　　　　日韩农产品关税水平比较(2010 年)

国家	简单平均关税率	0	0<关税≤5	5<关税≤15	15<关税≤100	100<关税
日本	17.3	35.9	17	24.5	19.1	3.5
韩国	48.5	5.4	15.4	27.8	43.1	8.3

注:HS6 位数的最惠国税率。

资料来源:WTO:World Tariff Profiles 2011.

国内很多人认为,日本对农产品高度保护,所以其农产品关税水平会很高。其实,日本的农产品关税水平与韩国相比并不高。从表 B-6 可以看出,2010 年日本零关税的农产品已占农产品总数的 35.9%,整体的简单平均关税率仅为 17.3%。而韩国的零关税农产品比重仅为 5.4%,整体的简单平均关税率高达 48.5%。这说明,韩国在 FTA 谈判之际,农产品降税余地比日本大许多,推进农产品 FTA 谈判的难度比日本小许多。

另外,日本关税率为 15%-100% 的农产品的比重仅为 19.1%,而韩国达 43.1%,这使得韩国在谈判中比日本处于更加有利的地位。因为在 FTA 谈判中,关税率为 15%-100% 的农产品是交涉的重点。最惠国税率原本为零的农产品无需谈判,低于 15% 的产品则降税诱惑力不够大,而税率大于 100% 的农产品均为高度敏感产品,无论是日本还是韩国对此类产品开放慎之又慎。韩国近半数的农产品关税为 15%-100%,说明韩国可提供的谈判产品清单比日本丰富许多,既容易换取对方国的降税也易于取得谈判成功。

综上所述,日本农民选票的价值远大于韩国、以 JA 为首的日本农民组织的集体行动的有效性远大于韩国农民组织、日本"农林族"议员的影响力远大于韩国"农村党"议员,这些因素决定了日本推进 FTA 的边际成本远高于韩国。而日本政府推进 FTA 的行政效率及农产品关税水平远低于韩国,则进一步加大了两国的推进 FTA 的边际成本的差距。

五、结论

贸易政策的决定不仅仅是政府的一种经济选择,同时也是一项政治决策。某项政策即使其必要性很高也未必能被采用,只有在各种利益集团间的利益得失和力量关系达到均衡点时才能实现。从经济学原理来讲,该均衡点就是边际收益等于边际成本时的利润最大化的点。

　　从上述分析可以看出，日本推进 FTA 的边际收益低于韩国，而边际成本远高于韩国。正因为日本和韩国的边际收益曲线和边际成本曲线的位置不同，决定了日本的 FTA 政策最优均衡点位于韩国的左侧，即 FTA 进程比韩国慢、农业开放程度比韩国低。

参考文献

[1] 赵晋平.中日韩三国自由贸易区多方案计量分析.国务院发展研究中心网，
 2003 年 11 月 11 日.http://www.drc.gov.cn.

[2] 孙新,徐长文.中日韩合作促进东亚繁荣.中国海关出版社,2005.

[3] 王胜今等.东北亚区域经济合作新构思.东北亚论坛,2003(1).

[4] 刘昌黎.论中韩 FTA.世界经济研究,2008(4).

[5] 刘昌黎.东亚双边自由贸易研究.东北财经大学出版社,2007.

[6] 陈柳钦.中韩日 FTA 建立的可能性与路径选择.当代亚太,2008 年春季号.

[7] 陈志恒,金京淑.中韩日自由贸易区的构想与难题.现代日本经济,2004(6).

[8] 李俊江等.中日韩农产品贸易争端分析及中国的对策.东北亚论坛,2004(2).

[9] 孔祥智,王金等.中日韩农业合作前景分析.理论学刊,2005(5).

[10] 程漱兰等.中国与东北亚各国和地区农业资源整合前景.经济研究,
 2002(7).

[11] 姚海华.中国与东北亚主要国家农产品贸易互补性分析.中国农村经济,
 2006(9):13 - 19.

[12] 田维明.中日韩农产品贸易现状和前景展望.农业经济问题,2007(5).

[13] 崔超,吴林海.中日韩三国农产品贸易竞争关系的研究.国际贸易问题,
 2007(7).

[14] 孙林.中国与日本、韩国农产品贸易的竞争关系研究——基于出口相似性
 指数的实证分析.国际贸易问题,2008(10).

[15] 张彬,胡渊.中日韩货物贸易自由化比较研究.南开学报(哲学社会科学
 版),2012(4).

[16] 许祥云.从韩国 FTA 政策变化历程看中韩 FTA 的前景.当代韩国,2009 年

冬季号.

[17] 李俊久. 日本 FTA 战略论析. 当代亚太,2009(2).

[18] 沈铭辉. 亚洲经济一体化——基于多国 FTA 战略角度. 当代亚太,2010(4).

[19] 张莉琴. 我国农产品的进口关税水平及税率结构安排. 中国农村经济,2005(7).

[20] 王博. 日本关税税则解读. 重庆三峡学院学报,2008(4).

[21] 乔刚. 明智的选择——试析韩国—东盟自由贸易区的建立. 东南亚研究,2005(5).

[22] 蓝昕. 韩国—东盟经贸关系及建立自由贸易区的构想. 亚非纵横,2005(2).

[23] 杨琴. 韩国—东盟自由贸易区的建立及发展. 东南亚,2007(2).

[24] 孙笑丹. 韩国—东盟国家农产品出口结构比较. 中国农村经济,2003(7).

[25] 荣静,杨川. 中国与东盟农产品贸易竞争和贸易互补实证分析. 国际贸易问题,2006(8).

[26] 吕玲丽. 中国与东盟农产品出口相似性分析. 世界经济研究,2006(1).

[27] 闫逢柱,张文兵. 中美农产品对韩国出口的竞争研究——兼论美韩自由贸易协定对中国农产品的影响. 世界经济与政治论坛,2007(5).

[28] 张波. 美韩 FTA 对中国对外贸易的正负效应分析. 观察家札记,2007(8).

[29] 杨欣,武拉平,徐锐钊. 美韩自由贸易协议对中韩农产品贸易的潜在影响. 中国农村经济,2010(7).

[30] 中国国务院发展研究中心(DRC)、日本综合研究开发机构(NIRA)、韩国国际经济政策研究所(KIEP)(2009 年日本贸易振兴机构[JETRO]取代 NIRA). 中日韩自由贸易区可行性联合研究报告,2011 年 12 月.

[31] 王福重,白雪. 产业内贸易与调整成本之间关系的理论综述及评价. 经济研究导刊,2006(6).

[32] 宋玉华,刘春香. 我国农业产业内贸易的实证研究. 中国农村经济,2004(2).

[33] 王晶. 我国农产品产业内贸易现状分析. 国际贸易问题,2008(1).

[34] 朱允卫. 中泰农产品产业内贸易的实证研究. 农业经济问题,2005(7).

[35] 陆文聪,梅燕. 中国与欧盟农产品产业内贸易实证分析. 国际贸易问题,2005(12).

[36] 刘鸿雁.刘小和. 中日韩农产品产业内贸易研究. 农业经济问题,2005 年

增刊.

[37] 谭晶荣,王真千.中日韩 3 国农产品在美国市场的竞争关系分析.国际贸易题,2008(9).

[38] 肖雪,翟印礼,谢海军.中韩农产品贸易发展现状及影响因素分析.世界农业,2006(12).

[39] 海闻,P.林德特,王新奎.国际贸易.上海人民出版社,2003.

[40] 李明权.民主党政府的"农户收入补偿制度"评析——以大米政策为例.日本学刊,2010(1).

[41] 蔡成平.日本经济真的严重依赖中国吗? FT 中文网.2012 年 11 月 08 日.http://www.ftchinese.com/story/001047368%20.

[42] 货币贬值竞争"百弊而无一利".人民网–财经频道.2013 年 06 月 17 日.http://finance.people.com.cn/n/2013/0617/c348883–21862733.html.

[43] 中国海关总署统计快讯.http://www.customs.gov.cn.

[44] 中国农业部网页.http://www.agri.gov.cn.

[45] 中国自由贸易区服务网.http://fta.mofcom.gov.cn.

[46] [韩]金阳熙等.日本农业竞争力及其对韩日 FTA 的启示.韩国对外经济政策研究院研究报告,2008.

[47] [韩]崔世均.东亚 FTA 战略之农业部门研究.韩国农村经济研究院研究报告,2008.

[48] [韩]崔世均.农业部门应对韩智 FTA 之对策.韩国农村经济研究院,2002.

[49] [韩]崔世均.FTA 对农业部门的影响及补救措施评价.韩国农村经济研究院,2009.

[50] [韩]崔洛均,李红植等.韩美 FTA 对各产业的影响及对策.韩国对外经济政策研究院研究报告,2007.

[51] [韩]文春杰等.韩智 FTA 生效对国内水果产业的影响.汉阳大学,2003.

[52] [韩]文翰弼等.韩智 FTA 国内对策的经济效果分析.韩国农村经济研究院,2012.

[53] [韩]孙基允.我国的贸易政策决定过程分析.以 FTA 政策为中心.议政论丛,2011,6(2).

[54] [韩]南英淑.韩中 FTA 经济效果与主要议题.对外经济政策研究院研究

资料,2004.

[55] [韩]郑仁教. 推进韩中日 FTA 的必要性及课题. 对外经济政策研究院研究资料,2003.

[56] [韩]李洪植等. 韩中日 FTA 的经济增长效果. 对外经济政策研究院 2004 年度总结书,2004.

[57] [韩]鱼明根. 东北亚区域内农产品贸易结构. 农村经济,2004(27).

[58] [韩]韩国农林水产食品部网. http://www. mifaff. go. kr.

[59] [韩]韩国农水产品流通公社网. http://www. kati. net.

[60] [韩]韩国贸易协会网. http://stat. kita. net.

[61] [韩]韩国关税厅网. http://www. customs. go. kr.

[62] [韩]韩国外交通商部网页. http://www. fta. go. kr/.

[63] [日]清水徹朗. 自由贸易协定与农林水产业——亚洲区域经济一体化的方向. 农林金融,2002(12).

[64] [日]本间正義. 日本的农业问题——基于 WTO·FTA 谈判的视角. JMC, 2004(3).

[65] [日]小笠原裕. 农业没有明天. 学问社,1996.

[66] [日]速水裕次郎. 农业经济论. 岩波书店,1986.

[67] [日]石田信隆. TPP 与战略性经济合作. 农林金融,2010(12).

[68] [日]失口芳生. 关于 TPP 与日本农业农政的论点. 调查与情报,2011(2).

[69] [日]岩垂好彦. 东亚 EPA 的进展与地区战略. JMC,2004(12).

[70] [日]菅原淳一. 面向东亚自由贸易区的实现. MIZUHO 总研论集,2005 年 Ⅱ号.

[71] [日]石川幸一. 区域一体化的第三波——东亚的区域整合. 国际问题与投资,2005(3).

[72] [日]铃木宣弘. 日韩两国的 WTO/FTA 战略与农产品贸易问题. 日韩两国农业经济学会共同学术报告,2004.

[73] [日]渡边赖纯. 日本农业参加 TPP 会毁灭吗? WEDGE Infinity 媒体网. 2010 年 11 月 8 日. http://wedge. ismedia. jp.

[74] [日]TPP 与农业问题的本质. 商务媒体—诚网. 2012 年 1 月 18 日. http://blogs. bizmakoto. jp/taka_taka_hello/entry/4095. html.

［75］［日］升永英俊(律师)与田原总一郎(经济评论家)对话. 日本为何无一人一票之权利? 现代商务网. 2011 年 12 月 3 日. http://gendai. ismedia. jp/articles/ - /23375.

［76］［日］川岛博之. 日本是农村说了算的国家. 日本商务新闻报道(JB-PRESS). 2010 年 11 月 24 日. http://jbpress. ismedia. jp/articles/ - /4874.

［77］［日］苅込俊二. 韩国的 FTA 战略. MIZUHO 总研论集,2012 年 II 号.

［78］［日］日本外务省网页. http://www. mofa. go. jp.

［79］［日］日本农林水产省网页. http://www. maff. go. jp.

［80］［日］日本关税厅网页. http://www. customs. go. jp/.

［81］［日］日本贸易振兴机构网页. http://www. jetro. go. jp/indexj. html.

［82］WTO:world tariff profiles 2012.